权 威 高 效 | 超 级 畅 销

一本极具中国传统特色的实用性语言技巧书

口才圣经

舌尖上的艺术，一句顶一万句，全世界都听你的

| 盛安之◎编著 |

适用于交际、管理、谈判、推销、会议等重要场合

立信会计出版社
LIXIN ACCOUNTING PUBLISHING HOUSE

图书在版编目（CIP）数据

口才圣经 / 盛安之编著. —上海：立信会计出版
社，2014.6
　（去梯言）
　ISBN 978-7-5429-4225-8

Ⅰ.①口… Ⅱ.①盛… Ⅲ.①口才学–通俗读物
Ⅳ.①H019–49

中国版本图书馆CIP数据核字（2014）第073921号

策划编辑　蔡伟莉
责任编辑　蔡伟莉
封面设计　久品轩

口才圣经

出版发行	立信会计出版社			
地　　址	上海市中山西路2230号	邮政编码	200235	
电　　话	（021）64411389	传　　真	（021）64411325	
网　　址	www.lixinaph.com	电子邮箱	lxaph@sh163.net	
网上书店	www.shlx.net	电　　话	（021）64411071	
经　　销	各地新华书店			

印　　刷	固安县保利达印务有限公司			
开　　本	720毫米×1000毫米	1/16		
印　　张	20	插　　页	1	
字　　数	262千字			
版　　次	2014年6月第1版			
印　　次	2017年9月第5次			
书　　号	ISBN 978-7-5429-4225-8/H			
定　　价	36.00元			

前　言

　　口才，最接地气的说法就是说话，它贯穿着人的一生，是人赖以生存的基本手段。

　　在生活中，我们靠口才维系亲情、建立友情、追求爱情，生活因此变得丰富精彩，人生也由此而更加意味无穷；在事业上，我们用说话强化和维护各种关系，扩大自己的工作领域，提升自己的工作能力和办事效率，使工作变得轻松愉快，并有广阔的发展空间；在个人成长中，我们以说话获取知识、增加个人魅力，不断地壮大自己，不断地追寻或提升自己的人生目标，塑造个体的理想形象。但也正因为如此，人和人之间的不同才会存在，并随着时间的推移而趋于千差万别。相类同的人，不同的说话能力，自然会产生不同的效果，久而久之，这种效果由量变到达质变，人生的命运也就随之改变。因此，有位口才专家曾经大胆地断言道："语言是人生命运的纽带。"西方有位哲人也认为："世间有一种成就可以使人很快完成伟业，并获得世人的认识，那就是令人喜悦的口才能力。"

　　在当今这个高速发展的信息时代，随着传播手段的日益现代化，社会竞争的日趋激烈，以及人与人之间关系和交往的密切，在社会生活的各个领域，说话越来越起着举足轻重的作用。一个人的口才表达力，常常被当作考察这个人综合能力的重要指标，一个人的发展成功与否也往往由他的说话能力所决定。所以，能说会道、能言善辩、口才卓越的人越来越显示出一种独特的优势。他们在生活的各个领域因口才智慧的有效发挥，而充分施展着自己的才干，并给自己的事业注入最大限度的成功因素。美国口才教育专家戴尔·卡耐基说："一个人的成功，15%取决于知识和技术，85%取决于沟通——发表自己意见的能力和激发他人热忱的能力。"而大文豪蒙田也说过："语言是一种工具，通过它，我们的意愿和思想才能得到交流，它是我们灵魂的解释者。"因此，在现代生活中，人们越来越重视口才方面的知识和修养，并提出"知识就是财富，口才就是资本"的新理念。

但很显然地是，学会说话容易，要说好话，说让别人爱听、真正表达自己并帮助自己的话却并不是一件简单的事，尽管我们天天都在说话。在生活中，我们与人交往聊天，或去办理某事，因说话的分寸、时机、言辞等，掌控得稍有不当，便会出现不必要的麻烦，不仅使自己蒙受损失，也给别人造成困扰，这种事，我们每个人或多或少都有所体会，只是程度不同而已。而要摆脱这种困扰，唯一的途径就是进行有效的口才学习和语言训练。这正如体育运动一样，提高的方法很多，但若没有具体正规的指点，就很难取得优秀的成绩。同样，一个人要想讲好话，若不通过正规的学习和训练，又没具体的指点或启发，就很难突破自己，顺利攻克说话的障碍，达到理想的说话境地。

鉴于此，本书博采众长，从口才的学问（即语言的基础知识）、口才的艺术（即说话的基本技巧）为主要出发点和落脚点，详尽地介绍口才的知识经验和经典案例，以飨读者，企望读者能从中有所受益。

目　录

第一章 饭能随便吃，话不能随便说

——说话细节经

口才圣经——

在我们的身边，总有这样一些人，他们说话时：能从新的角度看事物，能就众人熟知的事物提出独到的观点；有广阔的视野，谈论的题材超越自身生活的范畴；充满热情，让人感觉到，他们对于生活中所从事的种种活动怀有强烈的情感，而且使人对他的话题兴趣盎然；不是喋喋不休地谈论自己；好奇心强，对许多事都有探究的兴致；有同情心，他们会设身处地去思索你所告诉他们的事情；有幽默感，也不介意开自己的玩笑；有自己的说话风格……

这些表现就是掌握了说话的细节。只要用心把握这些细节，相信每个人都可以成为演说家、口才大师、说话高手。

优雅的谈吐讨人喜欢

哈佛大学前任校长伊立特说过："在造就一个有教养的人的教育中，有一种训练是必不可少的，那就是，优美而文雅的谈吐。"

善于说话的人，不但能使不相识的人见了他们会产生良好的印象，并且能广结人缘，到处受到欢迎。

许多人说话的本领不是很高明，是因为他们不曾把谈话当作一门艺术，不曾在这门艺术上用过工夫。他们不肯多读书，不肯多思考。他们说话，宁肯随便用粗俗的语句，也不肯"三思"而后言，将自己的意思用文雅、优美的语言表达出来。

有许多年轻人，终日只说些没有任何意义的闲闻琐事。面对一个陌生人，他们的这种说话方式肯定会招致别人的反感。

相传，有家父子冬天在镇上卖便壶（俗称"夜壶"，旧时男人夜间或病中卧床小便的用具）。父亲在南街卖，儿子在北街卖。不多久，儿子的地摊前有了看货的人，其中一个看了一会儿，说道："这便壶大了些。"那儿子马上接过话说："大了好哇！装的尿多。"那人听了，觉得很不顺耳，便扭头离去。在南街的父亲也遇到了顾客说便壶大的情况。当听到一个老人自言自语说"这便壶大了些"后，父亲马上笑着轻声地接了一句："大是大了些，可您想想，冬天夜长啊！"好几个顾客听罢，都会意地点了点头，继而掏钱买走了便壶。

父子两人在一个镇上做同一种生意，结果迥异，原因就在会不会说话上。我们不能说儿子的话说得不对，确实，便壶大装的尿多，他是实话实说。但不可否认，他的话说得欠水平，粗俗的语言难以入耳，令人听了很不舒服。本来，买便壶不俗不丑，但毕竟还有些私密的因素在内。人们可以拿着脸盆、扁担等大大方方地在街上走，但若拎着个便壶走在街上，就多少有些不自在了。此时，儿子直通通的大实话怎么会不使买者感到几分别扭？而那个父亲则算得上是一个高明的推销商。他先赞同顾客的话（"大是大了些"），以认同的态度拉近与顾客的距离，然后，又以委婉的话语说"冬天夜长啊"，这句看似离题的话说得实在是好。它无丝毫强卖之嫌，却又富于启示性。其潜台词是：冬天天冷夜长，夜解次数多且又怕冷不愿意下床是自然的，大便壶正好派上用场。这设身处地的善意提醒，顾客不难明白。卖者说得在理，顾客买下来也就是很自然的了。

儿子一句话砸了生意，父亲一句话盘活了生意，这不正说明了"善讲"的重要吗？

说话讲究措辞文雅，态度自然，同时还需使你的言词富于同情，处处显示你的善意。唯有充满温暖的同情的话语，才能够引起他人的注意。假使你的话是冷淡而寡情的，那是引不起他人注意的。

选择各种题目，努力去做优美而精纯的谈论。常常用清楚、流利、文雅的言词去表达自己的意思，这是一种良好的训练。多结交有学问的人，常与他们交谈，耳濡目染，自然你也就会说话了。多读书，也是提高语言艺术的一种好办法。多读书不但能开拓心胸，增加知识，而且，能熟悉许多词汇和语句，提高表达能力。

照顾对方的自尊

富兰克林在自传中有这样一段话："我在约束自己言行的时候，在使我日趋成熟、日趋合乎情理的时候，我曾经有一张言行约束检查表。当初那张表上只列着十二项美德，后来，有一位朋友告诉我，我有些骄傲，这种骄傲经常在谈话中表现出来，使人觉得盛气凌人。于是，我立刻注意到这位友人给我的忠告，并且相信这样足以影响我的发展前途。随后我在表上特别列上虚心一项，以专门注意我所说的话。现在，我竭力避免一切直接触犯或伤害别人情感的话，甚至禁止使用一切确定的词句，如'当然'、'一定'等，而用'也许'、'我想'来代替。"

王苹是一位电车售票员，她不但具有全心全意为乘客服务的热情，而且还有一口暖人肺腑的语言。口才，使她说话深深打动乘客的心弦，使她在平凡的工作岗位上创造了不平凡的业绩。她是怎样工作的呢？

有一天，车上的乘客很多，而这时又上来了一位抱小孩的妇女。于是王苹同往常一样对乘客们说："哪位同志给这位抱小孩的女同志让个座儿。"但她连讲两次，无人响应。王苹没有着急，缓缓地站了起来，用期待的眼光看了看靠窗口的几位小伙子，提高了嗓音："抱小孩的那位女同志，请您往里走，靠窗坐的几位小伙子都想给您让座儿，可就是没有看见您。"话音刚落，"忽啦"一声，几位小伙子都不约而同地站了起来让座。这位女同志坐下以后，光顾喘气定神，忘记对让座的小伙子道谢，小伙子面露不悦的神色。王苹看在眼里，心中明白，她忙中偷闲，逗着小孩子说："小朋友，叔叔给你让了座儿，你还不谢谢叔叔。"一语提醒那位妇女，连忙拍着孩子说："快谢谢叔叔，快谢谢叔叔。"那小伙子听到"谢谢叔叔"时，连声说："不客气。"

王苹的几句话为什么会产生这么大的魔力？因为她了解人们的自尊心，只有充分理解人们的自尊心，才能把话说到人家的心窝里。

美国著名的哲学家詹姆斯曾经说过："人类天性的至深本质就是渴求为人所重视。"从某种意义来说，人类正是凭着寻求自尊的激情，才造就了古往今来千千万万的丰功伟绩，从古老的长城，到现代的宇宙飞船。

我们与人说话，要想收到"心有灵犀一点通"的效果，就要理解人们的合理需要，爱护人们的自尊心，要做到这一点，我们在谈话的时候就要经常注意"转换角度"，即善于"站到对方的立场上，从对方的观点来观察问题，如同用你的观点一样"。

詹丽颖心地善良，待人热情，常常给人以最无私的帮助，可是周围的人却有些厌恶她。这是为什么呢？原来詹丽颖在社会交往中违背了言语交际所应该遵循的原则。所以，虽然她主观愿望很好，结果却适得其反，事与愿违。

熟人、同事、朋友之间为增进友谊而交际，说话"随便"一点儿本无可非议。但是，这种"随便"应该掌握一定的分寸，应该有一个限度，因为每个人心灵中都有自己神秘的一隅，交谈时，应该照顾对方的自尊，以免使人陷入难堪的境地。詹丽颖却完全不考虑这些，她对一位因发胖而羞报的女同事高声说："哟，你又长膘啦？你爱人净弄什么给你吃，把你喂得这么肥啊？"发出这一串语言信号时，詹丽颖本没有丝毫恶意，可是，这些话语无疑激起了对方的反感以致恼怒，使双方原本亲密的感情发生裂变，不仅达不到亲近的交际目的，而且极大地拉开了双方的心理距离。

失去丈夫是件最不幸的事。詹丽颖的一位朋友刚刚死了丈夫，正处在悲痛之中，詹丽颖却极端热情地邀请人家去看外国喜剧影片。她嘻嘻哈哈地说："装什么假正经哟！谁不想开开心，乐一乐。"这种亲近别人的说话方式，无论如何是令人难以接受的，因为它无情地破坏了对方的心理平衡。

大家也许都有这样的生活体验，有的人在行为上、物质上热心地帮助了别人，但由于在特定场合下措辞不当，使对方的感激之情烟消云散，化为乌有，詹丽颖就是这种人。比如，她给一位新娘子买了一枚精巧的胸针，对方十分感谢，她却这样议论人家的衣着："哎呀，你这身西服剪裁得真不错，可就是颜色嘛——跟你里头的衬衫太不协调！干吗非这么桃红柳绿地搭配？该有点中间过渡色的东西点缀，平衡一下才好。"人们在办喜事时，总喜欢听些吉利话，新娘子爱美爱漂亮，为参加婚礼曾精心打扮过，她却说人家"桃红柳绿"。因此，尽管詹丽颖的行动使交际对象感动，可是她的言谈却给对方增添了不快。由此可以看出，帮助别人时，应该多行动，少言语。詹丽颖不了解这种情理，所以没有收到预期的交际效果。

詹丽颖的言行，是探索言语交际规律的一面镜子，我们在言语交际过程中应引以为戒。

与人称呼要恰当

称呼是指人们在正常交往应酬中，彼此所采用的称谓语。在日常生活中，称呼应当亲切、准确、合乎常规。正确恰当的称呼，体现了对对方的尊敬或与对方的亲密程度，也反映了自身的文化素质。

在社交中，人们对称呼是否恰当十分敏感。尤其是初次交往，称呼往往影响交际的效果。有时因称呼不当会使交际双方发生感情上的障碍。不同年龄、不同国家、不同地区、不同社会集团之间都有不同的称呼。

有时候，称呼别人不是为了满足自己，而是为了满足别人。有一位朋友，最近被提升为主任。如果他听到你跟他打招呼，就会显得格外高兴，忙跑过来和你并肩坐。虽然平时他是个不大健谈的人，但那天却显得很健谈。

瑞典国王卡尔•哥史塔福访问旧金山，一位记者问国王希望自己怎么被称呼。他答道："你可以称呼我为国王陛下。"这是一个简单明了的回答。

称呼不仅仅是一种礼貌，不论我们如何称呼人，这其中最主要的是要传达这样的意思："你很重要"、"你很好"、"我对你很重视"。

使用称呼还要注意主次关系及年龄特点。如果对多人称呼，应以先长后幼、先上后下、先疏后亲的顺序为宜。比如，在宴请宾客时，一般以先董事长及夫人，后随员的顺序为宜。在一般接待中要按女士们、先生们、朋友们的顺序称呼。此外，称呼应该根据社会习惯来进行，如称呼一般分为职务称、姓名称、职业称、一般称、代词称、年龄称。职务称：经理、董事长、医生、律师、法官、教授等；姓名称：一般以姓或姓名加"先生、女士、小姐"等；职业称：是以职业为特征的称呼，如秘书小姐、服务小姐等；一般称：太太、女士、小姐、先生等；代词称：用代词"您"、"你们"等来代替其他称呼。对知识界：可以用职业相称，如教授、老师、医生（大夫），还可以用"先生、女士、太太"等相称；对文艺体育界：可用职务称，如"导演、教练、老师"等，对于一般的演职员、运动员，就不能称"演员"或"运动员"，而要称呼"先生"或"小姐"。

最后对自己的亲属，一般应按约定俗成的称谓称呼，但有时为了表示亲切，不必拘泥于标准的称谓。但对外人称呼自己的亲属，要用谦称。恰当的称呼是人际关系的关键，正所谓"各就其位，再行言谈"，方能事半功倍。

有话好好说

出门看天色，进门看脸色。与人说话时，一定要视不同的人物、时间、地点、场合说不同的话，同时做到有话好好说，得理也饶人，有错及时承认，如此才能达到说话的目的。

说话获得别人的好感，可以从以下五个方面入手。

1. 多提善意的建议

当一个人关心你时，只要这份关心不会伤害到自己，并且对方还提了一些善意的建议，你当然会欣然接受，对这个人产生好感。那么，反过来你对别人若也如此，别人也会同样对你产生好感。

满足他人自尊心的最佳方法就是提出善意的建议。对方是女性时，仅说"你的发型很美"，只不过是句单纯的赞美词；若是说"稍微剪短，看起来会更可爱"，对方定能感受到你对她的关心。若是能不断地表示出此种关心，对方对你必然感到更加亲切信任。

2. 偶尔暴露自己一两个小缺点

有时坦率地暴露缺点，反而会迅速获得对方的信任，给对方留下一个正直、诚实深刻的印象。

只是暴露自己的缺点并不是毫不保留地将所有的缺点都暴露出来，如此做，反而使人认为你是个毫无可取之人，因而丧失了对你的信任。

暴露的缺点只要一两个就可以了，可使他人把这一两个缺点和其他部分联想在一起，因而产生其他部分毫无缺点的感觉。但这绝不是狡诈，只是交际的策略和需要。因为也没有人会拿自己的缺点和别人交往。"这个人有点小缺点，但是其他方面挑不出毛病来，是个相当不错的人。"类似上述的想法就能深深植入他人的心中。

3. 记住对方所说的话

一位心理学家应邀去演讲，不料主办方却问他："请问先生的专长是什么？"他颇为不高兴地回答："你请我来演讲，还问我的专长是什么？"

招待他人或是主动邀约他人见面，事先多多少少都应该先收集对方的资料，这是一种礼貌。换句话说，表现自己相当关心对方，必然能赢得对方的好感。

记住对方说过的话，事后再提出来做话题，是表示关心的做法之一，也是说话的策略之一。尤其是有关兴趣、嗜好、梦想等事，对对方来说，是最重要、最有趣的事情，一旦提出来作为话题，对方一定会觉得很愉快。在面试时，不妨引用主考官说过的话，定能使主考官对你另眼相看，印象深刻的。

4. 注意对方微小的变化

生活中，一般做丈夫的都不擅长对妻子表现自己的关心。比如，妻子上美容院改变发型时，丈夫明明觉得她"看起来年轻多了"，却不做任何表示，因而使妻子心里不满，觉得丈夫不关心自己。

不论是谁，都渴求拥有他人的关心。而对于关心自己的人，一般都具有好感。因而，若想获得对方的好感，首先必须积极地表示出自己的关心。只要一发现对方的服装或使用的物品有些微小的改变，不要吝惜你的言词，立即告诉对方。比如，同事打了条新领带时，"新领带吧，在哪儿买的？"像这样表示自己的关心，绝没有人会因此觉得不高兴。

另外，指出对方与往日的变化时，愈是细微和不轻易发现的变化，愈使对方高兴。不仅使对方感受到你的细心，也感受到你的关怀，转瞬间，你们之间的关系就会远比以前更亲密可信。

5. 呼叫对方的名字

欧美人在说话时，常说："来杯咖啡好吗？莱克先生"、"关于这一点，你的想法如何？莱克先生"等，频频将对方的名字挂在嘴边。这种作风往往使对方涌起股亲密感，宛如彼此早已相交多年。其中一个原因是他感受到对方已经认可自己了。

在我们的社会里，晚辈直接呼叫长辈的名字，是种不礼貌的行为。但是，平辈之间借着频频呼叫对方的名字，来增进彼此的亲密感，应是个非常有益于彼此交往的方法。

切莫自以为是

在我们的周围，有些人喜欢抬杠，只要和别人一搭上话就针锋相对，无论别人说什么，他总要加以反驳，其实他自己一点主见也没有。不过当你说"是"时，他一定要说"否"，当你说"否"的时候，他又说"是"了。这是一种极坏的习惯，事事要占上风，处处自以为是。生活中，如果你不幸成了那样的人，那请认真地听从别人的告诫。

即使你真的比别人见识多，也不应该以这种态度去和别人说话。这种不良习惯使你自绝于朋友和同事，没有人愿意给你提意见或建议，更不敢向你提一点忠告。你或许本来是一个很好的人，但不幸染上了这种习惯，朋友、同事们都远你而去了。唯一改善的方法是养成尊重别人的习惯。你要明白，在日常谈论当中，你的意见未必是正确的，而别人的意见也未必就是错的。把双方的意见综合起来，你至多有一半是对的。那么，你为什么每次都要反驳别人呢？

大概有这种坏习惯的人当中，聪明者居多，或是些自作聪明的人，也许他太热心，想从自己的思想中提出更高超的见解，他以为这样可以使人敬佩自己，但事实上完全错了。一些平凡的事情，是没有必要费心思进行高深的研究的。至少我们平常谈话的目的，是消遣多于研究吧，既然不是在研究讨论问题，又何必要在一些琐碎的事情上固执己见呢。另外有一点应该注意，那就是在轻松的谈话中不可太认真了。

别人和你谈话，他根本没有准备请你说教，大家说说笑笑罢了。你若要硬做聪明，拿出更高超的见解（即使确是高超的见解），对方也绝不会乐意接受的。因此，你不可以随时显出像要教训别人的神气。

当你的同事向你提出建议时，你若不能立刻表示赞同，但起码表示可以考虑，不可马上反驳。假如你的朋友和你聊天，那你更应该注意，太多的执拗能把有趣的生活变得枯燥乏味。

如果别人真的犯了错误，而又不肯接受批评或劝告，你也不要急于求成，不妨往后退一步，把时间延长一些，隔几天再谈，否则，大家固执下去不但不能解决问题，反而伤害了感情。因此，在社交中，随时考虑别人的意见，不要做一个固执的人，唯有这样才能获得人们的赞赏和喜爱。

大量事实说明，人们谈话时都有一个目的：想知道别人对某件事的看法是否和自己相同，并进一步希望别人对某件事情和自己能有相同的看法。如果别人的看法与自己的看法略有不同或大不相同，便会感到极不舒服，甚至立即不高兴起来，这是人很正常的一种情绪反应，当然这也是一种很不利于人际交往的现象。因此人们在日常交往中更应该注意的是学会控制自己的情绪，切莫自以为是，即使在别人不同意你对某事的看法时，也应该显得对此很有兴趣。

所以，当你听到别人的意见和你一样时，你要立刻表示赞同。不要以为这样做会被人认为你是随声附和，因而就不吭声了。不吭声，虽然不会被人误解为随声附和，却也容易使人认为你并不同意。

同样，当你听到别人的意见和你不一致时，你也要立刻表示你什么地方不同意、为什么不同意。不要以为这样做会伤害彼此的感情而不吭声。

学会给对方"台阶"下

.在交际过程中，难免会遇到一些尴尬的事情，让气氛骤然紧张、难堪，学会给对方一个"台阶"下，不仅缓和了对方的紧张心理，让事情得以顺利发展，而且还会让彼此的关系得到进一步的增进。要达到这样的目的，我们不妨学习使用以下的三种技巧。

1. 变换谈话的气氛

在一个严肃的场合，在场者常常会被一两件突发事件搞得哄堂大笑，这严重破坏了严肃场合的庄重气氛，不利于活动的继续推进。面对这类突发事件，我们应当表现出较强的自制能力，尽量不受其影响，然后拿出一如正常状态下的严肃态度来应付此事，使之成为正常环节中的普通一环。

第二次世界大战期间，一位德高望重的英国将军举办一次祝捷酒会。除上层人士之外，将军还特意邀请了一批作战勇敢的士兵，酒会热烈隆重。没料想一位从乡下入伍的士兵不懂席上的规矩，捧着面前的一碗供洗手用的水喝了，顿时引来达官贵人、夫人小姐的一片讥笑声。那位士兵一下子面红耳赤，无地自容。此时，将军慢慢地站起来，端着自己面前的那碗洗手水，面向全场贵宾，充满激情地说道："我提议，为我们这些英勇杀敌、拼死为国的士兵们干了这一碗。"言罢，一饮而尽，全场为之肃然，气氛一下变了过来。稍顷，人人均仰脖而干。此时，士兵们已是泪流满面。

2. 变换话题的角度

在许多情况下，面对尴尬下不来台的情况时，将思维框定在常态之中，这会对事态的发展毫无作用。如果我们换一种角度对其尴尬的举动做出巧妙、新颖的解释，便可使原本的消极举动具有了另外的内涵和价值，成为符合常理的行动。

3. 变换对方的处境

突然间发现别人的失误或错误行为，但当这些失误或错误行为不会导致重大的损失出现时，我们应尽量克制自己的情绪，以平静如常的表情和态度装作不了解对方举动的实际意图和现实后果，并且给对方找到一个善意的动机，变换对方的处境，让事态的发展朝自己所希望的方向推进，以免把对方逼到窘迫的境地。

一天中午，M老师路过学校后操场时，发现两天前帮助搬运实验器材的几位同学正拿着一枚实验室特有的凸透镜在阳光下做"聚焦"实验。他想：他们哪来的透镜？难道是在搬运时趁人不备拿了一枚！实验室正丢了一枚。

是上去问个究竟，还是视而不见绕道而去？这时，一位同学发现了他，其余的慌忙站了起来，手拿透镜的同学显得很不自在。M老师从同学们慌张的神情中可以进一步判断这透镜的来历。当时的空气就像凝固了似的，一分一秒也不容拖延。M老师快速地构思，终于想出一条处理办法，他笑着说："哟，这枚透镜原来被你们找到了？"凝固的空气开始流通起来。接着他用略带感激的语调补充道："昨天我到实验室准备实验器材，发现少了一枚透镜，以为是搬运过程中丢失了，沿途找了好几遍都未能找到，谢谢你们帮我找到了这枚透镜。这样吧，你们继续实验，下午还给我也不迟。"同学们轻松地点了点头，空气依旧是那么温暖，那么清新。

"坏话"也好好说

有些时候，有些话虽然并不过分，也并没有什么不正当的意图，但如果你是做上司的，就会很难出口。比如，告诉下属被降职了、解雇了；下属辛辛苦苦拟好的计划书，却被你否决了；下属向你提出了一个很好的建议，而你却由于疏忽大意或工作繁忙忘记审阅了，下属向你催问时，你该如何回答等。

1. 变更计划
要更改那些已经通过的计划，该如何向下级说明？

万万不能对下级说："不关我的事，都是领导一人说了算，我也没办法！"这样把责任转嫁给领导，自己暂时没有问题了，但下属会对领导产生怨气。或者，一旦下属明白你是在推卸责任，肯定会对你产生极大的反感，你的威信也会因此而降低。

当然，也不应该为了防止下属反对，而用高压手段制止对方开口。这样做会使下属心里结下疙瘩，对上级不满，也会对工作不满。这是最不明智、最不可取的做法。正确的方法应情理兼顾，善意地说服下属，使他真正地心服口服。

2. 提案被耽误

上司接受了下属的提案，并且满口答应"看一看"，而过了一段时间后，还没有看。下属希望得到一个完满的答复，而问上司："那个提案，您看过了吗？有什么不妥吗？"

在这种情况下，上司应该直率地说："我现在很忙，实在没有时间细看。不过一周之内一定会给你一个满意的答复！"

同时，最好在约定时间之前，主动答复下属。下属一定会被上司的热情主动所感动。尤其是如果答复是否定的，与其让下属追问理由，不如由你主动加以说明，表示你作为上司的确认真对待他的提案，是有诚意的，而不是草草应付了事。

如果提案需递交给更高一级的领导，而上一级领导的态度不明确，以至于没有确定结论时，此时你最好能说明立场，表示已经递交给了高层领导，却久久没有回音。不得已催促高层领导时，所得答复却是否定的。这时要详细说明，千万不能敷衍了事。

3. 降级通知

一家工厂的老板，在讲到他所知道的一个极其注重说话方式与策略的人的时候，是这样说的："他就是第一次雇佣我为他工作之后又把我解雇的那个老板。那一天，刚上班他把我叫过去，对我说：'年轻人，要是没有你，我不知道我们以后会怎么样，可是，从下星期一起，我们打算这样来试一试了。'"

有时候，公司人事调动，下级被降职，不再受到上司的重视。上级这时有责任通知下属，并且要耐心安抚，尽量使他能保持积极愉快的心情前往新岗位就任。

千万记住不要用伤感情的字眼。下属被降职，心里本来就非常不痛快了，上司再用词不当，甚至恶意地嘲讽对方，无异于给下属满腔怒火再浇上一盆油，顷刻就会爆发出来，造成难以想象的后果。也不要等事情成了定局，再吞吞吐吐透露出要调他走的意思，使下属误会是你想把他赶走，造成其心理上的不平。

把别人说成多好他就有多好

美国大银行家培庞·摩根有一篇文稿写道：人会做一件事，都有两种理由存在。一种是看起来很好，一种是的确很好。

人们会时常想到那个真实的理由，而我们都是自己内心的理想家，较喜欢想高尚的动机。所以要改变一个人的意志，需要激发他高尚的动机。

汉密尔顿的法瑞有一个很挑剔的房客，扬言要搬离他的公寓。但这房客的租约，尚有4个月才期满，每个月的租金是55美元，可是他却声称立即就要搬，不管租约那回事。

这个房客，已在法瑞这里住了一个冬季。如果他们搬走的话，在这个秋季前，这房子是不容易租出去的。眼看220美元就要从口袋飞走了，法瑞很是着急。若在以前，法瑞一定找那个房客，要他把租约重念一遍，并向他指出，如果现在搬走，那4个月的租金，仍须全部付清。

可是，这次法瑞只是向他这样说："先生，听说你准备搬家，可是我不相信那是真的。我从多方面的经验来推断，我看出你是一位说话有信用的人，而且我可以跟自己打赌，你就是这样的一个人。"

房客静静地听着，没有做任何表示，接着法瑞提了个建议，让房客将他所决定的事，先暂时搁在一边，不妨再考虑一下。并给了他充裕的时间，如果到时候还是决定要搬的话，法瑞说他将会接受他的要求。

最后，法瑞一再强调他相信对方是个讲信用的人，会遵守自己的租约。

事情果然不出法瑞所料，到了下个月这位先生来见他，并且付了房租。并说，这件事已经跟他太太商量过，他们决定继续住下去。他们都认为至少应该住到期满。

已故的洛史克力夫爵士发现一份报刊上，刊登出一张他不愿意刊登的相片，他就写了一封信给那家报社的编辑。他那封信上没有这样说："请勿再刊登我那张相片，因为我不喜欢。"他想激起高尚的动机，他知道每个人都尊敬自己的母亲，所以他在那封信上，以另外一种口气说："由于家母不喜欢那张相片，所以贵报以后请勿刊登出来。"

当约翰·洛克菲勒要阻止摄影记者拍他子女的相片时，便想起一个人人都不愿伤害儿童的高尚动机。他对记者们这样说："诸位，我相信你们之中有很多都已经是孩子的爸爸，如果让孩子们成了新闻人物，那并不是适宜的。"

柯狄斯本来是梅恩州一个贫苦人家的孩子，后来成为美国《星期六晚报》和《妇女家庭杂志》的负责人，赚了几百万美元。他创办刊物之初，不能像其他家的报纸、杂志一样，付高价买稿子。他没有能力聘请国内一流作家替他执笔撰稿，可是，他运用了人们高尚的动机。比如，他会请《小妇人》的作家奥尔克特为他撰写稿子，并且当时是她声望最高的时候。柯狄斯所使用的方法很突出，他签了一张100美元的支票，他不是把支票给奥尔克特，而是捐助给她最喜欢的一个慈善机构。

或许有人会怀疑说："以这种手法，用在洛史克力夫、约翰·洛克菲勒等富于情感的小说家身上，或许会有效。可是，朋友，你这种方法，如果用在那些难缠的人身上，是不是一样有效？"

不错，没有一样东西能在任何情形下产生同样的效果；没有一样东西能在所有人身上都发生效力。如果你满意你现在所得到的结果，那又何必再改变呢？假如你认为不满意的话，那就不妨试验一下。

信任别人就是信任自己，这是推己及人的道理，信任不值得信任的人，会改变这个人，使他值得信任；信任值得信任的人，会使这个人更加值得信任。

说话避开"我"字

《福布斯》杂志上曾登过一篇"良好人际关系的一剂药方"的文章，其中有几点值得借鉴：

语言中最重要的5个字是："我以你为荣！"

语言中最重要的4个字是："您怎么看？"

语言中最重要的3个字是："麻烦您！"

语言中最重要的2个字是："谢谢！"

语言中最重要的1个字是："你！"

那么，语言中最次要的一个字是什么呢？是"我"。

亨利·福特二世描述令人厌烦的行为时说："一个满嘴'我'的人，一个独占'我'字、随时随地说'我'的人，是一个不受欢迎的人。"

农夫甲和农夫乙忙完了田里的工作，一起回家。他们走在路上，农夫甲忽然发现地上有一把斧头，就跑过去捡起那把斧头。他说："我们发现的这把斧头还挺新啊！"就想带回家占为己有。农夫乙看到这把斧头是农夫甲发现的，应该归他所有，就对农夫甲说："你刚才说错了，你不应该说'我们发现'。因为这是你先看见，所以你应该改口说'我发现了一把斧头'才对。"

他们两个继续往前走，农夫甲的手上仍然拿着那把斧头。过了一会儿，遗失这把斧头的人走了过来，远远地看见农夫甲的手上拿着他的斧头，就匆匆忙忙地追上来，眼看对方就要追上来了。这时候农夫甲很紧张地看农夫乙一眼，然后说："怎么办？这下子我们就要被他捉到了。"农夫乙听他这么一说，知道农夫甲想把责任归咎到两个人的身上。于是农夫乙就很严肃地对农夫甲说："你说错了，刚才你说斧头是你发现的，现在人家追来了，你就应该说'我快被他捉到了'，而不是说'我们快被他捉到了'。"

在人际交往中，"我"字讲得太多并过分强调，会给人突出自我、标榜自我的印象，这会在对方与你之间筑起一道防线，形成障碍，影响别人对你的认同。因此，会说话的人，在语言传播中，总会避开"我"字，而用"我们"开头。

俄国十月革命刚刚胜利的时候，许多农民怀着对沙皇的刻骨仇恨，坚决要求烧掉沙皇住过的宫殿。别人做了许多工作，农民都置之不理，非烧不可。最后，列宁亲自出面做说服工作。列宁对农民说："烧房子可以。在烧房子之前，我们大家一起来思考几个问题可以不可以？"农民说："当然可以。"列宁问道："沙皇住的房子是谁造的？"农民说："是我们造的。"列宁又问："我们自己造的房子，不让沙皇住，让我们自己的代表住好不好？"农民齐声回答："好！"列宁再问："那么这房子我们还要不要烧呢？"农民觉得列宁讲得好，同意不烧房子了。

有人曾经做过调查，看看人们每天最常用的是哪一个字，那就是"我"字。为什么人们对"我"字特别关心呢？就是因为大多数人都喜欢被人称赞，也喜爱称赞自己。因此，你若想得到你所希望得到的，就要避免与对方争高低，而要维护他人的自尊心。为了使对方的面子不受伤害，我们千万不要常把"我"字挂在嘴上，别说"我公司"，而说"我们的公司"。

1. 少说"我"多说"你"

说话好像驾驶汽车，应随时注意交通标志，也就是要随时注意听者的态度与反应。如果红灯已经亮了仍然向前开，闯祸就是必然了。无聊的人是把拳头往自己嘴里塞的人，也是"我"字的专卖者。

人们最感兴趣的就是谈论自己的事情，而对于那些与自己毫无相关的事情，大多数人觉得索然无味，对于你表现最大兴趣的事情，常常不仅很难引起别人的同情，而且别人还觉得好笑。年轻的母亲会热情地对人说："我们的宝宝会叫'妈妈'了。"她这时的心情是高兴的，可是旁人听了会和她一样地高兴吗？不一定。谁家的孩子不会叫妈妈呢？你可不要为此而大惊小怪！这是正常的事情，如果不会叫妈妈的孩子才是怪事呢。所以，你看来是充满了喜悦，别人不一定有同感，这是人之常情。竭力忘记你自己，不要总是谈你个人的事情，你的孩子，你的生活。

人人喜欢的是自己最熟知的事情，那么，在交际上你就可以明白别人的弱点，而尽量去引导别人说他自己的事情，这是使对方高兴最好的方法。你以充满同情和热诚的心去听他叙述，你一定会给对方以最佳的印象，并且对方会热情欢迎你，热情接待你。

2. 把"我的"变为"我们的"

说话时，把"我的"变为"我们的"，可以巧妙拉近双方的距离，使对方更容易接受你和你的话。如果你在说话中，不管听者的情绪或反应如何，只是一个劲地提到我如何如何，那么必然会引起对方的反感。如果改变一下，把"我的"改为"我们的"，这对你并不会有任何损失，只会获得对方的好感，使你同别人的友谊进一步地加深。

我们经常看到记者这样采访："请问我们这项工作"或"请问我们厂"经常发现演讲者使用"我们是否应该这样"、"让我们"等表达方式。这样说话能使你觉得和对方的距离接近，听来和缓亲切。因为"我们"这个词，也就是要表现"你也参与其中"的意思，所以会令对方心中产生一种参与意识。

比如，"你们必须深入了解这个问题"，便拉开了听众与演讲者的距离，使听众无法与你产生共鸣。如果改为"我们最好再做更深一层的讨论"，就会缩短与听众之间的距离，使气氛立刻活跃起来。

会使用敬语和谦词

平常说话有许多口头"敬语"，我们可以用来表示对人尊重之意。"请问"有如下词汇：借问、动问、敢问、请教、借光、指教、见教、讨教、赐教等；"打扰"有如下词汇：劳驾、劳神、费心、烦劳、麻烦、辛苦、难为、费神、偏劳等。如果我们在语言交际中记得使用这些词汇，相互间定可形成亲切友好的气氛，减少许多可以避免的摩擦和口角。

1.礼貌用语令人满面春风

语言是思想的衣裳，它可以表现出一个人的高雅或粗俗。如果你要接通情感的热流，使社交畅通无阻，就应得体地运用礼貌谦词。

很早以前，有位士兵骑马赶路，至黄昏时还找不到客栈，倏地见前面来了位老农便高喊："喂，老头儿，离客栈还有多远？"老人回答："五里！"士兵策马飞奔十多里，仍不见人烟。"五里、五里"他猛地醒悟过来，"五里"不是"无礼"的谐音吗？于是他掉转马头赶回来亲热地叫了一声："老大爷"。话没说完，老农说："你已经错过路头，如不嫌弃，可到我家一住。"

交际谈话中如能用礼貌语言，就会让人感到"良言一句三冬暖"，使人与人之间的感情很快地融洽起来。比如，您好，谢谢，请，对不起，别客气，再见，请多多关照等。

在我国，同人打招呼常习惯问："你吃饭了吗？你到哪里去？"似乎太单调，也有点不雅致，在这方面，我们应丰富自己的礼貌语言。比如，见面时称道"早安"、"午安"、"晚安"、"你夫人（先生）好吗"、"请代问全家好"等。语言务必要温和亲切，音量适中。若粗声高嗓，或奶声奶气，别人就难有好感。运用礼貌语，还要注意仪表神态的美，当你向别人询问时，态度尤其要谦恭；挺胸腆肚，直呼其名，或用鄙称，必遭人冷眼，吃"闭门羹"。

在交往中得体地使用礼貌语言和谦词，可以给对方留下良好的印象。

和人相见，互道"你好"，这再容易不过。可别小瞧这声问候，它传递了丰厚的信息，表示尊重、亲切和友情，显示你懂礼貌，有教养，有风度。

美国人说话爱说"请"，说话、写信、打电报都用，如请坐、请讲、请转告。传闻美国人打电报时，宁可多付电报费，也绝不省掉"请"，因此，美国电话总局每年从请字上就可多收入一千万美元。美国人情愿花钱买"请"字，我们与人相处，说个"请"字，既不费力，又不花钱，何乐而不为？

英国人说话少不了"对不起"这句话，凡是请人帮助之事，他们总开口说声对不起，如"对不起，我要下车了"；"对不起，请给我一杯水"；"对不起，占用了您的时间"等。英国警察对违守司机就地处理时，先要说声"对不起，先生，您的车速超过规定车速"。两车相撞，大家先彼此说对不起。在这样的气氛下，双方自尊心同时获得满足，争吵自然不会发生。

成功人士说话非常注意用礼貌语言，如你好、请、谢谢、对不起、打搅了、欢迎光临、请指教、久仰大名、失陪了、请多包涵、望赐教、请发表高见、承蒙关照、谢谢、拜托您了等。礼貌用语，令人心花怒放，满面春风。

2. 正确使用敬语

敬语是一个人身份修养的标志。在社交场合，敬语使用错误，会使人感到非常难堪。比如，请别人替你服务时，要加上"请"或"某先生"。尤其是在交谈中，称呼对方的父母，应该说"伯父"、"伯母"，直接说"你爸爸"、"你妈妈"当然也可以，但缺乏高雅的气质。一个有教养的人，不应该忽略这些。

同样一句话，会因讲法不同，而给人完全不同的感受。比如，前面有人挡住你的去路，如果你说："让开！让开！我要过去！"或许换来的只是不屑一顾的白眼。如果你能使用敬语，客气地说："先生，对不起，麻烦您让一下路好吗？"对方一定会马上让开，面带笑容地让你过去。而且，敬语也应适当地使用，否则，可能会得到相反的效果。这种习惯在平常就应好好地培养。

只要你养成习惯，对别人时常存有尊重的意念，那么敬意就会很自然地流露出来，不需要使用太多的敬语。比如，上司有事叫你来，你不需使用敬语，只要很自然地含笑点个头，问："有什么事吗？"那你的敬意就很自然地流露出来了。

3. 因为少说了一句话

有一位服务于某大型电脑公司，担任系统工程师的职员。他在公司已服务6年，技术优秀并很关照晚辈，上级对他也另眼相待。但他却在一次与客户的交涉中，犯了意想不到的大错误。

某客户买这家公司的电脑，因而召集员工听该电脑公司的人讲解。这位系统工程师极认真而详细地解说电脑的操作和内容。在说明会的休息时间里，他前往洗手间，要洗手时才发现没有洗手用的香皂。他看见隔壁放着一块，但正好有一位老人在用，这位工程师由于赶时间，并未向老人打声招呼就径自伸手将香皂取过来用，然后在隔壁随便抓把卫生纸擦手，就匆匆走出去。

那位老人对这位工程师的所作所为，觉得很生气，认为不招呼一声就随便用别人位子上的东西，是很不礼貌的行为。而这位老人正是这家客户的董事长。

"这么不懂礼貌的人，是哪家公司的人呢？"

这位董事长一询问，知道就是电脑公司派来说明的工程师，结果使得原来要成交的电脑被退了回去。这么一来，电脑公司也开始调查原因。电脑公司总经理特地到这家公司谢罪，但还是无法挽回工程师所造成的恶果，工程师也因此而被辞职。

这位本来很有前途的优秀工程师，若能在洗手时多说一句："对不起，让我先用一下。"整个情形都将为之改观。由此可见，短短的一句话，也是不容忽视的。

倘若经常觉得"这种小事不说也无妨，对方一定会知道的"或认为"芝麻小事，不说也罢"，这就错了。

自己这样想，对方是不是也这么想呢？所以，虽然是芝麻小事，仍是要经由嘴里讲出对方才能明白、谅解。

虽然电脑公司的人前去对生气的董事长道歉，但并没有缓和彼此间的关系，反而加深其间的裂痕，这样的例子并不少见。

前去道歉的人，心里总是难过，头也是垂下的。道歉之前，总想先解释一下事情，结果往往忘了说几句对不起的话，反而更引起对方的不满。

所以去道歉的人，看到对方马上要先说："真对不起，我错了。"然后再说明事情也不迟。在说明时，也不要忘记强调歉意，并说："真的很抱歉"，"你所说的很有道理。"或说："我了解你的意思。"听对方说话时，在必要时候，还要点头附和，这样对方的火气才会降下来，并通过这次会谈使彼此意见更加沟通。在这种与人交涉方面很能干的人，在公司容易受上级看重，并受客户欢迎。

在适当时候说适当的话，会使不利的状况转为有利。在交涉中若有意见，一定要诚恳说出来，如此一来，相互的依赖感才会加深一层。

切忌不懂装懂

如果凡事都一无所知，心里便容易产生唯恐落于人后的压迫感，这也是人们常见的心态。在绝不服输或"输人不输阵"的好胜心作祟下，一些一知半解的人处处装腔作势、不懂装懂，以此来保全自己的面子。这样的人并非是直率，就连单纯的事他都要咬文嚼字地卖弄一番，看起来好像是很精于大道理，一副什么都懂的样子，说穿了只是由于强烈的自我表现欲所产生的虚荣心在作祟。

在生活中，有些人乍看之下很平凡且没有可贵之处，而经过认真的交谈之后，就能够很直接地被其内心的思想所感染。这种人待人往往坦诚直率，所使用的词汇也往往简单明了。朋友关系必须建立在真诚之上，花哨不实的言论只适合逢场作戏，朋友是靠互相感动、吸引，而不是硬性地逼迫对方接受自己的意见。为了强硬地使对方接受自己的意见，卖弄一些偏僻冷门的词汇，来表现自己的水平高人一等，这在对方看来，只觉得和你格格不入而无法接受你。

不难看出，愈是爱表现的人，愈是无法精通每件事。交朋友应该是互相取长补短，别人比自己专精的地方就不耻下问，即使是自己很专精的事，也要以很谦虚的态度来展现实力，这样才能说服他人。

所谓很谦虚的态度，是指对于自己专精的事物，不妨表示一下自己的意见，只是说话技巧要高明。

现代社会可以说是一个高度复杂的信息时代，每个人所吸收的知识都不可能包含万事万物。若没有虚心的态度与人交往，如何能够受到大家的欢迎；凡事都自以为是的人，必然得不到大家的尊敬。

因为不论是不懂装懂或是真的无知，都同样有损交际范围的扩展。

有位不具规模的小杂志社社长，不管是什么场合他总喜欢装腔作势，故意地降低自己的声调来表现庄重的样子。不但如此，他也总是一副无所不知的样子，这种姿态让人觉得他好像在做自我宣传。然而不论他再怎么装腔作势，夹着再多的暗示性话语或英语来发表高见，还是得不到他人的认同。而这位仁兄所出版的杂志或周刊，也永远上不了台面。

他所出版的刊物，总是被人批评为现学现卖、肤浅的杂学之流，这是因为他对任何事都喜欢来评判。当他一开口说话，旁边的人就说："天啊！又要开始了。"然后便咬着牙，万分痛苦地忍着。这和说大话、吹牛并无不同。自己本来没有高人一等的智慧，却装出一副什么都知道的样子，会被人看做是虚张声势的伪君子。

在朋友关系中最令人敬而远之的，就是这种总是不懂装懂的人。承认自己也有不知道的事并不丢人，为了要自抬身价而不懂装懂，一旦被对方看穿，反而会令对方产生不信任感而不愿与你交往。

"闻道有先后，术业有专攻"，每个人都有自己的专长，不可能每件事都很精通。所以，在人际交往中一定要保持一个良好的心态，切忌不懂装懂。

注意说话的方法

我们与人交往时，说话的内容固然重要，但别人对你的评价如何，你给别人的印象是好是坏，很大程度上是由你的语言表达方式决定的。

因此，应该承认，在社会交往中注意自己的说话方法，是开口说话至关重要的一个环节。

有时候，谈话的重点会在我们轻松自在的说话中明显地表达出来；有时候，我们以平和的心态与人说话，也会留给对方深刻的印象；有时候，我们怒气冲冲地与人讲话，也能获得别人的好感；甚至有时候我们与人说话时心不在焉，却依然能够表达自己要讲的意思。

这是为什么呢？这就是因为在不同心态下用不同的说话方法，可以决定我们能否把该强调的重点充分地表达出来。

当然，一个人在与人说话的时候，始终保持一份好的心情，肯定能加深别人对他的好感；反之，说话时装模作样、自命不凡、优越感太强的人，便不会得到别人的认同，朋友也会离他越来越远。

说话应该做到条理分明，因为有关你的工作能力、教育程度、知识水平、兴趣爱好、审美追求等许多方面的情况，皆是通过你的言谈表现出来的。一个说话东拉西扯而没有层次的人，很难让人明白他究竟想要说什么。

所以，一个人说话不能掌握正确的方法，不能强调重点，言语没有分寸，他的社交活动肯定劳而无获，不会有什么好的结果。

任教于美国明尼苏达教育学院的罗伯·格林教授，曾请求参加研讨会的75位来宾分别写下自己焦虑不安的原因。

结果，令人焦虑不安的主要原因有：

"当我还没有讲完话的时候，其他的人已开始发表自己的意见，使得我的话被打断。"

"不听别人讲话，自己一味地说。"

"在讨论会上，别人只想发表意见，而忽视自己的言论。"

"说话时有被人轻视的感觉。"

"话讲到一半，忽然被人打断。"

"怕讲不明白。"

"怕没讲明白。"

"对方是否在认真听。"

"自己讲话过于片面。"

"话讲到一半便失去了兴趣。"

"对方无故沉默。"

……

那么我们在人际交往中，是否也犯过上述这些毛病，是否也因此而无意伤害过别人呢？

现在，你不妨先用下面这些问题来检验一下自己。

开始与别人交谈时，会希望别人快点说完吗？

和不熟悉的人说话时，会觉得不知道说啥吗？

与对方交谈时，你还会想其他事情吗？

是否时常会有找不到话题的时候？

不喜欢别人为你介绍陌生人吗？

是否时常会有想不出好措辞的时候？

是否常常想中断对方的谈话？

即使和亲朋好友谈话，也会有没有话题的时候吗？

当你讲话时，是否感觉到其他人的坐立不安？

对方是否常常会中断你的谈话？

与人交谈时，争执的情形多吗？

你觉得用家常话会很难和别人交谈吗？

是否觉得自己不会幽默？

在会谈的时候，你是否会认为提前结束比较好呢？

是否常常请求对方赶快说明情况？

是否一讲起来就没完没了？

常想教导别人吗？

是否时刻在维护自己的形象？

以上这些问题，如果你有7个以上的回答是"是"，那么你就有必要注意说话的技巧了。掌握正确的说话方法，能使我们判断出自己的想法是否合乎情理，同时也能让别人对我们有一个正确的评价，时间一长，自然能给人们留下良好的印象。

第二章 恰到好处，不说过头话

——说话分寸经

口才圣经——

分寸就是尺度，把握说话的分寸就是说话时要留有余地。

留有余地包含两方面的意思：一方面，给别人留有余地，无论在什么情况下，也不要把别人推向绝路，万不可逼人于死地，迫使对方做出极端的反抗，这样一来，事情的结果对彼此都没有好处。另一方面，给自己留余有地，让自己行不至于绝处，言不至于极端，有进有退，以便日后更能机动灵活地处理事情，解决复杂多变的问题。

把握好说话的分寸

普通的一句话，会因分寸感平添几许力量，话少又精到，给人感觉深思熟虑。说话的分寸决定与你谈话的对象、话题和语境等诸多因素的需要。换句话说，要言之有度。

有度的反面则是"失度"，什么叫做"失度"呢？一般来说，对人出言不逊，或当着众人之面揭人短处，或该说的没说，不该说的却都说了。这些都是"失度"的表现。下面我们就简要介绍一些在谈话中禁忌的话题，接触这些话题容易导致谈话"失度"，产生不良效果。

（1）随意询问健康状况。向初次见面或还不相熟的人询问健康问题，会让人觉得你很唐突，当然如果是和十分亲密的人交谈，这种情况不在此列。

（2）谈论有争议性的话题。除非很清楚对方立场，否则应避免谈到具有争论性的敏感话题，如有关宗教、政治、党派等易引起双方抬杠或对立僵持的话题。

（3）谈话涉及他人的隐私。涉及别人隐私的话题不要轻易接触，如年龄、东西的价钱、薪酬等，容易引起他人反感。

（4）个人的不幸。不要和同事提起他所遭受的伤害，如他离婚了或是家人去世等。当然，若是对方主动提起，则要表现出同情并听他诉说，但不要为了满足自己的好奇心而追问不休。

（5）讲一些不同品味的故事。一些有色的笑话，在房间内说可能很有趣，但在大庭广众之下说，效果就不好了，容易引起他人的尴尬和反感。

在人际交往中，谈话要有分寸，认清自己的身份，适当考虑措辞。哪些话该说，哪些话不该说，应该怎样说才能获得更好的交谈效果，是谈话时应注意的。

同时还要注意讲话尽量客观，实事求是，不夸大其词，不断章取义。讲话尽量真诚，要有善意，尽量不说刻薄挖苦别人的话，不说刺激伤害别人的话。

识破别说破

面子在中国人心目中可谓是一件大事，士可杀不可辱，侮辱别人是何等沉重的一条大罪？但是，当对方"自取其辱"时，你要如何保全对方的颜面，又设法达到自己的目的呢？

一次，郑武公设宴款待来自各国的使者，餐桌上摆着精致绝伦、刻着九条龙的酒杯供各国使者使用。每位使者把玩欣赏自己面前的九龙杯，都对上面精细的刻功赞不绝口。

宴会结束时，一个眼尖的侍卫看到胡国的使者竟然趁别人不注意时，偷偷拿了一个九龙杯藏到自己的袋子里。

他把这件事报告了大将军，但大将军担心直接向胡国使者要回杯子，会使对方恼羞成怒，因此迟迟不敢有所动作，打算先请示郑武公的意见。

郑武公左思右想，到底要怎么样才能顺利地取回这个九龙杯，又让大家都和和气气的，不伤感情呢？

"好，我有办法了！晚宴后不是安排民俗技艺给远道而来的贵宾们欣赏吗？我们就加一场魔术表演，让各国使者开开眼界。"郑武公的算盘已经打好，拈着胡子，一副胸有成竹的样子。

吃饱喝足以后，魔术表演正式登场，魔术师将三个九龙杯用黑布盖起来，接着拿了个道具，神秘兮兮地对着黑布比划一下，等到黑布被掀开时，三个九龙杯竟然只剩下两个。

在众人鼓掌欢呼时，魔术师向观众表示，其中那个凭空消失的杯子被他变到台下观众那里了。然后，魔术师缓缓地走向胡国使者，彬彬有礼地请他打开袋子，把袋子里的九龙杯拿回台上。

胡国使者虽然吃了闷亏，不过碍于情面，还必须配合大家为这个精彩的魔术表演拍手叫好呢！

虽然郑武公坏了胡国使者的好事，但是却在达到双赢的前提下，保全了胡国使者的面子。如果郑武公当众揭穿胡国使者令人不齿的行为，即使最后取回九龙杯，却也不免有小题大做的嫌疑，甚至引来吝啬小气的批评，就算有理，也是得不偿失。

记住，多了个朋友就等于少了个敌人，给对方留条后路，也就等于给自己留条后路。冲动地撕破脸固然大快人心，但是，撕破脸之后呢？有时你也冲动地断送了自己的后路。

我们不主张对他人包庇，但从另一个角度来说，对待身边的人出现的错误或异常情况，切忌主观臆断，一定要深入调查，查明原委，再对症下药。

某中学曾经有位学生上学经常迟到，上课铃声响过才到教室，而且喜欢参与打架。同学们对他十分不满,任课教师也大为光火,班主任更是忍无可忍,上报学校要将他开除。但校长并不同意,而是要教务主任调查情况。通过调查,了解到他在初中时,老师称他为"老油条"、"草包"、"笨猪",同学也不大去理睬他。还了解到他父母离异,判给爸爸,而爸爸又找到了一个老婆,还有一个小弟弟。这样的家庭导致他从小无人管教,没有享受过家庭的温暖和父母的关爱,因而就产生了破罐子破摔的念头,对周围的一切都漠然置之。突然之间学校中再也没有人觉得他可恶了,还特地为他召开了一次题为"自信、自爱、奋发图强"的主题班会,特意安排他多参加集体活动表现自己。这样,使他体会到了集体的温暖,自身的价值,从而改掉了身上的不良习气。

我们在与人相处的时候,关键是你不能钻牛角尖,老往坏处想"这个人太讨厌了"或"我非得教训他一顿不可",这样会使你更加愤怒而气上加气、不能自拔。

当我们践踏别人感情、当着别人的面批评一个孩子或一个职工、毫不顾虑地伤害别人的自尊之后,只需要几分钟的思考;一两句体恤的话;一点点对对方态度的真实了解,对于解除这种刺痛,都有莫大的帮助!

说话办事多留余地

人生说话办事万不可使某一事物沿着某一固定方向发展到极端,而应在发展过程中充分认识,冷静判断各种可能发生的事情,以便有足够的条件和回旋余地采取机动的应付措施。

某报社的主编交给新来的记者王心一个重要的采访任务,同时,主编告诉他:"这件采访工作在实施时存在一定的困难……"正当主编要详细地向他介绍一下时,王心却拍着胸脯说:"没有问题,包您满意。"3天以后,没有听到任何动静,主编便问他采访进展得怎么样?进度如何?他才不得说:"不像想象的那么简单。"

虽然主编也知道这个采访不会很轻松,但对王心当时轻易地拍胸脯表态却大有反感,从而对他这个人的能力也产生了怀疑。

生活中有很多事情是我们无法预料它的发展态势，有的也不了解事情的发生背景，切不可轻易地下断言，不留有余地，使自己一点回旋都没有。

有次，赵刚与同事之间有了点摩擦，很不愉快，便对同事说："从今天起，我们断绝所有关系，彼此毫无瓜葛……"这话说完还不到两个月，这位同事成了他的上司，赵刚因讲过过重的话很尴尬，只好辞职，另谋他就。

因把话讲得太满，而给自己造成窘迫的例子到处可见。把话说得太满，就像把杯子倒满了水一样，再也滴不进一滴水，否则就会溢出来。打满了气的气球，再充就要爆炸。

凡事总会有意外，留有余地，就是为了容纳这些"意外"。杯子留有空间，就不会因为加进其他液体而溢出来；气球留有空间便不会爆炸；人说话留有余地，便不会因为"意外"的出现而下不了台，做事留有余地从而可以从容转身。

我们可以见到一些政府官员在面对记者采访时偏爱用一些模糊语言，如"可能"、"尽量"、"研究"、"或许"、"评估"、"征询各方面意见"等。他们之所以运用这些字眼，就是想为自己留有余地。否则，一下子把话说死了，结果是事与愿违，那该多难堪呀！

那么，怎样才能给自己留有余地呢？

对别人的请托可以答应接受，但不要"保证"，应代以"我尽量"、"我试试看"的字眼；上级交办的事当然接受，但不要说"保证没问题"，应代以"应该没问题，我全力以赴"的字眼。这是为万一自己做不到留有后路，而这样回答事实上又无损你的诚意，反而更显出你的审慎，别人会因此更信赖你！即使事情没有做好，也不会怪罪你。

只说该说的话

有一次，林肯在某个报纸编辑大会上发言，指出自己不是一个编辑，所以他出席这次会议是很不相称的。为了说明他最好不出席这次会议的理由，他给大家讲了一个小故事：

"有一次，我在森林中遇到了一个骑马的妇女，我停下来让路，可是她也停了下来，目不转睛地盯着我的面孔看。

她说：'我现在才相信你是我见到过的最丑的人！'

我说：'你大概讲对了，但是我又有什么办法呢？'

她说：'当然你生下来就这副丑相是没有办法改变的，但你还是可以待在家里不要出来嘛！''"

大家为林肯幽默的自嘲而哑然失笑。

林肯巧妙地运用了自嘲来表达自己的拒绝意图。既没让人难堪，还使人在愉快的氛围中领悟到林肯的意图。

有时候为了避免直言相告，还可巧妙地寻找借口来为自己解围或是保全他人的面子。

舞会上别人邀请你，你内心实在不想跟他跳，可以说："我累了，想休息一下。"既达到谢绝的目的，又不伤别人的自尊心。

别人与你相约同去参加某一活动，但届时你忘记了；或过后生悔，未去赴约。直接说出原因，将会影响别人对自己的信任，也是对他人的不尊重。一般情况下，失约的原因可能有身体不适、家中有事、客人来访等，你可挑选较合情理的一种，作为事后的解释。

但是并不是所有的人都能控制自己的情绪，只说该说的，把不该说的那半句留住。

因此，世界上的麻烦有一半是因为说话不当造成的，另一半是愚蠢所致。说话不当的危害跟愚蠢是一样的。说话不当者未必都是愚蠢的人，但的确做了一件愚蠢的事。

说蠢话和做蠢事，有时是紧密相连的，如震惊全国的马加爵杀人案件，就是一句蠢话导致一件蠢事的大悲剧。

当马加爵在三亚落网后，他杀人的原因终于真相大白。事情的经过是：马加爵和几位同学打牌时，有人说马加爵作弊，然后发生了口角，大家把马加爵曾经的种种"劣迹"抖了出来，对他冷嘲热讽，如"吃饭时，连你广西老乡都不愿叫你了"之类。这句话刺激了马加爵，使偏激狭隘的他产生了杀人的念头。据马加爵交代，刚开始时，他只想把"不愿再叫他吃饭的老乡"杀掉，后来因为要杀人灭口，才又杀了其他3人。当他在宿舍处理血迹时，又有1名广西老乡来叫他打牌，当时他曾产生过把此人也杀了灭口的念头，但想到此人对他不错，还打过饭给他吃，才放弃了"再添一条人命"的想法。

当然，马加爵愤而杀人，可能不止因一次口角这么简单，在平日的相处中，同学们的说话不当，早已在他心中留下了积怨。可见，不该说的话不要说，话到嘴边要留半句。

奉承有度

1671年5月，伦敦发生了一起举世震惊的盗窃案，一伙盗贼潜入伦敦市郊马丁塔，想要抢走英国"镇国之宝"——国王皇冠。因消息走漏，盗贼束手就擒。

英王查理二世得知此事，非常震惊，决定亲自审问这些胆大包天的狂妄之徒。于是，罪大恶极的首犯布勒特被押到了国王面前。

查理二世看着眼前这位其貌不扬的人，心中暗想：我倒要看看此人究竟有何能耐，居然敢盗国宝，想到这里，便开口问道："听说你还有男爵的头衔？"

"是的，陛下。"布勒特老实地回答。

"我还听说你这个头衔是诱杀了一个叫艾默思的人而得来的。"

"陛下，我只是想看看他是否配得上您赐给他的那个高位，要是他轻而易举地被我打发掉，陛下就能挑选一个更适合的人来接替他。"

查理二世沉思了一会儿，觉得布勒特不仅胆大包天而且口齿伶俐。于是又厉声问道："你胆子越来越大，竟然敢来盗我的王冠？"

"我知道我这个举动太狂妄了，但是，陛下，我只是想以此来提醒您关心一下我这个生活无依无靠的老兵。"

"哦，什么？你并不是我的部下。"

"陛下，我从来不曾对抗过您，现在天下太平，所有的臣民不都是您的部下？我当然也是您的部下。"

说到这里，查理二世觉得布勒特更像是个无赖，"那你说吧，该怎么处理你？"

"从法律的角度说，我们应当被处死。但是，我们五个人每一位至少会有两位亲属为此而落泪。从陛下您的角度看，多十个人赞美总比多十个人落泪好得多。"

查理二世没有想到他会如此回答，接着又问："传说中你是个劫富济贫的英雄，你觉得自己是个勇士还是懦夫？"

"陛下，我没有一个地方可以安身，到处有人抓我，去年我在家乡搞了一次假出殡，希望大家以为我死了而不再追捕我，这不是一个勇士的行为。因此，尽管在别人面前我是个勇士，但在陛下的权威面前我是个懦夫。"这番强词夺理的辩解竟然让查理二世大悦，最后竟赦免了布勒特。

人总是喜欢别人奉承的。有时，即使明知对方讲的是奉承话，心中还是免不了会沾沾自喜，这是人性的弱点。一个人受到别人夸赞，绝不会觉得厌恶，除非对方说得太离谱了。

当一个人听到别人的奉承话时，心中总是非常高兴，脸上堆满笑容，口里连说："哪里，我没那么好，你真是很会讲话。"即使事后冷静地回想，明知对方所讲的是奉承话，却还是抹不去心中的那份喜悦。因此，说奉承话是与人交际所必备的技巧，奉承话说得得体，会使你更讨人喜欢。

奉承别人首要的条件，是要有一份诚挚认真的态度。言辞会反映一个人的心理，因而有口无心，或是轻率的说话态度，很容易被对方识破，而产生不快的感觉。奉承别人时也不可讲出与事实相差十万八千里的话。比如，你看到一位表情呆滞的孩子，却对他的母亲说："你的小孩看起来很聪明！"对方的感受会如何呢？本来是奉承话，却变成很大的讽刺，收到了相反的效果。如果你说："哦！你的小孩子好像很健康。"效果就会好些。所以，奉承别人要坦诚，这样，你所说的奉承话，会成为真正夸赞别人的话，对方听在耳中，感受自然和听一般奉承话不同。

话到嘴边留下半句

尽管说话要求有一说一，有二说二，无须曲里拐弯地云山雾海一番，但在与人交往时，为了避免伤害他人，为了更好地赞美他人或是为了得到别人的帮助时，必须将要表达之意寓于其他话语中，而不能做所谓的"直肠子"，快人快语，结果把事情搞砸。

话到嘴边，应该留下哪"半句"呢？

1. 隐私或秘密不可轻易泄露

这两样东西，将暴露自己的意图和弱点。对方也许是朋友不是敌人，不过就怕他竟然是敌人或受敌人利用。

偶有一些人，"心底无私天地宽"，敢说就敢做，敢做就敢当，没有什么隐私，也不怕受损，"事无不可对人言"。这种人都是遍体鳞伤的英雄，十个人中大概有九个不敢自认是这种人，也没有"打落牙齿和血吞"的心理准备，所以话到嘴边，留下这要命的半句是非常有必要的。

2. 留住自以为是的见解

人们都是根据有限信息进行思考并形成想法，在信息残缺不全时，会形成偏见。加上感情倾向与情绪作用，会使自己的见解偏得更厉害。正如索罗斯所说："我们对世界的所有认知都有缺陷，因为我们无法透过没有折射作用的棱镜看待这个世界。"

虽然每个人的想法都带有偏见，但掌握信息较多、比较理智、能有效克服情绪的人往往意见更正确，至少更令人信服。因为在一些人中，大家的见解都超不过他的见解。你看那些经验丰富的领导人，当别人进行热烈的讨论时，他却坐在那里一言不发。等别人把想说的话都说完了，他再发表意见，一开口就语惊四座，让大家都觉得自愧不如。其实，他在保持沉默时，并非没有想法，只不过能隐忍不言而已。当他听完所有人的讨论后，掌握的信息已经比别人多了，在此基础上形成的想法，自然胜过所有人。

3. 避免对别人不恰当的批评和指责

所谓不恰当，有多种含义。如果你看错了对象，误会了人家，批评和指责无疑是不恰当的。假如对方确有挨批的理由，是否批他，还得看风向。比如，你这样做，是否对他确有帮助？是否会加深误会激化矛盾？另外，如果对方已经意识到了自己的错误，并有改正的倾向，就没有必要对他说三道四了。当你确定批评他是必须而且有用的，点到为止即可，把多余的废话还是得咽回去。你也许有幸挨过一些领导的批评，那些被你认为是有涵养的领导，总是羞答答地说那么一句半句，好像很难为情似的，你这么大的人了，真不方便说你。正因为这样，给你的印象反而特别深刻。

4. 不发毫无价值的牢骚

毛泽东曾告诫那些革命意志不坚定的同志，尤其是知识分子：牢骚太盛防肠断。生活本来就是不如意的事要占很大比例，你到哪里去找一个圆满的世界？已经吃到肚子里的东西，无论米谷糟糠，总是要自行消化的，岂能吐出来让别人心情难受？抱怨通常没有价值，只有一种例外：你想让某人知道你的想法，却不便当面说，想让眼前这个喜欢多嘴饶舌的人带话过去。

5. 抛弃不着边际的废话

为说话而说话，把东家的长西家的短都搬出来当谈资，讲完了也不知道自己到底说了什么，这无疑是废话。那又何必要说？那又何必说太多？

少在背后议论别人

谁人背后无人说，谁人背后不说人。相信很多人都在背后说过别人的是非长短。不过有一点，经常在背后说别人坏话的人，肯定不会是受欢迎的人。因为凡是有点头脑的人，都会自然而然地这么想："这次你在我面前说别人的坏话，下次你就有可能在别人面前说我的坏话。"这样一来，说人坏话者在别人的印象中就不可能好到哪里去。

对别人在你面前说另一个人的坏话的行为，你应该端正态度，认真考虑这种事。因为说他人坏话的人，总是有着各种各样的原因，充分地分析讲话者的心理及原因，对做到端正自身大有益处。

有两个好朋友因为职位的调动而闹得彼此极不愉快。两个人虽然平时见面还都装着一副无所谓的样子，但是一旦分开，就会向对方发起"攻击"，将对方的"坏"处添油加醋地讲出来。身为朋友，你当然成了他们发泄对对方不满的汇集点。当甲对你说乙的坏话时，你应尽可能地保持沉默，在适当的时候加进一两句劝导的话，不对乙加任何评语；当乙对你说甲的坏话时，你同样不要对甲加任何评语，在适当的时候对乙劝导几句。无论是甲说的还是乙说的，都让所有的话到你这里截止，再不外传。一段时间过后，当甲、乙两人都冷静下来时，回想起他们在你面前所说的那些话，他们肯定自己都觉得不好意思。这样处理不会使他们之间的矛盾进一步激化，好朋友终究还会是好朋友。

如果换一种情形，你对他们一意奉承，在甲面前附和着说乙不好，在乙面前附和着说甲坏话，那么结果可想而知，两人或者因此断交，或者和好之后，与你断交。

从这件事可以总结出一个经验，那就是当别人对你说第三者的坏话时，无论你是否明白其中的原因，你都必须保证做到一点，那就是"入耳封存"，同时还得充分了解对方，如果发现对方是无缘无故，只是天生有背后说第三者坏话的习惯，那么你就得注意，在以后的应酬中有意识地疏远他。

如果别人有什么缺点，你可以寻找适当的机会当面向他提出，或者容而忍之、视而不见。总之，背后议论别人的做法是绝不可取的。

口无遮拦，话不投机

在交谈中，每说一句话之前，都要考虑一下你要说的话是否合适，不要口无遮拦，想说什么就说什么，给其他人造成不快。

小王和小张平时爱开玩笑，几天没有见面，一见面一个就说："你还没有'死'呀？"对方也不计较，回一句："我等着给你送花圈呢。"两个人哈哈一笑了事。

后来小王因病重住进了医院，小张去医院看望，一见面想逗逗他，又说："你还没有死呀？"这一次，小王变了脸，生气地说："滚，你滚。"便把他赶了出去。

即使是亲密无间的朋友，说话也不能口无遮拦，不考虑别人的感受。有些人说话之所以惹恼人，并不是因为他们不会说话，而是因为他们场合观念淡薄。所以，对于这些人来说，当务之急在于增强场合意识，懂得不同场合对说话内容和方式的特定限制和要求，时时不忘看场合说话。

与别人聊天或闲谈的时候，最好不要对个人的卫生状况妄加评论。如果某人的肩膀上有很多头皮屑或口气很难闻，或拉锁纽扣没系好，请尽量忍耐不去想，并等他亲密一些的朋友告诉他。如果你直接告诉他，特别是在人比较多的场合，很容易让对方处于尴尬的境地。

许多人不喜欢别人问自己的年龄，尤其对女性而言，年龄是她们的秘密，不愿被人提及。对钱等涉及个人收入的一类私人问题的询问通常也是不合适的，可以置之不理。

在社交活动中，应该以诚待人，宽以待人。要与人为善，而不要打听、干涉别人的隐私，评论他人的是是非非等。不要无事生非，捕风捉影，也不要东家长，西家短，更不要传小道消息，把芝麻说成西瓜。说话要有事实根据，不能听风就是雨，随波逐流。

俗话说："良言一句三冬暖，恶语伤人六月寒。"所谓恶语，是指那些肮脏污秽、奚落挖苦、刻薄侮辱一类的语言。口出恶语，不但伤人，而且有损自身形象。在社交活动中，应当尊重人，温文尔雅，讲究语言美，而不要自以为是，出言不逊，恶言伤人。

此外，如果两人相见，话不投机怎么办？不妨把"话不投机"的对方当作会话训练的对手。有一种人，当他和某人在一起时，总是有说不完的话，可是和另一个人在一起时，却沉闷得不讲一句话。

俗语说："酒逢知己千杯少，话不投机半句多。"有些朋友一旦感到与对方讲话不投机，自己虽有话题，也不愿提出，而且从心底里拒绝接受对方的意见，这不是一个有教养的人所应有的态度。培养自己的说话能力，除了说话的场合与次数要多以外，更要把握与各式各样的人交谈的机会。你或许会发现自己对某个人有很深的成见，一见到他，就产生一股厌恶感。这时，你不要逃避，应该更积极地去跟他交谈，这是训练会话技巧的最佳方法。你可以选择一些比较轻松的话题跟他谈，如电影、音乐等，通过这些交谈，可以促进两人之间的感情，增加彼此间的了解。经过几次交谈后，或许你会发觉："哦！原来他不是一个那么令人讨厌的人！"也可能你们会从此变成一对很谈得来的朋友。

日本影评家淀川长治曾说："我从来没有碰到过令我讨厌的人。"你如果能够纠正不跟讨厌的人讲话的观念，一定会变得很有人缘，会话技巧也必提高，这种一举两得的事，何乐而不为呢？而如果一次话不投机就放弃了深入了解别人的机会，或许你失去的要比得到的更多。

嘴边留个把门的

罗曼·罗兰说："每个人的心底，都有一座埋藏记忆的小岛，永不向人打开。"马克·吐温也说过："每个人像一轮明月，他呈现光明的一面，但另有黑暗的一面从来不会给别人看到。"

这座埋藏记忆的小岛和月亮上黑暗的一面，就是隐私世界。每一个人都有自己的隐私，都有一些令人不快、痛苦、悔恨的往事，如恋爱的破裂，夫妻的纠纷，事业的失败，生活的挫折等，这些都是自己过去的事情，不可轻易示人。

每个人都有自己的过去，都存在一些不为人知的秘密。朋友之间，哪怕感情再好，也不要随便地把你过去的事情、秘密告诉对方。

如果你是职场中人，你将你的秘密告诉你的同事，在关键时刻，他很可能会跟林明一样，拿出你的秘密作为武器回击你，使你在竞争中失败。他将你不光彩的秘密说出来，你的竞争力就会大大削弱。

自己的秘密不要轻易示人，守住自己的秘密是对自己的一种尊重，是对自己负责的一种行为。"逢人只说三分话，未可全抛一片心。"这话虽有偏颇，但却有些道理。尤其是同事之间，存在着竞争关系，可能你觉得这样做过于圆滑，但现实生活就会告诉你这样的道理，孔子说过："不得其人而言，谓之失言。"

与同事说话，要分人、分场合、分时间。你所说的话，对方是不是爱听，说你自己的事，同事必须关心吗？说同事的事，你的说法正确吗？不分场合地讲你的事情或同事的事情，他们会不会反感？不管同事的心情好坏、时间松紧，唠唠叨叨，同事不厌烦吗？这些都是你要考虑的，要"三思而后言"。过多的暴露，会让人觉得你肤浅；过分的热情，会让人产生讨好的印象。因此，与同事说话，要因人而异，否则物极必反。

不分青红皂白地把同事当作知心朋友，动辄一吐心曲，更是需要小心的。特别是与同事相交甚欢或话语投机之时，更要把住口舌关。当别人对自己倾诉知心话，自己要以诚相待时，仍要特别注意，不可毫无遮拦。因为人际关系是经常变化的，今天的知心人或许就是明天的对手，你的知心话就会成为明天握在对方手中的把柄。给自己留一点余地，留一条后路，总会让人觉得安全、踏实。

逢人只说三分话

逢人只说三分话，不是不可说，而是不必要说的话不要说。善于处世的人，说话圆滑而保守，是不必说、不应该说的缘故，绝不是他不诚实，更不是狡猾。

说话本来就有三种限制：一是人，二是地，三是时。非其人不说；非其时，虽得其人，也不必说；得其人，得其时，而不是说话的地方，仍是不必说。

不是说话的人，你说三分话已是太多。得其人，而非其时，你说三分话，正给他一个暗示，看看他的反应。得其人，得其时，而不是说话的地方，你说三分话，正可以引起他的注意。如有必要的话，不妨选个地方仔细谈谈，这才是通达明智的做法。

有时你只说三分话，正是你的职业道德。做医生的人，普通病人或者可以对人提起；如果是绝症的人，你就只字不能对别人提及。这是医生的职业道德。经办银行业务的人，业务大概情形或者可以对人提及，对于存款人的姓名与存款额，你是绝对不可提起的。这是银行人员的职业道德。这些例子还多得很。有时你因为不能遵守只说三分话的戒条，酿成大祸，往往使你的精神倍感痛苦，甚至蒙受更大的损失。

如果你从事的是机密工作，或者特殊的行业，对人只说三分话，还要在重要话题之外。重要话题是一字都说不得的。你说的三分话，应该是风花雪月，应该是柴米油盐，应该是上天下地。总而言之，应该是无关紧要的材料。无关紧要的材料，虽是说得头头是道，说得兴味淋漓，说得皆大欢喜，其实是言之无物，不会引来什么苦恼。

不碰触别人的痛处

想和上司、同事建立良好的人际关系，一定要记住：保持适当距离，做事公私分明，尤其要注意，言谈之间不要说到别人的痛处。被击中痛处，对任何人来说都是不愉快的事。

不碰触别人的痛处，不但是说话待人的分寸，更是左右逢源的关键。

有修养的人即使在盛怒之下，也不会扩散愤怒的波纹，但是涵养不够的人，被激怒了，往往就会面露凶貌、口出恶言，甚至随手拿起手边的东西往地上摔。

某些人暴跳如雷的时候，还会口不择言，用侮辱性的语言攻击别人最敏感的隐私，这是相当不智的行为。

一旦你攻击他人的痛处，修养好的人虽不至于当场发作，与你破口对骂，但心中的疙瘩和怨恨往往难以抹平，如果不幸他是你的上司或客户的话，你就会变成被"封杀"的对象。

在公司里，"封杀"意味着调职、冷冻、开除。如果你是公司负责人，"封杀"就代表着对方拒绝继续与你往来，或是"冻结彼此的关系"。

中国古代有所谓"逆鳞"的说法，强调即使面对富有智慧的气度的蛟龙，也不可掉以轻心。

传说中，龙的咽喉下方约一尺的部位，长着几片"逆鳞"，全身只有这个部位是逆向生长的，万一不小心触摸到这些逆鳞，必定会被暴怒的龙吞噬。至于其他部位，不论你如何抚摸或敲打都没太大关系，只有这几片逆鳞，无论如何也触摸不得，即使轻轻摸一下也犯了大忌。

每个人身上也都有几片"逆鳞"存在，即使是人格高尚伟大的人也不例外。唯有小心观察，不触及对方的"逆鳞"，也就是我们所说的"痛处"，才能保持圆融的人际关系。

谁都希望自己比别人聪明，谁都不愿意别人发现自己的失误。很多人最大的本事就是通过宣扬别人的错误来显示自己的聪明，而这恰恰触到了别人的心病。所以有意无意地张扬别人的错误，是一种损人不利己的行为。

每个人都有不为人知的秘密或隐私，在他过去的工作或生活历程中，他也许曾犯下错误，甚至做过不光彩的事情。如果你知道内情，在你的下属、同事或朋友犯错误或和你有不同意见而出言顶撞的时候，你将会怎么办呢？是揭人隐私，还只是就事论事？

有些人虽然不会把别人的隐私抖出，却常常把它当作筹码来压制他人。比如，在盛怒的时候会说："你少跟我斗，你过去的黑资料还在我手中呢！"那个可怜的人会因为的确有污点掌握在别人手中，只好忍气吞声，但他心里却是非常气愤，于是，这种心情积累到一定程度后，就会出现互相攻击对方隐私的情况。彼此都把对方的隐私抖出来，结果弄得两败俱伤，除了引来一大堆人的围观，对谁也没有好处。因此，你要清楚，揭人疮疤是最没必要的。

也许有人会说："我并不是喜欢揭他的疮疤，但他的态度实在是太恶劣，我才忍不住的。"这话乍听之下似乎很有道理，但实际上只说明了自己的胸襟太窄。

在同事或同学之中，有的人总希望能有机会显示自己的能耐，一旦发现别人的失误，就似乎看到了自己的胜利，绝对不会忘记大肆地宣扬出去。如果朋友破天荒地办了件蠢事，你就像发现了新大陆一样，在背后逢人便讲，这是一大陋习。有些企业领导也有此陋习。某单位召开职工大会，厂长很神秘地宣布，"据可靠消息，某兄弟厂今年亏损300万元，下岗200人。某兄弟厂今年亏损400万元，下岗150人。"完了，还要附加一句"这是内部消息，外面不要乱张扬"，其实是此地无银三百两，巴不得大家好好宣扬。这似乎就是表彰他自己的功绩，其实他自己亏损多少，可能他连算都不敢算。这种东方式的竞争，很多人发挥得淋漓尽致。

当然也有人由于心直口快，无意中把别人的失误给当面指出来，直到别人脸红脖子粗，才意识到这样似乎不大妥当。很安静的办公室里，你发现同事文件上的一个字写错了，你是好心好意地来到他面前，声音不算很响地告诉他"你把'狠'写成'狼'了"，其他人可能没听到，但他却会感觉很难堪，并以为所有人都听到了，如果有人偷偷地笑一声，那就更让他几天都会感觉脸上无光，他也因此可能恨你几天。

宣扬别人的失误必然会让对方难堪、尴尬、伤了自尊。如果对方能较好

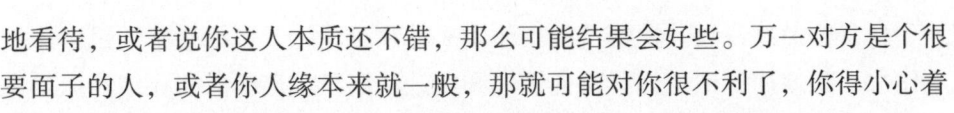

地看待，或者说你这人本质还不错，那么可能结果会好些。万一对方是个很要面子的人，或者你人缘本来就一般，那就可能对你很不利了，你得小心着万一哪天就会有人报复你。如果你树敌还不止一个，那就更麻烦了！

避开矛盾的焦点

每个人都有一些难以启齿的避讳，人人都讨厌自己的忌讳受到别人的冲撞。同事之间相互沟通时，要千万注意，不能忽视了这些问题。

一次几位同事在一起喝酒。小李为了表达对小张取得成绩的钦佩之情，他举杯倡议道："我建议为小张的成功干杯！总结小张的曲折经历，我得出了这样一个结论：凡是成大事的人，必须具备三证！"众人很惊异地问道："哪三证？"小李提高嗓门喊道："第一，是大学毕业证；第二，是监狱释放证；第三，是离婚证！"他的话音刚落，众皆哗然，小张硬撑着喝下了那杯苦涩的酒。

这三证中的两证无疑是小张的忌讳，而小李却没遮拦地把它们说出来了。小张不想让别人知道，小李是和他关系比较好的同事，小李却把它们捅出来。这件事警示我们，在激励自己的同事，即使是非常要好的同事的时候，千万要避开那些焦点问题。人心隔肚皮，每个人心里都有一块自留地，我们必须尊重他们，不能开那些残酷的玩笑。

如果你能巧妙地避开焦点，那将是另一番光景，别人会因为你识大体、顾大局而欣然接受你；反之，正如约翰·莫非在《你的生活》杂志上的文章中所说的那样："小看别人，自己也会变得渺小。"

美国俄亥俄州黛唐市的国立现金收入记录公司有着全国最杰出的销售势力。这个公司的销售训练部主任拉尔夫·奈格里告诉我："保证推销员工作符合要求的秘密在于，不是向他们讲公司的意图，而是给他们一个把推销工作做得更好的刺激。"

拉尔夫从来不说："如果你想在这里工作，你就必须干大量的跑腿的活儿。"相反，他更可能会说这样的一些话："如果你强迫自己出去多做一些访问和请示，你就会大大地增加自己的收入。"

　　这是圆通的说法。推销员的工作本来就是跑腿的，但你直率地说出这个字眼来，那就使他们感到你对他们的鄙夷，从而干不出很好的业绩。但是换一种说法，就可避开了这个令他们生厌的忌讳，让他们放心地去做好工作。

第三章　把话说到对方的心坎里

——说话攻心经

口才圣经——

　　说话就像是一场场头脑的较量！只要你的意见与别人不一致，不管对方是你的家人、朋友、同事，还是你的部下、上司、客户，或者你说服对方，或者对方说服你。攻心说服力就是你最有用的聪明！

　　话不在多，"攻心"就行！你不能不懂攻心说服力！

探探他的心有多深

　　美国有一位著名的谈判专家，他的邻居是一位医生，这名医生的房屋由于遭到了台风的袭击而受到了一些破坏。房子是在保险公司投过保的，医生准备向保险公司索赔，请这名专家来帮忙。医生给保险公司打电话，保险公司的理赔调查员很快来到了他的家里。他主动先向谈判专家打招呼："你好，先生，很荣幸在这里见到你。"谈判专家听了这样的问候，立刻明白了对方心里的感受，他也热情地回应对方："你好，见到你很高兴。"

接着，理赔员单刀直入了，"先生我知道像你这样的交涉专家都是权威，但在今天的赔偿上，恐怕我们不能够赔得太多，请问您，如果我只想赔给您100美元，您觉得怎么样？是不是嫌太少了？"凭借多年的经验，再加上从对方口里听出来的语气，谈判专家判断这个数额绝不是对方的心理底价，这一次出价之后一定还有第二次，第三次，甚至第四次。而且理赔员一开口就说他只能赔多少、多少，显然是他自己也觉得这个数目太少，不好意思开口说，于是他选择了沉默。

理赔员果然沉不住气了，他主动说道："抱歉，请不要介意我刚才的提议，我再加一点，200美元如何？"谈判专家说道："不行，我还是不可能接受你这样的条件，数目少得简直难以置信。"于是对方又说道："那好吧，我赔给您300美元怎么样？"谈判专家又一次回答："绝对不行。""好吧，那就400美元，这个数额已经很高了。""我还是接受不了，你再来看一下房子的受损情况吧。"就这样理赔员一次次将赔偿金增加，最后竟然以惊人的950美元的赔偿费结束了这次谈判。

在交际过程中，能否抓住对方的软肋，是很重要的，一旦你知道了对方的底线，再以正确的方法进行处理，那么胜算肯定是在你这边的。

于华在一家公司工作了3年，在公司他以出色的应变能力得到了上司的赏识。一次，公司派他作为谈判代表与一家外企谈判一笔电子产品的合作合同，谈判进行得非常艰苦，在技术授权和资金方面双方存在很大的分歧，在预定的谈判期限的最后一天，于华认为自己所做的已经达到了双赢的目的，但是，外企的谈判人员，得寸进尺，一再地用自己的技术优势给于华一方施加压力。

这时候的于华清楚对方并不是不满意自己先前开出的条件，而是在争取更多的利益，自己绝不能再给对方机会了。所以，于华淡定地对对方的谈判代表说："我们的诚意已经给贵公司看到了，如果贵公司觉得这笔生意不合适的话，可以寻找另外的合作伙伴。至于新的合作伙伴能不能做出我们这样的承诺，我想大家都应该很清楚了。"对方的谈判代表仍然想给于华一个下马威："那好，于先生，既然这样，我们也不必多谈了，我们先离开了。"

于华始终面带微笑，没有漏出半点异色，外资谈判代表将要拉门离开的时候，发现于华没有挽留的意思，却又转身回来，缓和了语气："于先生，我想我们还是应该再谈谈，毕竟我们已经不是第一次合作了。"结果可想而知，于华已经看到了对方的底线，所以以不变应万变，为公司争得了一笔大生意。

关键时刻，一定要冷静地分析对方的思想，而自己的淡定往往成为自己胜出的关键。所以面对强大的对手，自己一定要稳住，不能让对方识破自己的底线，这样才能掌握主动权。

精明的谈判者都会不择手段地揣摩对方的真实意图，摸清了底牌，就掌握了谈判的主动权，这时再以什么方式取胜，便是技术问题了。暂时离开谈判桌，也就是说，以退要挟达到进的目的，就是常用的一种方法。

有1年，在比利时某画廊发生了这样一件事：

美国画商看中了印度人带来的三幅画，标价为250美元，画商不愿出此价格，于是便展开了一场唇枪舌剑，谁也不肯退缩，谈判进入了僵局。那位印度人恼火了，怒气冲冲地当着美国人的面把其中一幅画烧了。美国人看到这么好的画烧了，当然感到十分可惜。他问印度人剩下的两幅画愿卖多少钱，回答还是250美元。美国画商见毫不松口，又拒绝了这个价格，这位印度人把心一横，又烧掉了其中一幅画。美国画商只好乞求他千万别再烧最后这一幅画了。当他再次询问这位印度人愿卖多少钱时，卖者说道："最后一幅画能与三幅画是一样的价钱吗？"最后，这位印度人手中的最后一幅画竟然以600美元的价格成功拍板成交。

当时，其他画的价格都在100美元到150美元之间，而印度人这幅画却能卖到如此之高，其中的原因何在？首先，他烧掉两幅画以吸引那位美国人，便是采用了"以退为进"的战略，因为他"有恃无恐"，知道自己出售的三幅画都是出自名家之手。烧掉了两幅，剩下了最后一幅画，正照应了"物以稀为贵"。同时，印度人还了解到这个美国人有喜欢收藏古董名画，只要他爱上这幅画，就绝对不会轻易放弃，宁肯出高价也一定要买走珍藏。聪明的印度人施展这一招果然很灵，一笔成功的生意垂手而得。

在商谈中，卖方很想出售自己的商品，而买方则会提出种种借口，以图达到最高利益，这个时候，以退为进的战略便会大奏奇效。

当然，要想利用好这种策略，就必须要拥有一定的后盾，把握好分寸。

"不打无准备之仗"，心中没有十分的把握而轻易使用此计，难免弄巧成拙。如果那位印度人不了解美国人喜爱古董的习惯，不能肯定他一定会买下那最后一幅画而去烧掉前两幅，如果最后美国人没有买那幅画，印度人可就是"赔了夫人又折兵"，后悔莫及。

社交场合中，不要以为谈判就非得谈不可。其实，有时候离开谈判桌，并不是你不想做成这笔交易，有时候，这反倒是成交的有效手段，交易筹码通常只多不少。所以，谈判时，别忘了随时准备离开谈判桌，而且要说到做到。当你再度回到谈判桌上时，行情往往看涨。

当然，这需要一定的技巧，要根据当时的实际情况具体对待。而且一个人的应变能力是以人生经验为基础的，经过多次实践，必然会变得老练聪明。与此同时，应变能力也反映着一个人的机智和修养。这方面功底深厚的人才有可能在情况发生变化时化险为夷，化拙为巧，使自己摆脱不利的境地，并在交际中取得良好的效果。

知己知彼，以实攻心

有一位穷秀才想赴京赶考，却苦于没有盘缠，无奈之下他想起当地有一位隐居山间的姓刘的老翰林，希望能从他那获得些资助。但是听人说这个老翰林生性孤傲，于是在登门拜访之前这个秀才先献上一首诗："翻山度水之名郡，竹仗草履谒学尊，途见白云如晶海，沾衣晨露浸饿身。"诗的前两句写经过长途跋涉前来贵地拜访学尊，第三句暗指刘氏能摆脱俗事纠缠，在山间过隐居生活，末句则写明了他目前遭受饥饿的现状，也暗示了前来拜访的目的。刘翰林一见信上的诗，对他的才气很是赞赏，不仅热情接待了他，还给了他不少纹银。

这个穷秀才通过展示自己的才华顺利达到了自己的目的。而他之所以成功，就因为他准确把握了自命清高者的心理特点：他们往往有较高的文化素养，但却大都洁身自好，所以不愿与常人交往，却倾心于有才华的人，因此想要获得他的青睐，最好的方法就是在交谈中恰到好处地展现出你的才华与学识，因其爱才便会自开家门。

与机灵的秀才相比，下面的这位面包商是在屡经失败之后终于变聪明的。所幸的是，他们都得偿所愿。

达威尔诺先生原想为纽约一家旅馆供应面包。4年期间每周他都去找旅馆负责人。他甚至在旅馆里租了间房间，住在那里，以便达成交易。不过，到底还是没能谈成。"但后来，"达威尔诺先生说，"我考虑了人的相互关系的本质以后，我决定改变策略，弄清旅馆负责人对什么感兴趣。我了解到，他是美国旅馆服务员协会的成员。不仅是这一协会的成员，而且还是协会的主席。无论这一协会的代表大会在什么地方召开，即便是跋山涉水，漂洋过海，他也会出席。于是，第二天见到他，我开始谈起这个协会。结果如何？他非常起劲地给我谈了半个小时。我一下子明白了，协会是他爱谈的话题，是他的嗜好。当时，我压根儿没谈面包的事。可没过几天，旅馆的财务管理员给我打电话，请我带样品和价目表去。'我不知道您和他在一起干了些什么，'财务管理员对我说，'但是您可以相信，您现在可以和他达成协议了。'想想吧，我想达成这个协议已经有4年了，假如我早不费劲地了解到这个人对什么感兴趣就和他谈些什么话，那么早就达成协议了。"

你见过那种不听不问，一见到病人就开药方的医生吗？你和一个陌生人初次见面的时候，不管不顾就滔滔不绝地说话，就相当于不问病人就开药方的医生，效果怎么会好呢？你一定要对对方有所了解，才可以确定自己该怎么做才会最有效。

查尔斯属于纽约市一家大银行，奉命写一篇有关某一公司的机密报告，他知道某一个人拥有他非常需要的资料。于是，查尔斯先生去见那个人，他是一家大公司的董事长。当查尔斯先生被迎进董事长的办公室时，一个年轻的妇人从门边探进头来，告诉董事长，她这两天没什么邮票可给他。

"我现在为我那12岁的儿子搜集邮票。"董事长对查尔斯解释。

查尔斯先生说明他的来意，开始提出问题。董事长的说法含糊、概括，他不想把心里的话说出来，无论怎样好言相劝都没有效果。这次见面的时间很短，没有实际效果。

"坦白说，我当时不知道该怎么办，"查尔斯说，"接着我想起他的秘书对他说的话——邮票、12岁的儿子，我也想起我们银行的国外部门搜集邮票的事，从来自世界各地的邮件上取下来的邮票。

"第二天早上，我再去找他，传话进去，我有一些邮票要送给他的孩子。我是否很热诚地被带进去呢？是的。他满脸带着笑意，客气得很。'我的乔治将会喜欢这些。'他不停地说，一面抚弄那些邮票。我们花了一个小时谈论邮票，瞧瞧他儿子的照片，然后他又花了一个多小时，把我所想知道的资料全都告诉我，我甚至都没提议他这么做，他把他所知道的，全都告诉了我，然后叫他的下属进来，问他们一些问题。他还打电话给他的一些同行，把一些事实、数字、报告和信件，全都告诉我。"

如果你能事先探听到对方的消息自然好，如果不能也没关系，你照样可以临时了解他，并根据得到的信息做出反应。当然，这需要你处处留心。

一次，一名推销员去一位大学教授家里推销保险。这位教授是一位很有威望的动物学专家。他对自己以前的保险代理人不满意，认为他们没有向自己提供较为完善的保险计划。

见面后，他细致地介绍了自己目前的保险安排和为了适应环境变化所做的调整计划，并问了很多技术性问题。他问这些问题的目的好像并非是想知道答案，他的目的更像是在考查推销员的知识。推销员屡次想要把谈话引入正题，但这位客户根本不给他这个机会。

推销员觉得自己是在浪费时间，毕竟他不是专程前来听这位先生讲课，况且他的"课程"并没有拉近彼此的距离。于是他准备告退。

这时候，这位教授接了一个电话。内容是关于他的课程。大概可以听得出来，他下学期要开一门关于考拉熊的课程。在电话结束后，推销员便和他谈起了这种澳洲的小动物。

"你知道考拉熊？"教授的表情让他感到他们之间的距离一下子拉近了。

"这确实是一种很可爱的小动物。以前我看过有关的报道。"推销员实事求是地回答。

这位客户的态度彻底改变了，他不再提问，而是对推销员的提问给予详细的回答。

于是，那天除了从教授那里知道了许多有关考拉熊的专业知识外，他还收获了一张订单。

动之以情，晓之以理

人，是感性和理性的综合体。只是有的人偏于理性，有的人更显感性。不管什么人，只要你动之以情，晓之以理，都一定可以将其说服。说话时要有针对性，有亲和力，善于打动别人。至于言外之意，要紧密结合具体语境，透过语言表面，显出话外之音，深究说话者的真正意思。这样才算是起到了说服他人的作用，达到说服他人的效果。

老于刚调到一个机关单位做办公室主任，就碰到了个小麻烦，上级分配植树任务，单位的几十名同志都主动承担了一些任务，唯有几个"老调皮"任凭老于怎么在政治上动员都不愿参加，搞得老于很难堪。下班了，老于把这几位"刺头"叫到办公室，轻声地说："我现在很为难，请你们帮个忙，真心谢谢你们。"刚才态度还很强硬的几个"老调皮"听了这句语重心长的话，纷纷表示："主任我们不会为难你了。"说完立即同去认领自己的任务。

一句充满人情味的请求话，比通盘大道理更有用，更能打动人心，这句话能让"老调皮"觉得，主任看得起咱，怎么能不给他面子呢？

三国时期，孙权和刘备为了联合抗击曹操，是又联合又斗争的一对盟友。孙权的经理人周瑜和刘备的经理人诸葛亮也是又联合又斗争。在联合抗曹取得一定的胜利后，为了荆州的问题两家闹起了别扭。诸葛亮定计"三气周瑜"，结果使周瑜一命而亡。东吴上下对诸葛亮是恨之入骨，决心要杀死诸葛亮为周瑜报仇。孙刘两家的盟友关系也遭受严峻的考验。为了不使两家分裂并结成仇恨，诸葛亮要亲自到柴桑口为周瑜吊孝。刘备一方的君臣坚持劝阻，认为诸葛亮一去必然要被东吴杀害，结果将是有去无回。

诸葛亮分析，周瑜死了之后，鲁肃就会执掌东吴的大权。鲁肃是个深明大义的人，不会做出鲁莽的事情；东吴要在江东站稳脚跟，也必须和刘备联合。孙权、鲁肃都不会拿他们的江山开玩笑。同时也需要通过这次吊孝化解双方的怨恨。加上由赵子龙这位智勇双全的将军随身保护，即使出现点意外，也将是有惊无伤的。诸葛亮说服众人，过江去了东吴。到达柴桑之后，鲁肃果然非常礼貌地接待了他。诸葛亮到了灵堂，读完祭文就伏地痛哭。情真意切，流泪不止。

一口一个"周都督"，一嘴一个"周贤弟"，一边诉说两人联合抗曹的谋略，一边长叹周瑜一死没有了共同谋划之人。似乎这个世界上只有周瑜是他诸葛亮唯一的知音了。令所有在场的人都非常感动，就连周瑜的夫人小乔也动摇了。人们对周瑜是不是诸葛亮气死的都产生了疑问，甚至认为周瑜之死是他自己心眼太窄造成的。诸葛亮之所以能取得这样的效果，就是因为他用感情打动了对方。

除了动之以情，还要晓之以理。不管是用情还是用理，最重要的是对人心的征服，内心的城防一旦攻破，那么胜利就会有九成的把握。

有个"的姐"（出租车女司机）把一男青年送到指定地点时，对方掏出尖刀逼她把钱都交出来，她装作害怕的样子交给歹徒300元钱说："今天就挣这么点儿，要嫌少就把零钱也给你吧。"说完又拿出20元找零用的钱。见"的姐"如此爽快，歹徒有些发愣。"的姐"趁机说："你家在哪儿住？我送你回家吧。这么晚了，家人该等着急了。"见"的姐"是个女子又不反抗，歹徒便把刀收了起来，让"的姐"把他送到火车站去。

见气氛缓和，"的姐"不失时机地启发歹徒："我家里原来也非常困难，咱又没啥技术，后来就跟人家学开车，干起这一行来。虽然挣钱不算多，可日子过得还算不错。毕竟自食其力，穷点儿谁还能笑话我呢！"见歹徒沉默不语，"的姐"继续说："唉，男子汉四肢健全，干点儿啥都差不了，走上这条路一辈子就毁了。"

火车站到了，见歹徒要下车，"的姐"又说："我的钱就算帮助你的，用它干点正事，以后别再干这种见不得人的事了。"一直不说话的歹徒听罢突然哭了，把300多元钱往"的姐"手里一塞说："大姐，我以后饿死也不干这事了。"说完，低着头走了。

在这个事例中，"的姐"典型地运用了消除防范心理的技巧，最终达到了说服的目的。

喻之以利，晓之以害

空荡荡的电梯里只有两个人：一个是双鬓染雪的老者，另一个是身强力壮的歹徒。此刻，歹徒手中那寒光闪闪的匕首正逼在老者的胸前："识相点，快把钱拿出来！"

老者看了看胸前的匕首，又看了看眼前这凶相毕露的年轻人，和善地说："你缺钱花，不要采取这样的方式，直接跟我说就行。你能把刀子收起来同我说话吗？"

此时，双方的神经都高度紧张，谁能稳住情绪、沉着应战，谁就有可能是赢家。面对危险，老者不惊不乱、镇定自若。"你缺钱花"，一开口，就表现出对对方生活情况的理解；"不要采取这样的方式"，直白式的评价，表明一个历经沧桑的老人对持刀抢劫这种行为不齿；"直接跟我说就行"，传达给歹徒这样一个信息：解决问题可以有多种途径，不必非采取这种极端的方式不可，使歹徒对自己行为的必要性产生怀疑；"你能把刀子收起来同我说话吗？"在前面理解、直白的前提下，老者试图创造一种能够平等交流的氛围，以松弛对方的神经，减少"一触即发"的危险因素。歹徒虽然没有放下匕首，但也没有实施更为凶残的行为，说明老者的这番话初步起到了稳住歹徒的作用。

老者微笑着打开随身带的小包，说："我这里有一万元钱，你如果坚持要拿去，我也没话说。但你用刀逼着我拿钱就算抢劫，这样会坑了你一辈子。"

老者"微笑着"，表明自己并没有被对方的嚣张气焰所吓倒；"我这里有一万元钱，你如果坚持要拿去，我也没话说"，语言上采取"退"势，进一步稳住歹徒；"但你用刀逼着我拿钱就算抢劫，这样会坑了你一辈子"，老者话锋一转，果断地拿起法律这个强大的武器，对头脑懵懂、一心劫财的歹徒晓以利害："借"或"拿"与"用刀逼着我拿钱"性质截然不同，后者属于性质恶劣的犯罪行为，坚持这样做，等待你的将是严惩。

歹徒举着匕首的手颤抖起来，匕首也举得越来越低了。

"不如这样，我给你留张名片，你需要钱到我家里去取。"老者说着掏出一张名片递了过去。

看到歹徒的心理防线已经开始松动，老者乘胜追击。"递名片"的言语和动作在眼下这样危急的关头可称为棋高一着。它既印证了老者"你缺钱花，直接跟我说就行"的诚意，表明了老者对这个年轻人的信任，又亮明身份，将辩论角色的弱势和强势来了一个大换位，再加上一开始老者就采取的沉稳、平和、理解、宽容的态度，一定会再次深深震撼歹徒的心灵。

歹徒接过名片一看，吓得脸色刷白，匕首"当啷"一声掉在地上，泪水夺眶而出："孙院长，您的话我记住了。我以后再也不干这种缺德事了！"

在这场惊心动魄的较量中，语言成为孙院长最有力、最有效的武器。孙院长运用语言这一武器，成功地把体力上的较量转化为心理上、人格上的较量。他在选择语言时采取了"稳住对方—暂时退让—晓以利害—动之以情"四步方略，环环紧扣，步步为营，晓以利害，终于赢得了这场殊死较量的最后胜利，也为我们身处危险境地如何运用语言技巧智辩突围、转危为安提供了一个成功的范例。

要顺利施行晓以利害的方法，自己必须对其中的利害得失有深刻的了解，成竹在胸，这样才能真正打动对方，取得共同的认识。

某市一机电厂由于长期亏损，债台高筑，濒临破产。这时，本市无线电厂对机电厂实行有偿兼并的大会在机电厂举行，上千名职工感到耻辱，坚决反对兼并，人们争吵着，吼叫着，吹口哨，鼓倒掌，一片混乱。面对骚动不安的人群，无线电厂王厂长开始讲话，但人们喊叫着："你讲的，我们不听，趁早回你的厂去！"、"我们反对兼并！"

这时，王厂长呼地站起来，扯大嗓门："我告诉你们一个事实，到下个月工商银行的抵押贷款已经到期，机电厂马上就要破产，上千名职工就要失业！难道你们愿意这个具有几十年历史的我市唯一的机电厂破产吗？难道我们厂上千名职工心甘情愿失业，重新到社会上待业吗？请问，谁能使机电厂不破产？谁能使上千名职工不失业？是能人，请站出来！有高招，请拿出来！你反对兼并，拿出主意来！"

她声音嘶哑，但裂人心肺，骚动的人们霎时静了下来。她面对上千双翘首以待的眼睛，接着说："我王厂长不是资本家，是国家干部。就我个人来说，叫我兼并机电厂，我才不干呢！我又何必找苦吃？可是我是共产党员，看到国家受损失，我于心不忍哪！"

这时有人站起来："我要问王厂长，你能保证我们不失业，机电厂不破产吗？"

王厂长说："有些同志对我不信任，这是可以理解的。不了解嘛，请大家放心。从并厂后第一个月起，如果再亏损，由我负责。我和大家同舟共济。如果要跳海，我第一个带头跳！至于具体办法，我这里就不说啦！"这时全场爆发出雷鸣般的掌声。

在当时的情况下，面对骚乱的会场，训斥制止不行，婉言相劝也不行，这时，王厂长直陈并厂与不并厂的利害得失，终于镇住了混乱的会场，打破了人们认识上的障碍，取得了说服的成功。

抓住心理，一蹴而就

三国时期，蜀国丞相诸葛亮就针对张飞和关羽不同的心理特征采取不同的说服方法：针对张飞暴烈、倔强的性格特点，往往使用"激将法"，说某事怕他不行或怕他喝酒误事，激他立下"军令状"，而不用费很多口舌去说服。然而针对关羽自负的心理，诸葛亮则常使用"推崇法"。比如，关羽提出要从荆州到四川与马超比武，诸葛亮便给他写了一封信进行说服：马超等人只能与张飞等人为伍，怎能与你"美髯公"相比呢？再说，你担当镇守荆州的重任，如若有失，罪莫大焉！关羽看了信后说："孔明知我心也。"就不再坚持要比武了。

诸葛亮的这种说服技巧，在说服孙权与刘备联手抗击曹操一事中就能充分地体现出来。

公元208年，刘备兵败樊口，无力反击，要与曹军抗衡，则必须与孙权联手。于是就派诸葛亮前往江东说服孙权。

如果是一般的使者，为了请求对方的援军，一定会低声下气。但诸葛亮却恰恰相反，他摆出一副强硬的态度，以触动孙权："将军您是否也要权衡自己的力量，以处置目前情势。如果贵国的军力足以和曹军抗衡，则应该早早和曹军断交才好；若是无法与曹军相抗衡，则应尽快解除武装，臣服于曹操才是上策。"

年轻气盛的孙权果然被激起了强烈的自尊心："照你的说法，为什么刘备不向曹操投降呢？"

诸葛亮便"火上浇油"："你知道田横的故事吗？田横，齐国的壮士，忠义可嘉，为了不愿服侍二主而自我了断。更何况我主刘备乃堂堂汉室之后，钦慕刘君之英迈资质而投到他旗下的优秀人才不计其数，不论事成或不成，都只能说是天命，怎能向曹贼投降？"

至此，孙权的自尊心已被充分激发起来了，于是他激动地表示："我拥有江东全土以及十万精兵，又怎能受人支配呢？我已经决定了。"

从很大程度上讲，刘备之所以能在"赤壁之战"中转败为胜，应归功于诸葛亮通过激起孙权的自尊心进而说服孙权的功劳。

谈判能力是一个人综合素质的反映，一个谈判能力强的人一定是一个善于读懂别人心理的人，是一个善于把握机会的人。

在销售谈判上，触动别人心灵取得销售成功的做法更是值得借鉴，有的时候你甚至不需要费太多口舌。同样，公关谈判是一场与对手进行的心理战术，如果不能很好地把握对手的底牌，往往会事倍功半。在很多时候，如果能够抓住对方心里最容易被打动的地方是能够取得成功公关的关键。

巴拿马运河最早不是由美国开凿的。19世纪末，一家法国公司跟哥伦比亚签订了合同，打算在哥伦比亚的巴拿马省境内开一条连通大西洋和太平洋的运河。主持运河工程的总工程师就是因开凿苏伊士运河而闻名世界的法国人雷赛布，他自以为这一工程不在话下，然而巴拿马环境与苏伊士有很大的不同，工程进度很慢，资金开始短缺，于是公司陷入了窘境。

美国早在1880年就想开一条连贯两大洋的运河。由于法国先下手与哥伦比亚签订了条约，美国十分懊悔。

在这种形势下，法国公司的代理人布里略访问美国，向美国政府兜售巴拿马运河公司，要价1亿美元。美国早已对运河公司垂涎三尺，知道法国拟出售公司更是欣喜若狂。然而，美国却故作姿态，罗斯福指使美国海峡运河委员会提出报告，证明在尼加拉瓜开运河省钱。报告指出，在尼加拉瓜开运河的全部费用不到2亿美元。在巴拿马运河的直接费用虽然只有1亿多美元，但另外要付出一笔收买法国公司的费用，这样，开巴拿马运河的全部支出将达2.5亿美元。

布里略看到这个报告后大吃一惊。如果美国不开巴拿马运河，法国不是1分钱也收不回了吗？于是他马上游说，表明法国公司愿意削价，只要4000万美元就行了。通过这一方法，美国就少花了6000万美元。

罗斯福又用同一计策来压哥伦比亚政府。他指使国会通过一个法案，规定美国如果能在适当时期内同哥伦比亚政府达成协议，将选择巴拿马开运河，否则，美国将选择尼加拉瓜。

这样一来，哥伦比亚也坐不住了，驻华盛顿大使马上找美国国务卿海约翰协商，签订了一项卖国条约，同意以100万美元的代价长期租给美国一条两岸各宽3公里的运河区，美国每年另外付租金10万美元。

这个过程中，美国政府始终把握好了对手的心理底线，利用以退为进公关成功，用极低的价格达到了自己的目的。

不管是在谈判中还是日常生活中，准确地抓住对方的心理，说服他时才能说到"要害"，引起对方的共鸣和知音之感，让对方迅速接受你的观点。

一对美国夫妇带者孩子去看电影，没买票，理由是"我们的孩子还小用不着买票"，检票员笑着说："瞧，你孩子这么高了，快齐您的肩膀了，你应为他买票而感到高兴啊！"那对夫妇脸上马上浮现出了笑意。"是啊，这小孩长得真快。"母亲笑着说，父亲掏钱买了票。

检票员正好说中了那对夫妇希望孩子快快长大的愿望，说了一句动听的话，就使那对夫妇欣然接受了检票员的意见，改正了错误。

牵着他的鼻子走

人，由于他们在社会活动中所处的地位不同，家庭环境、社会经历、文化程度、心理需要、个人品质、性格脾气、兴趣爱好也各不相同，于是就形成了人的不同层次。同一类型的事情发生在不同的个体身上，就会产生不同的思想观念。当一个人心中存在一种不正确的，但又不是错误的观念，而打算向错误的方向发展的时候，此刻，我们要改变他的思考方式使之向正确的方向发展并不是一件容易的事。

我们要劝说别人改变他错误的观点，可以采取正面说、反面说、侧面说的方法，这里各举一两个事例加以证明。

1. 正面说

这是一个用正面言辞夸大对方的错误意愿，在对方彻底认识自己的错误后，而不得不改正的说服原则。

《史记·滑稽列传》记载：楚庄王最心爱的枣红马病死了，庄王打算用大夫的丧礼来安葬它。群臣认为这种做法不妥。庄王下令说："谁来劝谏我不要葬马的，就处以死罪！"优孟得知此事后，上殿仰面大笑，庄王惊问其故。优孟没有直接说庄王葬马这件事欠妥之处，而是说以大夫之礼安葬枣红马显得寒酸，应以国君的葬礼来安葬。庄王更加糊涂了，要优孟解释清楚。优孟说："应以雕玉为棺，文梓为椁，调动大批士卒修坟，征用大批百姓负土。送葬时，让齐国、赵国的使节列于前，让韩国、魏国的使节翼随于后；再给它造起祠庙，祀以太牢之礼，奉以万户之邑。这样一来，诸侯各国就知道大王您把人看得轻贱，而把马看得很尊贵了。"庄王一听，突然醒悟过来，深责自己险些铸成大错，遂打消了用大夫礼葬马的念头，改以六畜之礼葬之。

2. 反面说

这是从事物的反面入手揭示出它的错误的原则。

秦宣太后爱魏丑夫，太后病危将死之时，下令说："埋葬我的时候，一定要魏子殉葬。"魏丑夫听后十分害怕。庸芮可怜魏丑夫，为他向太后求情。他问太后："您认为死了的人还有知觉吗？"太后说："没有知觉了。"他又说："像太后这样圣明聪慧的人，明明知道死者是没有知觉的，为什么白白地将自己生前所热爱的人用来为没有知觉的死人陪葬呢？如果死者真有知觉，那先王一定已经长期积怒在心了，太后连补救过失的时间都不够，哪里还有时间去私爱魏丑夫呢？"太后听了连连称好，而魏丑夫也免于一死。

这就是违背对方的本意，用道理直击其错误，使他想违抗又不能违抗，想发怒又不能发怒，最后只得低下头来，跟着你的意思走的说服术。

3. 侧面说

这是从别人思想的侧面指出他的错误的原则，是一种隐匿的说法。

优旃是秦朝皇宫里的歌舞艺人，个子非常矮小。他擅长说笑话，然而都能合乎大道理。秦始皇曾经计划扩大射猎的区域，东到函谷关，西到雍县和陈仓。优旃说："好。多养些禽兽在里面，敌人从东面来侵犯，让麋鹿用角去抵触他们就足以应付了。"秦始皇听了这话，就打消了扩大猎场的念头。

正面说、反面说、侧面说作为有效的说服方法在具体运用时，只要采取慎重的态度，就可以不用花多大的力气而达到目的。这三条原则中，正面说和侧面说都是避免和对方发生正面冲突，而在维护对方自尊心的前提下建立起来的。富兰克林为了维护他人的自尊心，不仅不直接指出对方的错误，而且不用自信的口气、坚决的语气说话。他总结说："我立了一条规矩，绝不准自己太武断。我甚至不准自己在文字或语言上有太肯定的意见，如当然、无疑等，而改用我想、我假设、我想象一件事该这样或那样。当别人陈述一件事而我不以为然时，我绝不立刻驳斥他或立即指正他的错误。我会在回答的时候，表示在某些条件和情况下，他的意见没有错，但在目前这件事上，看来好像有两样等。我很快就领会到我这种改变态度的收获：凡是我参与的谈话，气氛都变得融洽多了。"

能做到富兰克林说的这些，你便能牵着别人的鼻子走，而他不会感觉到他的鼻子被你牵拽着，如此也就达到了预想的目的。

从消除心理障碍入手

战国时代的策士都是驾驭言语的高手。《战国策》里记载了这样一则故事：
靖郭君是齐国的贵族，原来很受齐王重用，在国内很有权势。后来他与齐王发生了矛盾，担心有朝一日会与齐王闹翻，于是，打算在自己的封邑四周筑起城墙，以防止齐王的进攻。这一举措显然太不明智了，以一个家族的力量与强大的齐王相抗衡，无异于以卵击石。筑起高高的城墙，不但挡不住齐王，反而会使双方的关系进一步恶化，自招灭亡。因此，众门客纷纷劝阻，无奈靖郭君十分固执，不但不听，而且命令守门的人不得为说客通报。

正当众人束手无策焦头烂额之时，一个齐国人自告奋勇，上门求见。他向靖郭君保证，见面时只说三个字，多一字愿受烹刑。由于他许诺的条件十分奇特，靖郭君总算同意了他求见的要求。进门之后，他十分严肃地凝视着靖郭君，看了很长时间，然后，慢慢吐出三个字："海、大鱼。"说完转身就走。靖郭君听后大惑不解，忙叫住他追问，那人却不肯多说。直到靖郭君声明前面的约定作废时，他才做了进一步的解释。他对靖郭君说："先生没看见海中的大鱼吗？何其逍遥自在！鱼网捕不住它，鱼钩钓不到它。然而，一旦离开大海，在沙滩上搁了浅，就连小小的蝼蚁也能群起而攻之，把它当做口中之食。如今齐国就是您的大海，若有齐王的宠信，您何须筑城？倘若失去了齐王的支持，即使把城墙筑得再高，又于事何补？"靖郭君听了不由得连连称是，就此放弃了筑城的计划。

这位说客所讲述的道理，其实也算不得十分深奥，从前几位进行规劝的人，想必也都考虑过了。为什么他们规劝时，靖郭君听不进去。这位客人一说，靖郭君就听进去了呢？关键在于规劝的技巧。

从交际心理学的角度看，"规劝"这一行为方式本身带有某种暗示。即对方犯了错误，提出规劝的人真理在握，特来帮助对方，为对方指点迷津，这一暗示与听话人的自尊心相抵触，很容易引起听话人的反感。就靖郭君而言，这种抵触心理表现得尤为强烈——不仅拒谏，而且闭门谢客。因此，不难想象，众门客之所以劳而无功，有很大一部分原因，可能就在于他们不懂得分析听话人的心理。心理障碍不消除，再有说服力的言辞也不得其门而入。

这位齐人的游说工作，正是从消除心理障碍入手的。首先，他用"海、大鱼"三个字增添了一些神秘色彩，激起了靖郭君的好奇心。按常理说，会话时，话语应该围绕特定的话题展开。"海、大鱼"三字，从字面上看，和当时双方共同关心的话题——筑城无丝毫联系。这样一句莫名其妙的话，不能不使靖郭君心痒难搔，好奇之心大起，好奇心一起，则主客之势互易。本来是靖郭君摆开了架势，严阵以待，准备拒谏，现在却是放下架子，好言安抚，虚心求谏。

不过，要克服靖郭君的心理障碍，光引起他的好奇心是远远不够的。如果没有其他策略相配合，仍然不可能说服他。这位齐国人所采用的第二个重要步骤便是迂回出击。虽然靖郭君有了求谏的表示，他却并不急于谈论筑城的故事，因为"筑城"是一个敏感的话题，过早触及这个话题是很危险的，很可能会唤醒靖郭君的戒备心理，使他重新回到原先那种封闭状态中去。所以，这位老练的说客开始时仍然若即若离地大谈"海"和"大鱼"的故事。直到他把"大鱼"对"海"的依存关系充分论述清楚，并清晰地描绘出了大鱼"荡而失水"为蝼蚁所食的血淋淋的残酷景象之后，才画龙点睛地道出这则寓言的真意所在。这对靖郭君来说，无疑是醍醐灌顶，当头棒喝，不由得他不翻然猛醒，马上放弃筑城的计划。

"如果我是你"

想让别人相信你是对的，并按照你的意见行事，那需要人们喜欢你，否则你就无法获得成功，可如果你不能设身处地站在别人的角度，找到别人的兴奋点、热点，又怎么可能成功呢？

有家电视台，每周设有一次关于人生问题讲座的节目，据说收视率要比其他同时段的节目高出许多。收视率之所以高，当然有许多原因，但其中或许有人们都喜爱观看他人遭遇不幸的残酷心理。不过，最主要的还是因为节目中巧妙的对话，使人百看不厌。

大多数有疑难问题而上电视请教的观众朋友，在开始时，多会对解答者所做的各种忠告提出反对意见或辩解，并且显得十分不情愿接受对方所言。但久而久之，对解答者所说的每一句话都会频频点头称是。见了这些画面，真是比起在电影院中观赏一部电影的感受还要深。

凡电视台的主持人或问答者，无不是精挑细选才产生出来的，所以光是听听他们的说服方式也获益不少。

对于不易说服的人，最好的办法就是要使对方认为你也与他是站在同一立场。通常出现在探讨有关人生问题的电视节目的观众朋友，离婚女子占多数。此时，负责解答疑难者说的一句话是："如果我是你的话，我会原谅他的，而且绝不与他分手。"

千万别认为话中的"如果我是你"只是短短的单纯的一句话而已，殊不知它能发挥的效力是不可限量的。而这也就是由于人人都有认为"自己是最可爱"的心理所致。

如果你在说服别人的过程中，无意中使用了一些不太得当的言词，但由于你巧妙地运用这句"如果我是你"，从而弥补了你言词上的过失，不仅如此，它还能促使对方做自我反省，使对方终于感觉到唯有你的忠言，才是对他自己最有利的。

卡耐基曾用某家大礼堂讲课。有一天，他突然接到通知，租金要提高3倍。卡耐基前去与经理交涉。他说："我接到通知，有点震惊，不过这不怪你。如果我是你，我也会这么做。因为你是旅馆的经理，你的职责是使旅馆尽可能赢利。"紧接着，卡耐基为他算了一笔账，将礼堂用于办舞会、晚会，当然会获大利。"但你撵走了我，也等于撵走了成千上万有文化的中层管理人员，而他们光顾贵旅社，是你花5000美元也买不到的活广告。那么，哪样更有利呢？"经理被他说服了。

卡耐基之所以成功地说服了经理，在于当他说"如果我是你，我也会这么做"时，他已经完全站到了经理的角度。接着，他站在经理的角度上算了一笔账，抓住了经理的兴奋点——赢利，使经理心甘情愿地把天平砝码加到卡耐基这边。

汽车大王福特曾说过一句话：假如有什么成功秘诀的话，就是设身处地替别人着想，了解别人的态度和观点。因为这样不但能得到你与对方的沟通和理解，而且更为清楚地了解了对方的思想轨迹及其中的"要害点"，从而做到有的放矢，击中"要害"。

采用单面和双面宣传法

第二次世界大战末，当意大利、德国接连战败投降后，日本还在太平洋地区负隅顽抗。这时照理说，形势对于盟军显得很乐观，似乎日本的投降也是指日可待，战争的胜负已经很明显。但实际上，美国军方的将领知道，战争中变数很多，兵法上向来就有"骄兵必败，哀兵必胜"的道理，如果现在盟军的士兵们觉得胜利一定是属于自己，就很容易放松斗志，肯定不利于最后取得胜利。

这时候，美军的将领们很想说服士兵们相信，日本不一定会像德国那样快地投降，美军与日军的战争还需持续一段艰巨漫长的过程。但是他们对于采取怎样的宣传手法，产生了疑惑，就是不知道该用单面宣传还是双面宣传。

那么什么是单面宣传，什么又是双面宣传呢？当别人向我们宣传一个事情的时候，只说对他有利的一面，就是单面宣传。如果不仅说有利的一面，连不利的一面也讲，这就是双面宣传。

美军的将领就此问题咨询了社会心理学家，心理学家进行了一次实验。他们对一部分士兵进行单面宣传。从美国本土到太平洋盟军基地的补给线很长，供给困难，而日本控制了不少的当地资源，而且日军人数多、士气高等，最后指出战争至少还要持续两年。这是单面宣传，体现了美军将领们真正想达到的目的——说服士兵们相信，日本不一定会像德国那样快地投降，美军与日军的战争还需持续一段艰巨漫长的过程，要鼓起斗志。而心理学家对另一部分士兵则进行了双面宣传，除了介绍那些想要说明的因素，也强调与其相反的一方面，就是盟军在战争中是有优势的。最后告诉士兵，估计距战争胜利还需两年时间。

这两种方法都是有利有弊的。单面宣传，可以避免相反信息的干扰，但如果处理不好，当他觉察到还有信息时，以为我们有意不告诉他，便容易怀疑我们，以致降低信息的可信度，甚至引起反感。双面宣传，我们可以与他一起分析对比，使之产生"免疫力"，自觉地改变态度，但如果处理不好，就容易使他不但不接受我们的立场，反而去接受相反的立场。

那么，到底是单面宣传好，还是双面宣传好呢？

通过整理这次宣传结果所得到的资料，心理学家发现：在试图说服他人的时候，应该根据他们的特点，有针对性地进行宣传。

（1）当对方对我们的观点比较赞赏或处于中性态度时，采用单面宣传效果较好；而当对方一开始就持怀疑或否定态度时，则以双面宣传较合适。

（2）当对方的文化程度和智力水平较高时，采用双面宣传较适宜；而对低智力低文化者，则用单面宣传较佳。

比如，对于对战争形势不太了解的、知识较少的士兵，本来就对我们的观点持中性或者比较赞成态度的人来说，只进行单面宣传，即说明现在形势严峻，面临的抵抗会很强大，更容易使士兵保持斗志不松懈。相反，对于本来就比较了解当前形势的士兵来说，进行双面宣传会使他们了解得更多，对形势判断得更明确，也就更容易接受这个观点。这两种宣传方式，我们在日常生活中也经常可以看到。

有的宣传只介绍有利于自己的赞同观点，对不同立场的观点和对自己不利的方面要么绝口不谈，要么就一味攻击。

目前许多商业性的广告几乎都是一边倒的单方面宣传，"王婆卖瓜，自卖自夸"，只说自己的产品好，而对产品的不足只字不提。

有的则介绍两种对立立场，既说自己商品的优点，有利之处，也说它的欠缺，不利的方面。

霍尔默先生是美国房地产巨商。有一次他承接了一笔令他烦恼的房地产买卖生意。

这块土地虽然靠近火车站，交通便利；但也有不利之处，它紧挨一家木材加工厂，电动锯木的噪声不断传来，难以忍受。几次业务洽谈他都采用单面宣传，只说好处，不说不利之言，结果都失败了。

后来，霍尔默先生经过全方位严肃、细致的考察，他又找了一位想购买地皮的顾客。

这次，他改变以往的做法，直截了当地向该顾客说明："这块土地处于交通便利地段，比起附近的土地，价格便宜得多了。当然，这块土地之所以没有高价卖出是因为它紧邻一家木材加工厂，噪声较大。"

霍尔默先生见顾客一言未发，就继续说："如果您能容忍噪声，那么它的交通便利、价格标准，均与您的要求非常符合，确实是您理想的购买地方。"

没过多久，该顾客在霍尔默的带领下到现场参观调查，结果非常满意。

他对霍尔默先生说："上次你特别提到的噪声问题，我还以为很严重，那天我去观察了一下，发现那种噪声对我来说不算什么问题。我以往住的地方整天重型卡车来往不绝，可这里的噪声一天总共只有几个小时，总体来

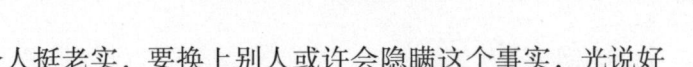

说，我很满意。你这个人挺老实，要换上别人或许会隐瞒这个事实，光说好听的。你这么如实相告，反而使我很放心。"这项业务便轻松地谈了下来。

因为双面宣传给人以真诚可信的感觉，使对方对你所展示的优点更加深信不疑，反而觉得你所说的缺点无足轻重。但是，这个结论也会因人而异。

当对方学历比较低，或者对该类商品的了解比较少的时候，则单面宣传的效果会更好；而当对方学历较高，或者对该类商品的了解较多的时候，则双面宣传的效果更好。

总之，在说服他人的时候，要根据他的职业、知识水平、年龄等情况区别对待。

南风效应说服对方

一日，南风和北风在途中巧遇。两位老友相见，格外高兴，彼此攀谈起来，相互吹嘘自己有多厉害，越说越起劲，谁都不服谁。恰好这时，有一个穿着大衣的行人路过此地，于是他们决定来场比赛，看谁能把行人身上的大衣脱掉。

强壮的北风怒吼一声，对南风老弟说："看我的厉害，你就瞧好吧"。只见北风猛吸几口气，双拳紧握，目眦尽裂，原本结实的胸膛顿时鼓囊囊地膨胀起来。张口间，爆发出巨大的能量，狂风冲击之势，沙石飞扬，树木像是要被连根拔起了。但看行人低着头，艰难地一步一步往前走，把大衣裹得更紧了。北风见此情形，甚是着急，更加卖力地拼命刮，真是寒风凛冽，刺骨三分。然而行人为了抵御北风的侵袭，把大衣裹了个严严实实，越裹越紧。气得北风吹胡子瞪眼睛，却也无计可施。

现在轮到南风上场了。只见他做起了深呼吸，凝神静气，双目自然垂视鼻尖，面容柔和，气守丹田，调息中吐故纳新。暖人的南风徐徐吹来，顿时风和日丽，鸟语花香，一切都是那么令人心旷神怡。行人感到非常舒适，如沐春风，慢慢地暖意就袭上身来，有些许微热，于是很自然地宽衣解带，脱掉了大衣。此时，南风得意地露出了睿智的笑容。

这就是南风效应这一社会心理学概念的出处。南风效应给我们的启示是：温暖胜于严寒。

通常情况下，用温和的方式去启发他人进行自我思考或者反省，进而说服他人，往往比强硬的手段更有效。

因为每一个人都有自己的思想，都不是一个毫无防御能力的固定靶，并不是只要我们瞄准他，"砰"一声枪响，他就会应声而倒。

在人际交往的链环中，任何人都不是被动的枪靶，而是沟通的主体。你要向他开枪射击，他难道就不可以躲避一下，或者操起心灵上的盾牌，给你挡回去？甚至拿起枪对你扣动扳机？

一天，学生小A被英语老师赶出了课堂。小A在走廊里站一会儿后，气冲冲地来到班主任刘老师的办公室。刘老师清楚此时此景，如果对小A进行严厉批评，甚至"体罚"一下，小A肯定听不进去，甚至也会和自己发生冲撞。于是，刘老师站了起来，摸了摸他的头，"呦，火气还不小嘛！来，在我的椅子上坐会儿，消消气。"待他的情绪稳定下来，刘老师又用关切的眼神凝视着他，轻柔的语言飘荡在他的耳边，向他了解事情的经过。

面对刘老师的平静"温柔"，小A的怒气渐渐平息，客观公正地陈述了事情的经过，言语中也有他的自责。课后，小A主动向英语老师道歉。

对待这件事情，如果刘老师采取不分青红皂白，辱骂体罚，以维护"师道尊严"，自然不能产生这样好的教育效果。

通常，很多老师都在为脱掉学生身上"某件大衣"而狠吹"北风"，但是，刺骨寒冷的"北风"只会激起孩子们的对立情绪和逆反心理。

北风固然凶猛，可结果却事与愿违；南风虽然徐徐，却能达到预期目标。

在某中学的校园广播操比赛中，因为准备不充分加上现场发挥不佳等原因，本来被大家一致看好的三（7）班，结果却得到了倒数第二。宣布成绩那天，"可怜"的孩子们坐在教室里，等待班主任吴老师的"暴风雨"。望着吓得连头也不敢抬的学生，吴老师清清嗓子，饱含深情地唱了首"阳光总在风雨后"。唱着唱着，吴老师流泪了；听着听着，学生们抬起头来，眼里也噙满了泪水……情到深处自感人，感人心者莫乎于情。吴老师的真情打动了学生。从那以后，学生的自信心更强，干劲更足。期末学校先进班级评比，三（7）班名列其中。

为人师者，要时时领会"南风效应"，多给学生一点徐徐南风，少吹一点凛冽北风。正如魏书生先生所言：当学生犯错误时，应先避开问题的实质，把学生从犯错误的阴影中带出来，走到温暖的"阳光"下，给学生一个愉悦的心境，和风习习吹掉他们自我保护的大衣，然后耐心细致地进行说服教育，何愁学生不向你敞开心扉呢？

有些人与大家在一起的时候，很凶，很霸气，很要强，一次、两次可能因为你厉害，占了上风，但不久你就会发现，你已经失去了朋友。

我们经常会看到，在与别人发生矛盾、冲突时，如果各不相让，到最后只会弄得两败俱伤。我们何不学学南风呢？遇到问题，心平气和地坐下来好好谈谈。

总之，在处理人与人之间的关系时，要特别注意讲究方式方法。多予人温暖，少给人严寒。多温和相待，少严厉对人。

第四章　话不在多，懂策略者为王

——说话布局经

口才圣经——

　　口才，既然是一种艺术，那么也是有技巧可言的。比如，在话语里设下圈套。要让对方听从你的建议，就要巧妙地设下说话的"圈套"，这是一个拥有高明口才的人善用的一招。

在话语里巧"布局"

1. 限定选择，逼人就范

　　小徐是一个孝顺的女孩。有一段时间，小徐的父亲生病了，食欲不振，看上去脸色也不大好。小徐非常担心，几次要带父亲上医院瞧瞧，可是老人非常固执，说什么都不愿意去，说是害怕没病给瞧出病来。这可把孝顺的小徐急坏了，怎样才能劝服父亲呢？

　　一天，吃完早饭，小徐冷不丁地劈头问老人：

　　"爸爸，我今天不上班，准备带您去查查身体。您说是去人民医院好还是去公利医院好呢？"

没等父亲回答，小徐又紧接着补充道："都说公利医院环境好，设施先进，门诊上又都是老大夫，对老人的态度很和气。您老人家决定，咱们去哪家医院呢？"

"要这么说，咱们就去公利医院看看吧。"讳疾忌医的老人，竟不知不觉地听从了女儿的建议，做出了去医院就诊的决定。

这里，小徐所用的就是"限定选择，逼人就范"的劝服技巧。对方对于你所希望他去做的事，难以定夺是做还是不做，而处于犹豫不决的心态时，这一招往往能立即见效。你需要做的就是将"要不要做"这个较难选择的问题搁在一边，而是直接通过发问让对方考虑"这件事该怎么做"，并向对方提供几个具体的方案让其选择。这种技巧的奥妙在于转移对方的注意力，使之产生错觉，以为"要不要做"的问题已不存在，要解决的只是"怎么去做"的问题了。一旦他选择了你所提供的方案中的一个，你的目的不就达到了吗？

2. 给对方提供更好的选择

小凌的女朋友被上司欺侮了，小凌非常愤怒，买了一把锋利的弹簧刀，来到好友小李的家里，要求小李跟他一块去教训他女朋友的上司。小李心里很明白，那个上司固然应该好好教训一番，但如果这样冲动行事，是会触犯法律的。可是，面对怒气冲冲的小凌，怎样才能说服他呢？小李问了句：

"你爱你的女朋友吗？"

"爱，当然爱！不然我就不会这么恨那个狗上司了。"小凌回答说。

"那你就不能这样害她！"

"我怎么害她了？我要为她报仇！"

"那就好，爱一个人不容易，真正爱上一个人，不管她遇到多大的不幸，都不会动摇爱的决心，相反，还会不遗余力地帮助对方从不幸中摆脱出来。可是，如果你感情用事，就不是在帮她而是在害她。你犯法了，要受到惩罚的，你让她怎么办？刚受了欺侮又要看到你被追究，谁去陪她？她会恨你的。坏人总会受到惩处，但这要靠法律。她的上司的行为是犯法的。这样吧，我帮你和你女朋友，我们一起用法律的手段去惩处他吧。"

　　听了小李的一番话，小凌打消了报仇的念头，听从了小李的意见，最后利用法律惩处了那位恶上司。

　　生活中，很多人之所以会做出不理智的决定，是因为他们处于非正常状态的冲动中，说服他们的技巧就在于通过讲道理，分析其中的利害，为他们提供更好的选择，慢慢把理智还给他们，让他们自己放弃不理智的选择。

3. 用幽默的话轻松说服

　　1946年5月，远东国际军事法庭审判以东条英机为首的28名甲级战犯。中国法官理应安排在庭长左边的第二把交椅，可由于当时中国国力不强，而被各强权国所鄙视。在这种情况下，唯一出庭的中国法官梅汝傲面对众列强进行了一场机智的舌战。首先，他从正面阐述了排座次应该按日本投降时各受降国的签字顺序排列，这是唯一正确的原则立场。

　　接着他微微一笑说："当然，如果各位不赞成这个办法，我们不妨找个体重计来，然后依体重排座，重者居中，轻者居旁。"

　　各国法官全都忍俊不禁。庭长笑着说："你这个建议很好，但它只适合用于拳击比赛。"

　　梅法官接着说："若不以受降国签字顺序排座，就依体重排座。这样纵使我被排在末位也心安理得，可以对我的国家有所交代，一旦他们认为我不该坐在这个角落边上，可以另派一名比我胖的人来换我。"

　　这个回答引得各国法官们哈哈大笑起来，刚才还剑拔弩张的气氛缓和了下来，在平和的气氛中大家接受了梅法官的建议。

　　梅法官是用一个不可思议的笑话，嘲讽了帝国主义依恃强权，任意践踏国际公理的心态，达到了轻松说服别人，以争取自己合法权益的目的。这样说的效果比一本正经地据理力争要好得多。

　　用口才做局看似困难，但是只要你学会上述的技巧，你就会掌握这项特别而高明的技术。

使对方感到自己是"赢家"

谈判的最高境界是使谈判双方取得双赢。

就像两个人分享一个苹果，怎样才能做到令双方都满意呢？

方法就是：一个人切苹果，另一个人优先选择。

在这种情况下，双方都获得了一种优先权，而且最终的结果也会相对公平。这就是双赢。

这样的事在现实生活中时有发生，而且有时由于利益的明显对立，谈判的结果只能让双方都觉得自己不是输家。如果能让双方都觉得自己是赢，那就必然需要一方具备高超的口才术。

著名的谈判专家罗杰·道森说："有能力的谈判家会使对方感觉到是赢家，而糟糕的谈判者会让对方感觉到输了谈判。"

高明的推销员都懂得收回承诺的策略，这种策略可以使客户对他原本不同意的价格一再坚持。他所表现出来的坚决，往往连推销员都会甘拜下风。

假如有位销售人员出售一批小商品，开始时他给客户的报价是每个1.80元，客户讨价还价为1.60元。这样反反复复谈了很长时间，最后销售人员表示：1.72元，不能再低了。

可是客户却想：从1.80元降到1.72元，要是我继续坚持的话，压到1.71元也完全没问题。于是，他就会对销售人员说："不用说，你也知道，现在市场竞争这么激烈，同样的商品到处都是，你们做生意也不容易，我也不能贪得无厌。这样吧，每个1.71元，咱们就别再消磨时间了。有这时间你就可以再做成几笔生意。怎么样？我可是真心实意的，就看你的诚意了。"

销售人员知道如果答应对方的价格，很可能又会引来下一轮谈判——谁敢保证客户不是在进行试探？

如果销售人员是个新手，他有可能被老练的客户所难住，从而答应对方的要求；但如果是个老手，他不但不会做出让步，而且只要他运用了"让对方觉得自己是赢家"的策略，就能够使客户做出自己都感到惊讶的举动：为1.72元的单价据理力争！

"您说的这个价，我不能确定是否可行，但如果真的可以的话，我一定会答应您的，我去问问我们经理。"销售人员说完，就会去"问"他们的经理。

很快他就会回来，而且还露出一副为难的表情："刚才我犯了个错误，这种商品由于采用了新工艺，我说的1.72元那是采用之前的价格，如今的单价最低也要1.73元。实在抱歉，你看由于我的疏忽，犯了这么大的错误。"

"说什么哪你？你也别道歉，浪费了我这么长时间，你必须给我个交代呀。我不懂什么新工艺旧工艺，总之，就按你刚才说的价钱，我也不跟你多说了，以后咱们合作的机会多着呢。一手交钱，一手交货。"客户满脸不悦地说道。

销售人员假装很犯难地答应了客户的要求。客户自认为打了一场漂亮的"攻坚战"，不动声色地离去了。然而真实的情形只有销售人员知道：那批小商品采用了新工艺没错，但这指的是生产的成本降低了，商品的合格率提高了，跟商品的性能没有多大关系，跟商品的价格更是没有任何关系。

这种"使对方认为自己是赢家"的谈判策略应用到谈判桌上是最为有利的。因为，在谈判不让对方感觉他输了谈判，才是一名谈判高手的杰出表现。

的确是这样，让对方感觉到是赢家，这才是谈判家高超能力的表现。在使对方感到是赢家的同时，自己当然也是赢家。

有的人总是在谈判中时刻不忘表现自己的高明，因此当谈判结束时，对方就会懊悔，觉得吃了亏。因此对方不外乎要采取两手准备：一是想着下次寻找机会报复；二是合作到此为止。

如果你在谈判中时刻不忘要对方感觉是赢家，对方就会认为跟你合作是一件非常愉快的事，从而为你们日后的继续合作、实现双赢奠定了坚实的基础。

引"蛇"出洞，诱其上钩

在与陌生人交谈时，人们总是不自觉地保持一种戒备状态。而如何解除这种戒备，关系到与人交往能否成功。我国有句古语，叫做"引蛇出洞"，说的就是这种"出其不意，攻其不备"的攻心术，这里"引"是手段，"出"是目的，对方将自己防范得紧紧的，你又怎能引诱出来呢？只有麻痹对方，松懈其意志，敞开其心胸，这才能谈得上引"蛇"出"洞"，实现其目的。这是引"蛇"出"洞"法的一个基本特点。当"蛇"出洞后，其戒备基本消除，我们就可以手到擒来了。

鬼谷子是先秦时纵横学派的一大宗师，同时，也是兵家神秘的一代祖师。相传他在青溪山上向庞涓、孙膑传授谋略与兵法的时候，一天，他有心想测试一下两位弟子这一阵子学得怎么样，便坐在一个山洞里向两人问道："你们谁有本事骗我走出洞外？"庞涓便抢先一步连哄带吓，甚至扬言要放火烧洞，不论他如何威吓，鬼谷子都安然不动，因为他知道庞涓的目的是要把他弄出洞去，所以防范得很紧。孙膑却反其道而行之，承认自己愚笨，说无论如何是无法将老师骗出洞外的。不过，他接着说："如果老师是在洞外，我倒有办法骗老师走进洞来。"鬼谷子听后当然不信，便信步朝洞外走去，谁知他的脚刚一踏出洞外，孙膑便在背后高兴地拍手叫道："老师，我这不是把您请出洞外了吗？"

孙膑哪里愚笨，他是布下了圈套让老师钻——鬼谷子果然上当受骗。为什么呢？因为孙膑先不说自己愚笨，哪里骗得过老师？这就使鬼谷子放松了警惕，疏于防范。这一典故虽似笑料，但却是引"蛇"出洞的最好例证。

许多人时常保持一分警戒之心，可是一旦放弃警戒，就几乎丧失了抵抗力。如果你被对方侵入了警戒防线，警戒心反而在无意识之中减弱了，一些狡猾的诈骗犯通常就是利用人的这种心理弱点，施放狡猾的攻心烟雾，使一些善良的人们不知不觉地屡屡上当。

有则外国小故事说：有个叫米勒的人听到一个鞋匠夸口说，谁也骗不了他。于是，米勒想试一试他的深浅。

这天，米勒在街上碰到了这个鞋匠，便拉住他说："你在这里站着等我一会，我马上就来，让你看看我是怎么骗你的。"说完，米勒便走了。

鞋匠真的以为米勒会转回来骗他，心想，我还倒要看看你有什么骗人的高招。结果他在街上等了好几个小时，也没有看见米勒回来。正当他等得实在不耐烦时，他的一个朋友走了过来。"鞋匠，你在这里傻站着干什么？"

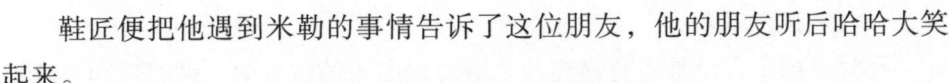

鞋匠便把他遇到米勒的事情告诉了这位朋友，他的朋友听后哈哈大笑起来。

"你真傻，上了人家的圈套还不知道，米勒把你骗了，他根本就不会回来了。"

这则小故事，与孙膑诱鬼谷子出洞有着异曲同工之妙，即用后一目的作为诱饵，布下陷阱，使对方心安理得地上当受骗。

人的心理障碍通常是有准备的，遇到相关情景即表现出来，这种心中的准备为"心理组织"。通常，"不"的心理组织不可能突然变为"是"的心理组织，必须巧妙地朝"是"的方向诱导，才会逐渐造成"是"的答案。而这个过程是多变的，难以定型的，需要你随机应变。

习惯于顽固拒绝他人说服的人，经常都处于"不"的心理组织状态之中，所以自然而然地就会呈现僵硬的表情和姿势。对付这种人，如果一开始就提出主题，绝不可能打破他"不"的心理组织。所以首先应该尽量让他轻松化，并提出不勉强的问题，使对方反射地答出"是"的答案。然后，循序渐进，加以引导，就会将对方逐渐引至你所期望的答案。

请看如下回答：

"兔子跑得比乌龟快吧？"

"兔子也会打瞌睡吧？"

"这时乌龟就能超过兔子吧？"

"是。"

"结果乌龟比兔子先到达终点，我们可以说乌龟比兔子跑得快吧？"

"是。"

一般来说，女性不易抵抗这种说服术，所以想说服不易打开心胸的女性或态度不开朗的女性时，用这种方法可以收到相当的效果，在频频答"是"的情况下，对方"不"的心理组织自然会向"是"的方向倾倒，而产生"是"的态度。这时候就可以利用这个机会将话导入正题，对方一定会很乐意地答出"是"的答案。这实际上是一种阶梯层次法，每次让对方上一小级台阶，花费不大的气力，而当上了几个台阶之后，你会发现对方已经接近你的目的了。

具体说来，运用这一技巧有以下两个方面。

1. 诱"敌"深入

在对方攻击自己准备得最充分、最有说服力的论点时，暂时避而不答，含而不露，造成本方防守空虚，理屈词穷的假象，引诱对方放心大胆地继续前来进攻；一旦时机成熟，突然抛出最有力的论据，使对方措手不及，击破对方的攻势。这种战术还会给对方造成巨大的心理压力，使之明明占据优势的论点也不敢贸然出击。

2. 巧布局

好的防守者不是当敌人进攻时才披挂上马，匆匆应战，也不会去修筑一条大而无用的马其诺防线。他们像精明的猎人，寻踪觅迹，在猎物的必经之途上巧妙地掘下一个陷阱；他们是智谋过人的统帅，不屑于疲于奔命地寻找战机，而是在自己选择的战场上与敌人作战。

出其不意，巧答妙对

掌握出其不意的表达方式，会收到峰回路转的效果。这种表达方式在各种交际场合特别重要。

诸葛亮面对降将，善于以出其不意的问答，试探出降将究竟是真心还是假意。

在诸葛亮南征时，一位对方的将领投降了。面对诸葛亮的质疑，降将高定说："我前日受了你（不杀我）的大恩，今天携带一个首级来投降你，为什么反而要杀我呢？"诸葛亮："你是来假装投降的，怎么能够骗过我呢？"高定说："丞相你凭什么断定我是假装投降的？"诸葛亮从一个盒子中取出一张纸，说道："朱褒已经派人秘密地送来投降的书信，信中说你们两个是生死之交，（既然这样）你怎么会忍心杀他呢？就是因为这个原因我断定你是假投降的。"高定叫苦道："朱褒是用的反间计。丞相你可不要相信他！"诸葛亮说："我也不能因为他的一封书信就相信他说的话。如果你能够捉到朱褒，才能证明你是真心的。"高定说："丞相你不要怀疑我！我马上去捉拿朱褒来见你，怎么样？"诸葛亮："果真如此，我才不会对你怀疑。"

只简单一句话，便使得高定将实情和盘托出，诸葛亮的口才术实在高明！

一位年过半百的贵妇问萧伯纳："您看我有多大年纪？"

"看您晶莹的牙齿，像18岁；看您蓬松的卷发，有19岁；看您扭捏的腰肢，顶多14岁。"萧伯纳一本正经地说。

贵妇高兴地笑了起来："你能否准确地说出我的年龄来？"

"请把我刚才说的3个数字加起来。"

那位贵妇愕然。

在日常生活及特定的环境中，有些出其不意的表达的语言，是非常精彩的。在社会生活中，有时会遇到一些过于自信、听不进不同意见的人。遇到这种谈话对象时，最好采用迂回说服的口才技巧，从侧面、从背面、从对方意想不到的方面去突破，使其就范。

一位庄园主，曾在美国独立战争时干过不少事，但没知识，看到战友们有的当议员，有的任州长，心里难免疙疙瘩瘩的。

一天，他问州长："打天下者坐天下，这是天经地义的；可现在却让知识分子坐天下，这是什么意思？"

州长："我承认您说得对——打天下者坐天下。可是，打天下的人都渐老了，要不要选换接班人？"

庄园主："当然需要！可为什么单挑知识分子接班？"

州长："同样都是没有参加打天下的年轻人，你说有知识好，还是没有知识好？"

庄园主："这个……"

州长："再说，新宪法规定'国家发展教育事业，提高人民的科学文化水平'。从历史发展趋势看，将来人人都要变成知识分子。如果有知识、有文化的人都不能坐天下，那就没有坐天下的人了。"

庄园主："那个……"

从这番话中可以看出：面对抱有成见的人，或难于接受自己观点的人，可转变话锋，先同意对方"言之有理"，使对方心理上得到暂时的满足，然后再采用推理的方式，一步一步将对方诱入自己的"陷阱"。

投其所好，欲抑先扬

说话要说到对方心里面，对方才会爱听，这是一个口才中的原则。你想要让对方同意你的建议，那就要投其所好，让对方听得进去，你才有机会陈述你的建议，否则，对方根本就不愿意听，那你怎么会有机会向对方进言呢。

1. 捕捉战机

律师乔特斯为有杀妻嫌疑的拉里辩护，这时对方律师麦纳斯提出了对拉里十分不利的证据：拉里曾向麦纳斯提出过，要麦纳斯帮助他与妻子离婚，并由此推论拉里在无法达到离婚目的时，会采取极端措施。乔特斯知道要直接反驳"要求离婚就有杀人动机"是极其困难的，于是他就采取了"投其所好"的策略。

乔特斯向麦纳斯承认，自己对离婚是外行，一边恭敬地问对方是不是很忙。麦纳斯踌躇满志地回答："要我处理的案子要多少有多少。"后来又补充说，每年至少有200件。乔特斯赞叹说："呀！1年200件，您真是离婚案的专家，光是写文件就够您忙的了。"麦纳斯的声音犹豫起来，感到说得太多人们难以置信，就只好承认说："可是……其中有些人……嗯……因为这样那样的原因改变了主意。"破绽出现了，乔特斯抓住这一点，进一步诱导道："啊！您是说有重新和好的可能，那大概有10%的人不想把离婚付诸行动吧？"麦纳斯说："百分比还要高一些。""高多少？11%，20%？""接近40%。"乔特斯用惊奇的眼光盯着他说："麦纳斯先生，您是说去找您的人中有近一半最后决定不离婚？""是的。"麦纳斯这时有些感觉到上当了，但退路已经没有了。"嗯，我想这不会是因为他们对您的能力缺乏信任吧？""当然不是！"麦纳斯急忙自我辩解，"他们常常一时冲动，就跑来找我。可是一旦真的要离婚，便改变了主意……"他突然止住，意识到自己上当了。"谢谢，"乔特斯说，"你真帮了我大忙。"

在这场法庭辩论中，乔特斯正面承认反驳难度较大，就采用了"投其所好"术，从侧面进攻。他先坦率地承认自己对离婚案是外行，恭维对方很忙，当对方得意忘形，鼓吹自己处理离婚案件的数目时，他又进一步恭维对方是离婚案专家。当对方感到吹过了头时，说有些人因这样那样的原因改变了主意时，战机出现了。乔特斯抓住这一点诱使对方说出了自己否定自己的话。可见，在辩论中如果正面说理难以奏效，就可以采用"投其所好"术，与对方巧妙周旋，让对方对抗心理弱化，疏于防范，就有可能暴露出一些破绽，己方乘隙而入，一举制胜。

2. 请君入瓮

一天，一位面容娇美的女青年在马路上走，突然她发现有一个"摩登"男青年在后面紧追不舍，怎么办呢？她忽然有了主意。她回过头来对男青年说："你为什么老跟着我？"男青年说："您太美了，真让人着迷，我真心爱您，让我们交个朋友吧！"姑娘嫣然一笑，说："谢谢您的夸奖，在我后面走的姑娘是我妹妹，她比我更美。""真的吗？"男青年非常高兴，马上回过头去，却不见姑娘的身影。他知道上当了，又去追赶那位漂亮姑娘，质问她为什么骗人。女青年说："不，是你骗了我，如果你真心爱我，那么为什么又去追赶另一个女人，经不起考验，还想跟我交朋友，请你走开！"男青年被说得面红耳赤，讪讪地溜走了。

这位女青年之所以能制服男青年，就是顺着对方贪图美色的心理，设计诱之。对方不知是计，却去追更美的姑娘，这就使其丑恶的嘴脸暴露无遗。女青年顺势反击，让对方自暴其丑，无地自容，达到了目的。从这个实例可见，辩论中的"投其所好"术，其实也是一种"诱敌"战术，抓住对方的需求和动机，设下圈套，诱敌深入，当对方进入伏击圈后，己方就可以猛烈出击，战胜对方。

3. 巧布疑阵

一位顾客到某酒店喝酒，店主以半杯酒当满杯卖给他。他喝完第二杯后，转身问店主："你们这儿一星期能卖多少桶酒？""35桶。"店主得意洋洋地回答。"那么，"顾客说，"我倒想出了一个让你每星期卖掉70桶酒的办法。店主很惊讶，忙问："什么办法？""这很简单，你只要将每个杯子里的酒装满就可以了。"

聪明的顾客利用店主唯利是图的心理，投其所好，巧设圈套，待其落入，再奋力一击，揭露了店主以半杯酒充一杯酒的恶劣行径。此种说法比起一般的斥责要有力得多，也深刻得多。可见"投其所好"术又是辩论中的疑兵之计，可以迎合对方的某种爱好和某种心理，巧布疑阵，麻痹对方，使之放松警惕，误入陷阱，从而达到战胜对方的目的。

4. 欲抑先扬

一位知识测验的主持人向一位应考者提问："据说您是足球方面的行家，是吗？""那当然。"应考者回答道。"那么，请问球门上的球网上有多少个孔？"应考者一愣，但随即镇定下来，说："能提出这样问题的一定是知识渊博的大学问家。""那当然。"主持人面露喜色。"那么，你一定知道保塞尼亚斯了？""保塞尼亚斯是古希腊一位能言善辩的哲学家。"主持人自信地答道。"有一次，雅典的首席执政官让每一个议员提一个难题，保塞尼亚斯只用了一句话就回答了。你知道是一句什么话吗？""面对这样多的难题，他只能说'我不知道'。"主持人得意地回答。"完全正确。"应考者又问道："今天我想再提一个问题，你能用一句话回答吗？""请问吧！"主持人颇为自负地答应了。

"那么我问你，足球球门上的网有多少个孔？"

"啊，嗯……"主持人无言以对。

如果你发觉上了对方的当以后，聪明的人往往都不会声张，而是让对方继续得意忘形，甚至诱导对方继续按照他的思维去想象你的对策，然后在他最得意的时候，突然反戈一击，让对方无从招架，败下阵去。这就是所谓完美的反击术，你不妨在自己遭遇到尴尬的时候用一下，看看效果如何。

如何诱导及注意分寸

在劝说别人的多种形式里，无论哪一种都离不开诱导。诱导的过程是说服对方的过程，也是对方的思想逐渐转变的过程。诱导是口才术中的一个重要手段。如果运用得当，你就可以不费吹灰之力，收到想要的结果；但是，如果掌握不好分寸，诱导过了头，那也会给自己惹来麻烦。

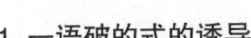

1. 一语破的式的诱导

一位父亲得知儿子染上了赌博的恶习，便给他写了一首戒赌诗，以诗说理规劝。诗曰：贝者是人不是人，只因今贝起祸根。有朝一日分贝了，到头成了贝戎人。儿子看后，不解其意。

父亲解释道："贝者是赌，今贝是贪，分贝是贫，贝戎是贼。'赌、贪、贫、贼'是每个赌徒的必由之路。"

儿子听了，幡然醒悟，弃赌从良，自食其力。

这位父亲劝子戒赌的方法巧就巧在：第一，以诗劝子，方法新颖，让儿子去思考其中的含义；第二，当儿子百思不解时，一语道破诗意，指出"赌博必定贫穷，强盗出于赌博"的道理，使儿子恍然大悟。这种一语中的式的诱导方法往往能收到较好的劝说效果。

2. 在说话之前心中要有个完事的谋划打算

每一步怎样诱导、怎样发问，谈话前都应经过深思熟虑。这样，环环紧扣、步步深入，才能诱使对方在无法解决的矛盾面前自我否定。

比如，某饭店服务员刘小姐拾到顾客遗失在店内的手机，想悄悄据为己有，被领班张大姐发现了，让她上交。

可刘小姐说："手机是我拾的，又不是偷的，更不是抢的，不上交也不犯法。"

张大姐说："小刘，你知道什么叫不劳而获吗？"

"不知道！"刘小姐生气地回答道。

张大姐说："不劳而获是不经过劳动而占有劳动果实。"

"您怎么会也学会咬文嚼字了？"刘小姐有点不耐烦了。

张大姐耐心地问："你说，抢东西是不是不劳而获？"

"是的。"

"偷别人的东西是不是不劳而获？"

"当然也是。"

"那拾到别人的东西据为己有是不是不劳而获呢？"

"这，这……当然……"刘小姐语塞了。

张大姐顺势教育道："拾到别人的东西据为己有和偷、抢得来的东西，在不劳而获这一点上是相通的，除了国家法律，我们还应有一定的社会公德，再说店里也有工作守则，拾到顾客遗失的物品要交还，你可不能犯糊涂啊！"

经过张大姐的教育，刘小姐终于认识到自己的错误，把手机交了出来。

讲好大道理很重要的一点是应学会剥茧抽丝，逐步引导，层层深入，让对方在心理上慢慢接受你所说的话。从理论上讲，这种说服技巧符合心理学的基本规律；从实践结果来看，只要运用得恰当巧妙，就能取得理想的说服效果。

3. 有预料地诱导

在去说服别人之前，我们也可以进行一下预测。对方会怎样讲，讲些什么，我们应如何回答，都要考虑到。这样才能有的放矢，使劝说获得成功。

比如，方方同学的作业十分潦草。老师把他叫到办公室，拿出一本字迹工整的作业递给他说："你看这位同学的作业写得怎么样？"

方方看了一眼，没说什么。

老师又拿出一本字迹潦草、错误较多的作业给他看："这本呢？"

方方说："跟我的差不多。"

"你再看看这两个作业本上的名字。"老师温和地说。

这一回方方就疑惑了："都是李林的。"

老师抓住时机，诚恳地说："差的一本是李林去年的作业，这一本是他现在的作业。你和李林去年的情况差不多，但李林经过半年的努力，能写出工整漂亮的作业，老师相信你一定会像李林那样的。"

老师这段谈话，言此意彼，既维护了学生的自尊，又达到了鼓励他进步的目的。其实，这位老师已经预测出学生的每一个回答，然后他根据学生的回答顺势劝导，起到了较好的说服效果。

4. 侧面诱导

在日常生活中，说服的事情几乎随处可见。母亲病了不肯到医院去动手术，要靠说服；痴情女失恋痛不欲生，要靠说服；年轻人不求上进伤风浮躁，要靠说服。

进行有效说服的一个较好的策略是采取从侧面入手的战术，不从正面入手。直接说服容易让对方产生抵抗心理。所以，不妨从侧面打开缺口。

俄国伟大的十月革命刚刚胜利的时候，象征沙皇反动统治的皇宫被革命军队攻占了。当时，俄国的农民们打着火把叫嚷，要点燃这座举世闻名的建筑，将皇宫付之一炬，以解他们心中对沙皇的仇恨。一些有知识的革命工作人员出来劝说，但都无济于事。

列宁得知此消息后，立即赶到现场。面对着那些义愤填膺的农民，列宁很恳切地说："农民兄弟们，皇宫是可以烧的。但在点燃它之前，我有几句话要说，你们看可不可以呢？"

农民们一听这话，便知列宁并不反对他们烧，于是答道："完全可以。"

列宁问："请问这座房子原来住的是谁？"

"是沙皇统治者。"农民们大声地回答。

列宁又问："那它又是谁修建起来的？"

农民们坚定地说："是我们人民群众。"

"那么，既然是我们人民修建的，现在就让我们的人民代表住，你们说，可不可以呀？"

农民们点点头。

列宁再问："那还要烧吗？"

"不烧了！"农民们齐声答道。

皇宫终于保住了。

迁怒于物往往是情感朴直、思维简单化的一种表现，这时关键在于疏导。面对激愤的群众，列宁的五句循循善诱的问话，厘清了群众思路，保住了这座举世闻名的建筑。他采取的步骤是：首先，理解和赞同群众的观点，这样可以争取到引导群众的时间和机会；其次，正本清源，使农民们懂得，皇宫原来是给沙皇统治者居住的，但修建者却是人民群众，如今从沙皇手中夺过来回归人民群众，就应该让人民代表住，这个道理是可以服人的，因此农民们点了头。最后，强化迂回诱导，让群众明确表态"皇宫不烧了"，从而完全达到了目的。

在说服的过程中，不能只讲大道理，但并不是就可以不讲"理"，如果将道理讲得具体生动，引人思索，让他们觉得是这个理儿，就能一步步循序渐进地将道理说明白。

采用侧面论证法往往是因为问题复杂，或对方深怀敌意、居心不良，不便用一般手段对付。

5. 以退为进式的诱导

所谓"以退为进"，就是先赞同对方的观点，然后再提出自己的看法，并说服对方。

孟子有一次去拜见齐宣王。

宣王问他："什么样的国王才能统一天下？"

孟子说："有仁德的人。"

宣王又问他："我算不算呢？"

孟子答："算。"

宣王就问："为什么呢？"

孟子说："我曾经听说有个人牵了一头牛和一只羊经过您面前时，您问他：'干什么去？'那人说：'去做祭品。'于是您叫住了那人，说只要用那头牛就够了。不知是否有这回事。"

宣王说："有。"

宣王说："我不忍心看着羊被杀死时那副可怜巴巴的样子。"

孟子这时就说："由此可见，您是有仁德之心的人。对一只动物尚能如此富于慈悲，何况于普天下的老百姓呢？那一定是要减敛赋税休养生息了！这样的国王，怎能不一统天下呢？再说，也只有这样的国王，才能一统天下！"

宣王听后，沉思不语，深感羞愧。

原来孟子设下了一个大圈套，表面上看他是同意宣王的观点，就是要说服国王以仁治国，方可大展宏图。可是在他先赞扬了宣王之仁德之后，再指出他实际上的不仁德，并说服他要仁德。这样规劝巧妙而不露痕迹，效果很好。

由此可见，劝说抱有成见的人，需要掌握进退的分寸。当前进可能受阻的时候，就要先暂时退让一下。退让之间便显示了你对他的尊重，从而赢得对方好感，使其在心理上得到满足，这时再亮出你的观点来说服他，就容易多了。

我们常见到有些人在说服他人时，一上来就攻势凌厉、咄咄逼人，拿出一种压倒一切的气概。这样，对方一般不会买账，即使口头上被说"服"，心里还是不服气，所以，你不妨用一下以退为进的办法。

巧解话中隐语，及时识破迷局

有些时候，听话不能只听表面，还要听话里面所包含的真实意思。有些话是很具有迷惑性的，是对手专门为了迷惑你而有意在话中套话，让你很容易产生判断错误，从而上了对手的当。这是很常见的一种迷惑方式。如果你不能很好地应对，那么你就会眼看着是一个陷阱，却一步步地踏进去。

怎么才能对付这种人呢？那就要求你必须能听懂话里话，要求再高一点，那就是你也要会说话里话，先设个圈套把对方套进去。

有话不明说，有意掩饰其真实的含义，是阻碍谈判双方相互沟通、理解的一种行为。这在谈判中十分常见。高明的谈判者会透过字句找出其真实的含义而不是从字句本身找含义，再做出判断。谈判人员必须意识到，许多时候对方反复讲某些话，每次都大同小异，通常都是想伪装同一个想法。

久经考验的谈判人员也许听过这样的说法："我们的立场是坚定的，我们信守自己的目标。"

其实，这句话通常的意思是：无论怎么让步，要做起来也不是那么容易的。这类话通常出现在谈判的开始，尤其常见于某一方代表公众发言时，如由新闻媒介监控的劳工管理合同的谈判就是如此。

"这个问题带感情色彩，我们希望双方都能注意其他同样重要的问题。"这句话可理解为：我们希望你方表现出更大的责任感。

"考虑到我们双方有较长期的联系和共同的利益，我们想提出这一提议，我们认为这一提议是公正公理的。"这句话的言下之意可能是：我们很熟悉你们，知道你很可能不会接受，不过我们还是要试上一试。说这类话的还有这样一些对手，他们试图利用与对方有过的联系，希望以此赢得其他方式得不到的让步。使用"公正合理"这种字眼，显然是想使对方难以拒绝。这当然是一种咄咄逼人的战术，旨在使对方的拒绝显得不公正、不合理。但这种暗示的弊病便是因迫使对方接受而引起对方的反感。"可被接受的"是一个更好的字眼，可用来取代"公正合理"。

"我们知道，你们对我们这一提议很有好感……"这和上面一条大同小异。意为：且让我们瞧瞧，看你们是否接受上一条。对方正在观察你的反应，以便确知下一步提议该做些什么。在你拒绝了对方第一个提议之后，他们会很快做出下一个提议。然而，你别把对方的这种做法误以为是种让步。通常这是一种有计划的战术，所以你应当提防。

"虽然我们已经解决了重要问题，但还有一些细小的分歧。"对这句话的理解应该是：这一轮谈判似乎接近尾声，但我们还是希望你方有所让步。可以确信，除非那些"细小分歧"得到解决，否则你不可能与对方达成协议。

给对方一个台阶上

老狐狸常说"给对方一个台阶下"，意思是在一种尴尬的局面出现时，最好给对方一些让步，以便使对方不致太难堪；而在与人谈判时，要懂得一种重要的技巧——那就是"给人一个台阶上"，唯有这样，才能使持不同意见的双方更容易地达成一致，这也是解决分歧的一种重要办法。

在每一次的谈判中都会有不满足的因素存在。谈判双方都会出现一些需要克服的反对意见。面对反对意见，你用什么方法来解决，将直接影响你的谈判成功与否。

戴尔先生曾和一位珠宝商交涉。戴尔先生妻子的视力不太好。她所使用的手表的指针，必须长短针分得非常清楚才行。可是这种手表非常难找。他们费尽了心力，总算在那位珠宝商的店里找到了一只戴尔太太能够看得清楚的手表。但是，那只手表的外观实在是不尽如人意。也许是由于这个缘故，那块手表一直卖不出去。就200美元的定价而言似乎也贵了一些。

戴尔先生告诉珠宝商，这块表200美元太贵了。

珠宝商告诉戴尔先生，这块表的价格是非常合理的。因为这块表精确到1个月只差几秒。

戴尔先生告诉他，时间精确与否并不很重要。为了证明自己的观点，戴尔先生还拿出了他妻子的天美时表让珠宝商看："她戴这只10美元的手表已经有7年了，这只表一直是很管用的。"

珠宝商回答："喔！经过7年的时间，她应该戴只更名贵的手表了。"

议价时，戴尔先生又指出这只手表的样式不好看。

珠宝商却说："我从来没有见过这么一只专门设计给人们容易看的手表。"

最后，他们以150美元成交。

处理对方的反对意见时要圆滑、委婉，不至于使谈判陷入僵局。练习以下的九个步骤，也许会为你成为谈判高手提供一些帮助：

第一步，在和顾客谈判之前，先写下自己产品和竞争产品的优点和缺点。

第二步，记下一切你所能想到的、可能被对方挑剔的缺点或考虑不周之处。

第三步，让朋友或同仁尽量提出反对的意见。同时让他们在对方未提出意见前，练习回答这些反对的意见。

第四步，当对方提出某项反对意见时，要在回答之前，了解问题的症结。

第五步，当你了解问题的症结后，前后权衡一下，看看问题是否容易应付；若是容易应付的反对意见，便可以利用现有的证据加以反驳。

第六步，利用反问来回答对方，诱导对方回答你"是"。比如，你推销汽车时不妨询问对方："你是不是正在为昂贵的维修费用而烦恼？"而对方的回答很可能是肯定的。既然对方不喜欢昂贵的汽油费和维修费，那么你就可以乘机向对方介绍你汽车的优点了，这是一个再好不过的机会。

第七步，不要同意对方的反对意见，这样会加强对方的立场。汽车推销员如果说："是的，我们生产的汽车维修费用是很高的，但是……"如此之举就属于不明智了。

第八步，假如对方所提出的反对意见是容易应付的，你可以立刻拿出证明来，同时还可以要求对方同意。

第九步，假如对方所提出的反对意见令你感到非常棘手，那么你就要以可能的语气来回答，然后再指出一些使对方更有利的优点。

小心回答陷阱问题

对方在谈话中故设陷阱，这种场面通常会出现在面试中，这时，能否听出考官的"言外之音"，判断出哪些属于"陷阱问题"，就是考验你的应变能力的时候。陷阱问题往往是考官故意设下的圈套，以声东击西方式来判断考生的性格、能力，通常都是咄咄逼人和过于刁钻的问题，如何才能既巧妙回答问题又不失礼貌，才能不陷入陷阱之中，是回答这一类问题的难点。

1. 面对用"激将法"遮蔽的语言陷阱

这是面试官用来淘汰大部分应聘者的惯用手法。采用这种手法的面试官，往往在提问之前就会用怀疑、尖锐、咄咄逼人的眼神逼视对方，先令对方防线步步溃退，然后冷不防用一个明显不友好的发问激怒对方，如"你经历太单纯，而我们需要社会经验丰富的人"，"你性格过于内向，这恐怕与我们的职业不适应"，"我们需要名牌院校的毕业生，你并非毕业于名牌院校"，"你的专业怎么与所申请的职位不对口"等。

面对这种咄咄逼人的发问，应聘者首先要做到的就是无论如何不要被"激怒"，如果你被"激怒"了，那么你就已经输掉了。面对这样的发问，如何接招儿呢？

如果对方说："你经历太单纯，而我们需要的是社会经验丰富的人"，你可以微笑着回答："我确信如我有缘加盟贵公司，我将会很快成为社会经验丰富的人，我希望自己有这样一段经历。"

如果对方说："你性格过于内向，这恐怕与我们的职业不适应"，你可以微笑着回答："据说内向的人往往具有专心致志、锲而不舍的品质，另外我善于倾听，因为我感到应把发言机会多多地留给别人。"

如果对方说："我们需要名牌院校的毕业生，你并非毕业于名牌院校"，你可以幽默地说："听说比尔•盖茨也未毕业于哈佛大学。"

如果对方说："你的专业怎么与所申请的职位不对口"，你可以巧妙地回答："据说，21世纪最抢手的就是复合型人才，而外行的灵感也许会超过内行，因为他们没有思维定式，没有条条框框。"

如果对方说："你原单位这么好，你却要走，是不是在原单位混不下去只好挪个窝"，碰到此种情况，要头脑冷静，明白对方在"做戏"，不必与他较劲。

2. 面对挑战式的语言陷阱

这类提问的特点是，从求职者最薄弱的地方入手。

对于应届毕业生，面试官也许会这样问："你的相关工作经验比较欠缺，你怎么看？"对于女大学生，面试官也许会这样问："女性常常会对自己的能力缺乏自信，你怎么看？"

如果回答"不见得吧"、"我看未必"或"完全不是那么回事"，那么也许你已经掉进陷阱里了，因为对方希望听到的是你对这个问题的看法，而不是简单、生硬的反驳。

对于这样的问题，你可以用"这样的说法未必全对"、"这样的看法值得探讨"、"这样的说法有一定的道理，但我恐怕不能完全接受"等为开场白，然后婉转地表达自己的不同意见。

面试官有时还会哪壶不开提哪壶，提出让求职者尴尬的问题，如"你的学习成绩并不很优秀，这是怎么回事？"，"从简历来看，大学期间你没有担任学生干部的经历，这会不会影响你的工作能力"等。

在面试中屡战屡胜的小麦就有过一次这样的面试经历。小麦的学习成绩并不算顶尖，在应聘一家咨询公司的面试中，这一点便成了考官发起攻击的要害："你的学习成绩好像不太出众啊，你怎么证明自己的学习能力呢？"小麦不慌不忙地说："除了学习，我还有其他活动。不是只有成绩才能反映一个人的学习能力的。其实我的专业课都相当不错，如果你有疑问，可以当场测试我的专业知识。"小麦巧妙地绕开了令人尴尬的问题，将考官的注意力引导到他最拿手的专业知识上。

3. 面对诱导式的语言陷阱时

这类问题的特点是，面试官往往设定一个特定的背景条件，诱导对方做出错误的回答，因为也许任何一种回答都不能让对方满意。这时候，你的回答就需要用模糊语言来表示。

值得注意的是有一种特别的诱导式的语言陷阱，对方的提问似乎是一道单项选择题，如果你选了，就会掉进陷阱。比如，对方问："你认为金钱、名誉和事业哪个最重要？"

对刚刚毕业的大学生来说，这三者当然都重要。可对方的提问却在误导你，让你认为"这三者是相互矛盾的，只能选其一"。这时候切不可中了对方的圈套，可以首先明确指出这个前提条件是不存在的，再解释三者对我们的重要性及其统一性。

你可以这样组织语言："我认为这三者之间并不矛盾。作为一名受过高等教育的大学生，追求事业的成功当然是自己人生的主旋律。而社会对我们事业的肯定方式，有时表现为金钱，有时表现为名誉，有时两者均有。因此，我认为，我们应该在追求事业的过程中去获取金钱和名誉，三者对我们都很重要。"

与此相类似的还有一种误导式陷阱。面试官早有答案，却故意说出相反答案。若你一味讨好，应和面试官的错误答案，面试的结论一定是，此人无主见，缺乏创新精神。自然被列为淘汰之列。

有时，面试官还会提出这样的问题："你对琐碎的工作是喜欢还是讨厌，为什么？"

这是个两难问题，可以这样表述自己的态度："琐碎的事情在绝大多数工作岗位上都是不可避免的，如果我的工作中有琐碎事情需要做，我会认真、耐心、细致地把它做好。"这就既委婉地表达了大多数人的普遍心理——不喜欢琐碎工作，又强调了自己对整齐有序事情的敬业精神——认真、耐心、细致。

4. 面对引君入瓮式的语言陷阱时

在各种语言陷阱中，这可能算是最难提防也最具危险性的。

比如，你应聘的职位是一家公司的财务经理，面试官也许会突然问你："您作为财务经理，如果我要求你1年之内逃税100万元，你会怎么做？"如果你当场抓耳挠腮地思考逃税策略，或顺口说出一大堆逃税方案，那么你就上了圈套，掉进了陷阱。因为抛出这个问题的面试官，正是以此来测试你的商业判断能力和商业道德。要记住，遵纪守法是员工行为的最基本要求。再比如，你正要从一家公司跳槽去另一家公司，面试官问你："你们的老板是不是很难相处啊，要不然，你怎么会跳槽？"也许他的猜测正是你要跳槽的原因，即使这样，你也切记不要被这种同情的语气所迷惑，更不要顺着杆子往爬。如果你愤怒地抨击你的老板或义愤填膺地控诉你所在的公司，那么你一定完了，因为这样不但暴露了你的不宽容，还暴露了你的狭隘。

面试中，面试官也许会设计出各种各样不同的语言陷阱，但是只要你看准了，兵来将挡、水来土掩就是了。

第五章　一开口就吸引众人眼球
—— 说话开场经

口才圣经——

　　在与人交往时有一个良好的开端极其重要，如果你说出的第一句话是礼貌而得体并能赢得对方的好感，那么沟通自然就会十分容易地深入下去。相反，如果你说出的话让对方反感和忌讳，那么谈话不可避免地要碰钉子，因此一定要掌握说话的技巧，与陌生人交往时，让自己的第一句话就能打动人心，为以后的顺利交往打下一个良好的基础。

学会推销自己

　　学习老狐狸的八面玲珑，就要学会推销自己。

　　在社交场合中，互不相识的人第一次见面常常要进行自我介绍。自我介绍包括姓名、年龄、职业、住址、经历及特长等几个方面的介绍。介绍应根据场合和需要的不同来决定其繁简。一般的朋友聚会只需说出自己的姓名、身份即可。自我介绍时，态度要平和，要清晰地报出自己的姓名，并用微笑来表达自己的友好。同时还要掌握好分寸，不要有意抬高或贬低自己，这会让人产生反感，而不愿与你来往。自我介绍实际上是一种自我推销。它给别人留下的是第一印象。一般来说，自我介绍时要注意以下几点：

（1）繁简得当。自我推介应视交际的实际需要来决定自我介绍的繁简。一般说来，参加聚会、演讲、为他人办事、偶尔碰面、为单位公关等，自我介绍宜简约些，只要介绍姓名和工作单位即可；而在另一些场合，如求职、恋爱、找人办事、招标时投标、深交朋友等，则可以介绍得更为细致一点，可以介绍自己的兴趣、爱好、特长及在哪些方面有何成就。

（2）平和自信。初次交往，都想互相多了解对方，又都想被对方所了解。自我介绍时就要大大方方、不卑不亢，切不可羞答忸怩、吞吞吐吐、左顾右盼。应该勇于向他人展示自己，树立自信，让别人产生希望与你交往的愿望。

（3）把握分寸。介绍自己要注重自谦和自识。自我介绍时要把握好分寸，不可抬高自己，亦不可贬低自己，切不可自吹自擂。一般不用"很"、"最"、"第一"一类的字眼。这样才能使对方对你产生信任感。有的人在进行自我介绍时，左一个"我"如何如何，右一个"我"如何如何，叫人听了反感；有人把"我"的形象树立得很高大，让人感到言过其实；更有甚者，一提到"我"时便洋洋得意，目中无人等。这样的自我介绍都不会给对方留下良好的印象。

把握分寸，关键要以平和的语气说出"我"，要目光亲切、神态自然，这样才能使人从这个"我"字上感受到你自信、自立而又自谦的美好形象。

（4）巧言介绍。加深印象是自我介绍的目的。自我介绍首先要介绍自己的名字，并对"姓"和"名"加以解释，你解释得越巧妙，别人对你的印象就越深。这可以反映一个人的知识水平和性格修养，也可以体现一个人的口才。

一个人的姓名，往往有丰富的文化积淀，或折射出凝重的史实，或反映时代的乐章，或寄寓双亲对子女的殷切厚望。因此，巧解姓名有时也能令人动情，加深印象。

（5）独具特色。简单地自我介绍留给人的印象非常平淡，使自己的自我介绍独具特色才能给他人留下深刻的印象。

巧妙地把自己与名人相比，既可以显示你自己的才能，又可以显示你语言幽默的特点，从而使你博得大家的好感。也可以通过介绍自己家乡的名优土特产或家乡地方特色来自我介绍，给大家留下深刻的印象。

掌握了自我介绍的艺术，你就打开了一扇与人交往的大门，完美精彩、独具特色的自我介绍，能在他人的脑海中打下深刻的烙印。

说第一句话要细思量

与人交往，说好第一句话十分重要。如果你说的第一句话适合对方的口味，那么交谈自然就会十分容易地深入下去。如果说的话正好是对方所忌讳的或厌恶的，那么谈话不可避免地要碰钉子。人们进行社会交往的基本要求是，交谈者同人交谈时，吐字清楚，言辞能让对方听得懂，态度诚恳，给人以充分的信任；同时，交谈者掌握一些交谈的技巧，学会在不同的场合、情景中运用不同的交谈方法，以免造成尴尬的局面，错过扩展人际关系的大好机会。

1. 根据对方的特点说出第一句话

（1）观察仪容、仪表、服饰。从事买卖、推销活动的人，一般显得风尘仆仆，有的衣饰虽华丽，看上去整个人却平庸、媚俗。从事音乐、舞蹈、绘画、写作的人，一般气质比较高雅，眉宇之间隐隐有一股灵气。判断他人的气质如何，一般都是靠自己的直觉，而这直觉，又是平时注意观察人的仪容仪表，生活经验积累的结果。

（2）观察职业。不同职业的人，穿着打扮、气质也会各不相同。三百六十行，每行都有每行的特点，每行都有每行要说的话。如果你能够判断出他是哪一个行业的，可以从对方熟悉的行业知识和行情入手；如果判断不准，可以直接询问，对方会乐于对你进行解释，谈论自己所从事的工作，说出他的快乐、辛酸和劳累，这样，谈话就很容易地进行下去了。

（3）观察年龄。不同年龄阶段的人，由于生活阅历的原因，他们的思想、兴趣都会有所区别。交谈就要聊一些适合对方的年龄，让对方能感兴趣的话题。比如，对青年人，可以就目前的衣装、发型、已出版的畅销书籍、社会上青年人的就业、毕业分配等各种话题提起话头；对于成年人，可以就孩子的抚养问题、父母的赡养问题、亲戚朋友同事之间的人际关系问题、工资待遇奖金问题、物品价格问题展开交谈；对于老年人，可以就老年保健、文化娱乐、营养食品等问题展开交谈。

2. 主动和人攀谈

随时抓住发生在身边的小事作为话题，如在火车上，当你和一个陌生人坐在一起时，车上的人很挤，人们互相吵闹，有的甚至动手打架，如果你这时对身边的人说："现在的交通，太拥挤了，每次坐火车，每次都这样。"对方也许会接过话头，谈及去年他在某地上火车，皮包被挤掉的故事。也许他会附和你的话题，然后你们就从火车的拥挤开始谈到交通，谈到中国的人口，一路上也许你们会成为好朋友。

3. 主动地寻求对方的帮助

可以利用手边正有求于他人的事，也可以制造一些人为的困难，寻求他人帮助。但千万别要求人帮助你做一些难度太大的事，不要损伤对方的利益。一件小事就可以了，如代购一两张票，代买一件物品，请他帮你扶一下自行车，或者问一下时间等。这样的小事，会使对方有一种满足感，内心有一种与你继续交谈的渴望，而这正是你能和他谈下去的机会。

4. 故意说错，让对方改正

如你判断对方肯定对艺术有所了解，或者原来就知道对方是一个艺术爱好者，尤其是他读了不少的外国文学名著，你故意这样问他："巴尔扎克是英国人吧？"对方会马上纠正："不、不，是法国人。"话题自然就打开了。

如果你与一个农民相遇，时间在6月，这个时候，小麦都已收割完毕，为了引起话头，你可以这样问他："你们现在正在打麦子吧？今年收成好吗？"农民马上会告诉你："麦子已收割完毕，今年雨水不错，收成很好。"谈话就可以从麦子引到各方面，从农村到城市，从个人到国家。

说出错误性的判断，要注意的是不要显露太大的破绽，让对方看出你没话找话的心思，或者觉得你真是愚笨之极。一般要选择那些无关紧要的错误，或者同正确东西极为近似的错误。选择错误，也要选择那些与日常生活比较贴近的，不要选择太特别的，否则不易引起其他话题。

礼貌的称呼是交际的敲门砖

人们之间打交道，总是以礼貌的称呼开头。礼貌的称呼好像是一个见面礼，又好像是进入社交大门的通行证。称呼得体，可使对方感到亲切，双方交往便有了基础。称呼不得体，往往会引起对方的不快甚至愠怒，会使交往的双方陷入尴尬境地，致使交往梗阻甚至中断。那么，怎样称呼才算得体呢？

1. 考虑对方的年龄特征

见到长者，一定要呼尊称，特别是当你有求于人的时候。比如，"老爷爷"、"老奶奶"、"大叔"、"大娘"、"老先生"、"老师傅"、"您老"等，不能随便喊："喂"、"嗨"、"骑车的"、"放牛的"、"干活的"等，否则，会使人讨厌，甚至发生不愉快的口角。另外，还需注意，看年龄称呼人，要力求准确，否则会闹笑话。比如，看到一位20多岁的女士就称"大嫂"，可实际上她还没结婚，这就会使她不高兴，不如称她"大姐"更为合适。

2. 考虑对方的职业特征

随着改革开放的深入发展，人们的社会交往日渐频繁和复杂，人们相互之间的称呼也就越来越多样化，既不能都叫"师傅"，也不能统称"同志"。对外企的经理，对外商，对港台同胞、外籍华人，用"先生"、"太太"、"小姐"、"夫人"称呼会使他们感到自然亲切。

3. 考虑与对方的亲疏关系

在称呼别人的时候，还要考虑自己与对方之间关系的亲疏远近。比如，和你的兄弟姐妹、同窗好友、同一车间班组的伙伴见面时，直呼其名更显得亲密无间，一本正经地冠以"同志"、"班长"、"小姐"之类的称呼，反倒显得外道、疏远了。

在与多人同时打招呼时，更要注意亲疏远近和主次关系。一般来说，按年龄以先长后幼、按职位先上后下、按性别先女后男、按关系先疏后亲为宜；在外交场合，宴请外宾时，这种称呼先后有序更为重要。

4. 考虑说话的场合

称呼上司要区别不同的场合。在日常交往中，对上司最好不称官衔，以"老张"、"老李"相称，使人感到平等、亲切，也显得平易近人，没有官架子，明智的上司会欢迎这样的称呼的。但是，如果在正式场合，如开会、与外单位接洽、谈工作时，称上司为"王经理"、"张厂长"、"赵校长"、"孙局长"等，常常是必要的，因为这能体现工作的严肃性、领导的权威性，是顺利开展工作所必需的。

5. 考虑对方的语言习惯

我国是个多民族国家，各地、各民族的方言、习俗各异。在重视推广普通话的前提下，还要注意各自的语言习惯。违背了当地的语言习惯，就可能碰钉子。

迅速找到共同话题

初次见面，由于人们性格上的差异，各自的表现也各不相同。有人生性腼腆，不喜欢与陌生人交谈；有人虽有交谈愿望，却感到无从启齿，找不到共同的话题，没有办法交谈。他们或局促一角，尴尬窘迫；或欲言又止，话不成句；或说话生硬，遭人误解……产生这种现象的原因是缺乏和陌生人交谈的勇气和技巧。

交谈前要充满信心，要相信自己能够自如地交谈；然后寻找适合双方的共同话题，就能使谈话融洽自如。一个好话题，是双方初步交谈的媒介，深入细谈的基础，纵情畅谈的开端。

不妨从天气、籍贯、兴趣和衣着等方面聊起。这样既不易触及对方感情的敏感处，又不易引起对方的反感和为难。

初次见面，寻找合适的话题，除了能消除彼此的紧张感、陌生感外，有时还可以为你带来意想不到的效果和收获。

同陌生人谈话最重要的就是能够尽快地找到双方的共同点。怎样才能找到初次见面的人与自己的共同点呢？

1. 察言观色，寻找共同点

一个人的心理状态、精神追求、生活爱好等，都或多或少地在他们的服饰、表情、谈吐、举止等方面有所表现。只要你善于观察，就会发现你们的共同点。你要从察言观色发现的东西里面，找到与自己的情趣爱好的共同点。只有当你自己对此也有兴趣时，才有可能打破沉寂的气氛。否则，即使发现了共同点，也还会无话可讲，或讲一两句就"卡壳"了。

2. 以话试探，侦察共同点

陌生人相遇，为了打破沉默的局面，开口讲话是首要的。有人以招呼开场，有人以动作开场，一边帮对方做某些急需帮助的事，一边以话试探；有的通过借书借报，来展开交谈。以开头几句试探性的话，或询问，或对某事谈论自己的感受，借以观察对方的反应，便可以了解到你与对方是否存在共同点。

3. 听人介绍，猜度共同点

去朋友家串门，遇到有陌生人在座，作为主人，会马上为你们介绍，说明陌生人、你与主人的关系，各自的身份、工作单位，甚至个性特点、爱好等。细心人从介绍中马上就可发现对方与自己有什么共同之处。

4. 揣摩谈话，探索共同点

要想寻找陌生人同自己的共同点，可以认真倾听对方同别人的谈话并对此进行认真地分析、揣摩，也可以在对方和自己交谈时揣摩对方的话语，从中发现共同点。通过细心揣摩对方的谈话，可以找出对方与你存在的共同点，使陌生的路人变为熟人，进而发展成为朋友。

5. 步步深入，挖掘共同点

发现共同点是不太难的，但这并非只是谈话的初级阶段所需要的，如果你想与对方进行深入地交流，同样需要寻求双方更多的共同点。随着交谈内容的深入，你会发现你们之间的共同点会越来越多。为了使交谈更有益于对方，你必须一步步地挖掘深层次的共同点，才能如愿以偿。

寻找共同点的方法还很多，如面临的共同的生活环境，共同的工作任务，共同的行路方向，共同的生活习惯等。只要仔细寻找双方的共同点，与陌生人无话可讲的局面是不难打破的。

激起对方的说话欲望

生活中的每个人都渴望友谊，希望拥有更多的朋友。但朋友都是由陌生人发展而来，有相当一部分朋友是萍水相逢时认识的。在风光绮丽的景区、在熙攘喧闹的汽车上或者在小型聚会上，凭一个会心的微笑、几句得体的幽默话、一个礼貌的动作等，都可以与他人相识。关键是得找出交往的契机，主动伸出友谊之手，打开对陌生人关闭着的心灵之门。然而不是所有的人都是善谈的，有的人比较沉默寡言，虽然有交谈的欲望，却不知从何谈起。这就需要其中的一方改变态度，率先向对方发出友好信号，激起对方的谈话欲望，达到交流的目的。

假若你的一个话题使对方产生了浓厚的兴趣，那么无论他是一个如何沉默的人，他都会发表一些言论的。因此你在谈话的停滞之中，一定要想法寻找并且不断地激起对方的兴趣，使谈话能够一直持续下去。

当你对做父母的人称赞他们的孩子，甚至表示你对那孩子感兴趣时，那么孩子的父母很快便会成为你的朋友了。给他们一个谈论其孩子的机会，则他们就会很自然而又无所顾忌地滔滔不绝了。

与陌生人见面，要善于倾听，主动地关心他人，还可以通过慷慨的给予帮助来激发他们的谈话欲望。

一般来说，初次相见或不太熟悉时，没有谁愿意向有困难的陌生人施舍什么帮助，因为他们怕不清楚对方的底细而帮出麻烦来。这种想法固然有一定的道理，但正是这"一定的道理"把自己结识别人的大好机会给赶跑了。善于交际的人是不会这么想的，他们认为与人方便即自己也方便，只有放下顾虑、慷慨解囊，才能赢得别人的感激与好感——这恰是一座沟通感情的桥梁。

对于那些腼腆的人，交谈者应主动寻找话题，消除对方的紧张感。

朋友相交，重在交流。由陌生人到朋友，需要通过深入地交流才会相互了解。要达到深入交流的效果，就要在掌握交谈艺术的同时激发对方的谈话欲望，只有这样才能彼此加深了解，从陌生走向熟悉，进而成为朋友。

第六章　一切从赞美开始

——说话赞美经

口才圣经————

　　每一个人都希望受到周围人的称赞，希望自己的真正价值被认可，尤其是希望得到朋友的认可。虽然处在极小的天地里，但是仍然认为自己是小天地里的重要人物。对于肉麻的奉承、巴结会感到恶心，然而却渴望对方发自内心的赞扬。鉴于此，我们不妨遵守"黄金原则"："希望朋友对我们如何，我们就对他们如何。"——发自内心地称赞他。

　　林肯曾经说过："人人都喜欢受人称赞。"威廉·詹姆士也说过："人本质中最殷切的需求：渴望被肯定。"爱听赞美的话是人类的天性，人人都喜欢正面刺激，而不喜欢负面刺激。如果在人际交往中人人都乐于赞扬他人，善于夸奖他人的长处，那么，人际间的愉快度将会大大增加。

赞美的魅力

戴尔·卡耐基在《人性的弱点》中提到："要想不引起憎恨又不伤害感情而达到预期的目的，第一个信条是：从正面赞美对手。"关于赞美的作用，美国著名作家马克·吐温甚至这样说："仅凭一句赞美的话语就可以活上两个月。"

老狐狸说过："真诚的赞美好比在平静沉闷的湖面上打了一个漂亮的水漂，能够激起层层浪花、阵阵涟漪，使整个气氛变得生动活泼起来。"在说话中，适当运用赞美的艺术会对缩短交流双方的距离、密切彼此的关系，为心灵沟通打下很好的基础。一般来说，赞美的话人人爱听，人们受到赞美，都会表现出心情愉快，信心大增，自身受到肯定的同时也容易对称赞者产生好感。但赞美也需要一定的技巧。

过于夸张的赞美反而让对方感到尴尬，失实或不恰当的赞美则显得虚伪，因此，赞美不仅要真诚更要善于发现一个人真正值得真诚赞美的地方。比如，对老年人应该更多地赞美他光荣辉煌的过去、健康的身体、幸福的家庭或有出息的儿女等；对年轻母亲赞美她的小孩往往比直接赞美她本人更有效……

卡耐基讲过这样一个故事：

有一次，我到邮局去寄一封挂号信，人很多，我排着队。我发现那位管挂号的职员对自己的工作已经很不耐烦——称信件、卖邮票、找零钱、写发票，我想：可能是他今天碰到了什么不愉快的事情，也许是年复一年地干着单调重复的工作，早就烦了。因此，我对自己说："我要使这位仁兄喜欢我。显然，要使他喜欢我，我必须说一些令他高兴的话。"所以我就问自己，"他有什么真的值得我欣赏的吗？"稍加用心，我立即就在他身上看到了我非常欣赏的一点。

因此，当他在称我的信件的时候，我很热诚地说："我真的很希望有您这种头发。"

他抬起头，有点惊讶，面带微笑。

"嘿，不像以前那么好看了。"他谦虚地回答。

"虽然你的头发失去了一点原有的光泽，但仍然很好看。"

听了我的话，他高兴极了，对待工作也一下子显得积极起来。

我们愉快地谈了一会儿，我寄完信临走时，他竟兴奋地对我说："很多人都称赞过我的头发。"

我敢打赌，这位仁兄当天接下来的工作时间里一定工作得很愉快；我敢打赌，他回家以后，一定会跟他的太太提到这件事；我敢打赌，他一定会对着镜子说："这的确是一头美丽的头发。"

想到这些，我也非常高兴。

赞美与奉承的两个区别

赞美是一种说话的艺术，正确运用这门艺术，会使被赞美者心情愉快，而作为赞美者自己，也会从中感到快乐甚至感到幸福。

但是，在这里我们有必要弄清楚这样一个问题：真诚的赞美和奉承究竟有什么不同。因为弄清楚这个问题，是使那些不愿赞美他人者"赞口常开"的关键。

有只乌鸦偷到一块肉，衔着站在大树上。路过此地的狐狸看见后，口水直流，很想把肉弄到手。它便站在树下，大肆夸奖乌鸦的身体魁梧、羽毛美丽，还说它应该成为鸟类之王，若能发出声音，那就更当之无愧了。乌鸦为了要显示它能发出声音，便张嘴放声大叫，而那块肉掉到了树下。狐狸跑上去，抢到了那块肉。

赞美与奉承有本质的区别。赞美是真诚、热忱的，是出于真实的感觉，绝不能掺杂任何不良的用心；同时，赞美是对别人的优点和长处充分肯定，是为满足别人对于尊重和友爱的需要，给别人以精神上的激励和鼓舞。而奉承他人则是宁肯牺牲自己的尊严去恭维人，是出于某种不可告人的企图，明显的是趋炎附势，巴结讨好权威（老狐狸偶尔也会奉承别人，呃，你知道的，世界并不像看上去那样祥和）。正如卡耐基所说："奉承是从牙缝中挤出来的，而赞美是发自心灵的。"

第一个区别：是否发自内心。真诚的赞美起源于内心深处的一种"美感"，一种冲动。它反映了一个人对另一个人的认可：外表漂亮，言谈合自己的口味，行动敏捷，品格高尚……即在两个人之中，其中一个人在另一个人身上发现了符合自己理想和价值标准的可贵之处。我们认识这个人、了解这个人的时候，已经有一种无形的力量促使自己要去赞美他的一些优点。

但是奉承却不同，它不是发自内心世界的对另一个人的认可和钦佩，而是基于内心世界早已存在的一种目的，一种对眼前或日后能够收到"回报"的投资。奉承者在"赞美"他人的时候，脸上虽眉飞色舞，但却有几分不自在；他的词语是火辣辣的，但他的内心却是一片冰冷。他在赞美一个人的时候，心里想着的只是如何顺利地办完与自己利益攸关的事，如何获得自我的满足。

第二个区别：真诚的赞美是实事求是、有理有据的赞，而奉承则是凭空捏造、无理无据的捧。一个真诚的人，在赞美别人的时候，非常有针对性和分寸。他们知道哪些应该讴歌，哪些应该提醒注意，哪些应该反对。在他们看来，真正的十全十美是不存在的，事物不存在完美，人更不存在十全十美。因而他们对一个人的评价，根本不会用"最最"这些字眼，也不会用"他没有缺点"这些措辞去评价一个人。

奉承者无事生非。他们把只能用一般词语赞美的东西任意扩大。大事特夸、小事大夸、无事也要夸是这些人的特点。其中有些"佼佼者"，把一个人的优点能转变成缺点，把一个人的缺点又同样能转变成优点，因而他们在领导、上级面前，时常"义正色严"诋毁别人，以博取欢心，而心里却打着自己的主意。他们在"赞美"一个人的时候，心里会说"这个人喜欢被人拍，我就多拍一拍他吧"，或者"他喜欢坐轿，我就抬一抬吧，总有一日要把他摔下来"，因而他们在赞美一个人的时候，会自以为聪明地向旁人挤眉弄眼，以显示自己非凡的本领。

使别人快乐和讨对方喜欢是两件不同的事。使别人快乐考虑的是别人而不是自己，讨对方喜欢则刚好相反，它处处计较个人的得失。

赞美是一种有特色的说话艺术，能恰如其分地赞美别人，既可以增添我们的自信心，也可以提高我们说话的胆量。愿你把握分寸，真心地赞美你周围值得赞美的人。

每个人都渴望被赞美

老狐狸喜欢赞美人，因为人总是喜欢被赞美的，无论是咿呀学语的孩子，还是白发苍苍的老翁。人在任何时候都有一种被人肯定，被人赞美的强烈欲望。有位企业家说："人都是活在掌声中的，当部属被上司肯定、受到奖赏时，他就会更加卖力地工作。"卡耐基也曾说过："当我们想改变别人时，为什么不用赞美来代替责备呢？纵然部属只有一点点进步，我们也应该赞美他。因为，那才能激励别人不断地改进自己。"

美国历史上第一个年薪过百万的管理人员叫史考伯，他是美国钢铁公司总经理。记者曾问他："你的老板为什么愿意1年付你超过100万美元的薪金，你到底有什么本事？"史考伯回答："我对钢铁懂得并不多，我的最大本事是我能使员工鼓舞起来。而鼓舞员工的最好方法，就是表现真诚的赞赏和鼓励。"

说穿了，史考伯就是凭他会赞美人，而年薪超过100万美元。赞美是说话的艺术，合乎人性的法则。适当得体的赞美，会使人感到开心、快乐。

1. 赞美给人以信心

多年前，有一个伦敦的男孩在一家布店当店员，早上5点钟他就要起床，打扫全店，每天干十几个小时的工作，那简直是苦工、奴隶。2年后，男孩再也不愿忍受了，一天早晨起床后，男孩连早餐都没吃，跑了13里路，去找他在别人家里当管家的妈妈商量。他一边哭泣，一边发狂地向妈妈请求不再做那份工作了，并发誓，如果再留在那店里，他就要自杀。而后，他又给老校长写了一封言辞悲惨的信，说明他心已破碎，不愿再生。他的老校长看信后，给了他一点赞美，诚恳地对他讲，他实在是很聪明，应该适于更好的工作，并给他一个教员的位置。从此，那个赞美改变了那个男孩的未来，在英国文学史上，曾创作了76本书，留下了永久的形象。他的名字就是韦尔斯。

称赞最微小进步的同时，要称赞每一个进步，并要"诚于嘉许宽于称道"。

2. 赞美使女孩获得成功

有一个女孩，5岁就开始登台演唱。她有着优美的歌声，她的天才从一开始就显现无疑。长大后，她的家人请了一个很有名的声乐老师来训练她，不论何时，只要这女孩一想到放弃或节奏稍微不对，老师都会很细心地指正。经过一段时间后，她嫁给了他。婚后他还是她的老师，但是她的朋友们发现她那优美自然的歌声已有了变化，声带拉紧、硬绷绷的，不再像以前那样动听。渐渐地，邀请她去演唱的机会越来越少。最后，几乎没有人邀请她了。而这时，她的丈夫——也是她的老师——去世了。

此后几年，她很少演唱，她的才能似乎枯竭了，直到有一位推销员追求她。每当她哼着小调或一个乐曲旋律时，他都会惊叹歌声的美妙。"再唱一首，亲爱的，你有全世界最美的歌喉。"他总是这样说。事实上，他并不确知她唱得好不好，但是他确实非常喜欢她的歌声，所以他一直对她大加赞扬。她的自信心开始恢复了，她又开始前往世界各地演唱。后来，她嫁给了这位"良好的发现者"，又重新开始了成功的歌唱生涯。

赞美他人，照亮自己

在生活的世界里，有很多人和事值得我们去赞美，去讴歌，去为之心动神怡。攀华山绝壁，观泰山日出，踏天山的雪，听东海的涛，使我们忘却千山万水，踏破铁鞋，一睹无恨。即使对于那些平凡的事物，我们也要在"那么一刻"发出惊人的感叹：嫩芽爬出枝头，春天来啦！或者白雪茫茫，不觉吟诵"只识弯弓射大雕"，豪迈的情调也会由此而生。

赞美他人，是一件使人与人之间感情融洽的、于人于己有益无害的事情。真诚地、恰当地赞美他人，则好似增强人与人之间友谊的润滑剂，使自己容易被人接受。如果我们与人交往时易被人接受，易使人亲近，这无疑会给我们增添许多信心，使我们更大胆地说话，更有勇气参加社交活动。所以，从某种意义上说，能够用艺术中肯地赞美他人，也会增添我们说话的信心和魅力。

环顾你的周围，你就会发现除了某些共有的缺点之外，我们每个人都拥有一些别人所没有或不能拥有的优点：小王是把钱看重了一点，但他富有正义感；小李文化不高，但言谈比一些大学生还要有礼；小张不会跳舞，但歌唱得非常好……也许在我们的办公室中，我们的同事就有一些我们想学却学不到、想模仿却模仿不了的优点：他成天快活，我则是一脸苦相；她口齿伶俐，而我呆嘴笨舌……

我们生活在重负的时代里——物质上、生活环境上都决定了我们不可能有太多的享受：想长生不老，不行；想上月球旅行，也只有那么几个人可以。然而我们不要苦了自己，要创造个人的幸福；而要创造幸福，就要求我们用一种赞美的态度去欣赏我们周围的人和事物。当你认为这个人可爱时，大胆一点，说一声："你好漂亮啊！"

"赞美"这种东西，不是出自我们的口，而是出自我们的内心世界。一个对生活充满绝望，不抱理想的人，对周围人和事物的态度不可能持乐观和赞美的观点，有的只是冷酷和愤世嫉俗。

当然，我们也不要忘记了一种例外。这就是那些对生活持消极态度和愤世嫉俗的人，在某种场合，也会说一些赞美的话。《老山羊和狼》的故事，相信大家都读过；为了达成一笔大交易，那些守财奴也会把你拉到歌舞厅，拍着你的肩膀夸你"真有本事"。

对于一些有经验的人，颇能分辨出真假赞美之词，因为他们具有洞悉心灵的本领。而对于那些缺乏经验的人，便不具备这种才能，这也使他们因为听了不实的赞美之词而昏昏然，铸成大错。

但是一个靠以口头赞美别人为生的人，在这个社会是难以被大家接受的。经常性地把说赞美之词当饭吃的人，到头来学无长进，亲友疏远，夫妻反目，还是要害自己的。因此，在赞美人家的时候，别忘了你的内心一定要真诚。

赞美既然是发自内心，那么作为赞美者，自己的内心必然要受到震撼，人格得到升华，对美的体验也便强烈一些；而作为被赞美者，便知道自己的长处，并继而追求至善至美。

特别是在丑恶、争斗和不正之风盛行的环境里，对美的人、物的赞美便构成了一种支持、一种无形的力量。它使我们更易于发现真善美。

在实际生活中，赞美帮助我们赢得了朋友。我们所拥有的众多朋友，都是因为我们在内心深处赞美他们、接受他们而获得的，因为这些朋友都在这方面或那方面拥有我们不能有的优点。我们赞美他们，他们也赞美我们，彼此之间的距离也就缩短了。我们并不要求他们与我们有相同的文化、相同的成长背景、相同的专业爱好。我们只求他们其中的一点，或诚实可靠、或处事稳健、或富于幽默感，就足以"使我惭愧、促我自新"了。

赞美别人照亮了我们的生活，也创造了我们和谐的工作环境。在很多人眼里，持"同事是敌人"的观点的恐怕不少，因而对于周围的人取得的成绩，爱嫉妒、爱贬低或喜欢从侧面去找岔子。

有位大学生在刚参加工作的时候也是这样：那一年评"先进工作者"没有他的名，虽然他从业务素质到实干精神自己都认为不错。第一天，他为此而伤脑筋睡不着觉，甚至想起了被评上的那位同事的几个不足：备课笔记是用了好几年的，在上课时与学生乱开玩笑。他真想破门而出，让大家都知道要评他该多好！可是他转而想了一下自己的不足，又认为采取另一种方式会更好：大家都是同事，共事的时间还很长，不要为这种小事而破坏了关系。第二天，他便向被评上者表示祝贺。他对别人的赞美的态度使他一下子解脱了出来，而且他们的友情也从此开始了。其实，在很多同事或朋友之间，这种和谐的气氛就是通过互相赞美而产生的。

老狐狸认为，赞美可以缩短人与人之间的距离，为我们赢得友情和坚强的团体；然而赞美的最大好处还在于使被赞美者获得提高。你赞美一个人勇敢的时候，这个人会变得更加勇敢；你赞美一个人正直的时候，这个人会变得更加正直。

赞美的六个前提条件

赞美是一门艺术，合理的赞美有六个前提条件。

1. 要有根有据，不能言不由衷或言过其实

赞美要有根有据，如果言不由衷或言过其实，对方就会怀疑赞美者的真实目的。

清代的左宗棠平素喜欢牛，认为牛能任重致远，他甚至把自己看作是牵牛星降世。他曾经在自己的后花园开凿水池，左右各列着一个石人，一个似牛郎，一个似织女，并且在旁边立着石牛，隐寓自负之意。

左宗棠身体肥胖，大腹便便。他曾经在茶余饭后捧着自己的肚子说："将军不负腹，腹亦不负将军。"一天，他捧着自己的肚子问手下人："你们知道我这腹中装的是什么东西吗？"有的说是满腹文章，有的说是满腹经纶，有的说腹中有十万甲兵，有的干脆说腹中包罗万象。左宗棠听了后连说："否，否！"忽然有位小校出来大声说："将军之腹，装满了马绊筋。"左宗棠听了拍案大加赞赏说："是，是！"小校因此而受到提拔。

湖南人喊牛吃的草为"马绊筋"。小校的回答正是抓住了左宗棠的心境，与他的夙志相符，所以受到左宗棠的赞赏。

2. 要雪中送炭，不要锦上添花

最有效的赞美不是"锦上添花"，而是"雪中送炭"。最需要赞美的不是那些早已扬名天下的人，而是那些自卑感很强的人，尤其是那些被压抑、自信心不足或总受批评的人。他们一旦被人真诚地赞美，就有可能使尊严复苏，自尊心、自信心倍增，精神面貌从此焕然一新。

在19世纪初期，伦敦有位年轻人想当一名作家。他好像什么事都不顺利。他几乎有4年的时间没上学。他的父亲因无法偿还债务，被迫入狱，而这位年轻人还时常遭受饥饿之苦。最后，他找到一份工作，在一个老鼠横行的货仓里贴鞋油底的标签，晚上在一间阴森寂静的房子里，和另外两个男孩一起睡。就在这个货仓里，他写稿寄出去，可是一个接一个的稿件被退回，最后有一位编辑承认并夸奖了他，由于这句夸奖，使他受到了极大的激励，眼泪流到了他的双颊。这个男孩的名字叫查尔斯·狄更斯。

假如不是那位编辑的夸奖，狄更斯很可能永远成不了作家，更不用说成为世界著名作家。这就是妙语激励的神奇效果。

3. 内容要具体，不能含糊其辞

赞美要具体，不能含糊其辞。含糊其辞的赞美可能会使对方混乱、窘迫，甚至紧张。赞美越具体，说明你对他越了解，从而拉近人际关系。

克莱斯勒公司为罗斯福总统制造了一辆汽车，因为他下肢瘫痪，不能使用普通的小汽车。工程师把汽车送到了白宫，总统立刻对它表示了极大的兴趣。他说："我觉得不可思议，你只要按按钮，车子就开起来，驾驶毫不费力，真妙。"他的朋友和同事们也在一旁欣赏汽车。总统当着大家的面夸奖："我真感谢你们花费时间和精力研制了这辆车，这是件了不起的事。"总统接着欣赏了散热器、特制后视镜、钟、车灯等，换句话说，他注意并提到了每一个细节，他知道工人为这些细节花费了不少心思。总统坚持让他的夫人、劳工部长和他的秘书注意这些装置。

这种具体化的赞美让人感觉到真心实意。

4. 要恰如其分，不能掺一点水分

恰如其分就是避免空泛、含混、夸大，而要具体、确切。赞美不一定非是一件大事不可，即使是别人一个很小的优点或长处，只要能给予恰如其分的赞美，同样能收到好的效果。

一次会议上，何处长在总结工作时提到发表文章比较多的小杨时表扬道："小杨同志肯动脑子，好钻研，近来成果很多，发表了7篇文章，其他年轻同志要向他学习，搞些成果出来。"话音未落，就有一位年轻的部下插话说："水平不能以文章来定，文章的好差不能以发表的多少来定。发表文章多并不一定说水平高，那有可能是文字垃圾多。有的人一辈子就发表一篇或几篇文章，影响却大，难道说水平低吗？"处长被问了个瞠目结舌，不得不解释一番。结果弄得谁都扫兴而归。

这个何处长的尴尬不在于他没有根据，而是有据却无理。他的表扬经不起推敲，有水分，太夸张，所以其他人心里不痛快，把他的赞美给堵了回去。

5. 要把握时机，不要拖延

赞美别人要善于把握时机，因为赏不逾时。一旦发现别人有值得赞美的地方，马上要发掘出表扬的道理当众表扬他，不要拖拉，也不必要积累到一起再找时机表扬。事情就是这样，当其他人看到某人的成绩或优点时，嫉妒心可能萌发，为寻求心理平衡可能会攻击或找到攻击别人的理由，所以赞美"留到以后再说"，难度可能更大。

　　有一次，曾国藩召集诸将议论军务，他先发言道："诸位都知道，洪秀全是从长江上游东下而占据江宁的，现湖北、江西均为我收复，江宁之上，仅存皖省，若皖省克复，江宁则早晚必成孤城。"此时，一向沉默寡言的李续宾从曾国藩的话中意识到了下一步的用兵重点，就试探着插话问道："大帅的意思是要进兵安徽？""对！"曾国藩见李续宾听出了自己话中的真意，便以赏识的口气说："续宾说得不错，看来你平日对此已有思考。为将者，踏营攻寨算路程等尚在其次，重要的是胸有全局，规划宏远，这才是大将之才。续宾在这点上，比诸位要略胜一筹。"其他将领也连连点头，认为曾国藩说得不错。

　　曾国藩是很善于赞扬别人的，他听完李续宾的发问后，立即抓住时机，准确及时地给予大力赞扬。这在李续宾听来无疑是增强自信心；在其他人听来，也仿佛接受了一次教导。一次准确及时的赞扬，得到了两个好的结果。

6. 要真心诚意，不能虚伪

　　有的人在赞扬别人时，只想着树立自己个人的威信，收买人心，实际上并没有表现出欣赏的诚意，无论是被表扬者，还是其他人都像被猴耍一般，这样的赞美根本不起作用。所以赞美要表示出真心诚意。

　　北魏太武帝拓跋焘欣赏崔浩的才能，聘他为顾问，并鼓励他集思广益、敢于进谏。在一次宫廷酒宴上，太武帝对着群臣发自内心地称赞身边的崔浩说："你们看他纤瘦懦弱，手不弯弓持矛，但他胸中所怀的却远远超过甲兵之勇。朕开始时虽有征讨之意，但思虑犹豫不能决断，最后克敌制胜，都是他引导我走到今天这一步的。"话中充满了诚意。

　　富兰克林说："诚实是最好的政策。"聪明的领导在表扬下属时，最好的方法就是要真诚。太武帝对崔浩的赞美没有半点虚伪，坦诚之情历历可见。

赞美的四个方式

　　赞美是欣赏，是感谢，给人的喜悦是无可比拟的。一副冷漠的面孔和一张缺乏热情的嘴是最使人失望的。怎样赞美呢？老狐狸为你推荐以下四种方式。

1. 直接式

赞美他人最常见的方式就是直接赞美。特别是上级对下级、老师对学生、长辈对晚辈。它的特点是及时、直接。

被誉为"近代物理学之父"的爱因斯坦平日酷爱音乐，喜欢弹钢琴，擅长拉小提琴。有一年，他应邀去比利时访问，比利时国王和王后都是他的朋友。王后也是一个音乐迷，会拉小提琴。他和王后在一起合奏弦乐四重奏，合作得非常成功。爱因斯坦对王后说："您奏得太好了！说真的，您完全可以不要王后这个职业。"听了爱因斯坦的赞美，王后为此很是兴奋了一阵。

2. 间接式

在日常生活中，如果我们想赞美一个人，不便对他当面说出或没有机会向他说出时，可以在他的朋友或同事面前，适时地赞美一番。这样收到的效果会更好。

南北战争开始时，北方联军连吃败仗。后来林肯大胆启用了一位将军——格兰特。他出身平民，衣着不整，言语粗俗，行为莽撞，有人还说他是个酒鬼。林肯心里明白，所有对他的传言都是夸大之辞……后来，竟然有人要求林肯撤掉格兰特的军职，其理由是说他喝酒太多。林肯则不以为然，他赞扬格兰特说："格兰特总是打胜仗，要是我知道他喝的是哪种酒，我一定要把那种酒送给别的将军喝。"格兰特没有辜负林肯的信任，为结束南北战争立下了赫赫战功，证明自己的确是一位能力卓越的将军。后来，他成为了美国第十八任总统。

3. 激情式

朋友之间需要赞美，同事之间需要赞美，恋人之间更需要赞美。赞美既是获取爱情的催熟剂，又是缓和矛盾的润滑剂，还是保持感情的稳定剂。正如拿破仑所说："从来没有哪个女人像你这样受到如此忠贞、如此火热、如此情意缠绵的爱！"对他的女神，拿破仑总是不吝啬赞美。

情人眼里出西施，在拿破仑眼中，他的妻子约瑟芬是天下最有魅力的女人。他用尽了一切华美的、无与伦比的词语去赞美她。拿破仑在行军中给约瑟芬写信说："我从没想到过任何别的女人，在我看来，她们都没有风度，不美，不机敏！你，只有你能够吸引我，你占有了我整个心灵。"他有一次甚至在约瑟芬耳边以哀求的语气说："啊！我祈求你，让我看看你的缺点；请不要那么漂亮、那么优雅、那么温柔和那么善良吧；尤其是再不要哭泣；你的泪水卷走了我的理智，点燃了我的血液。"

对于心爱的人，拿破仑无法掩饰自己的赞美之情，这种激情式赞美使约瑟芬十分满足。

4. 意外式

出乎意料地赞美，会令人惊喜。丈夫工作一天后回家，见妻子已摆好了饭菜，称赞妻子几句；老师见学生把教室打扫得干干净净，夸奖一番。在学生看来是应该的，却得到老师的赞美，心情是无比愉悦的。

有时，赞美的内容出乎对方的意料，也会引起对方的好感。

某将军在战场上攻无不克、战无不胜，可谓英姿飒爽、出尽风头。当别人频频跷起大拇指称赞他"真是位了不起的军事家"时，他总是无动于衷，因为打胜仗对他来说是最为平常不过的事了。而当有人看着他的胡须说"将军，您的胡须可真美，简直能与美髯公相媲美"时，将军却像孩子般地笑了。

赞美的五大效果

赞美的效果表现在以下五个方面。

1. 能缓和矛盾

人与人相处，产生矛盾在所难免，夫妻也不例外。对此，一旦有了纷争，即使认为自己一方在理，也要避免过分的数落、指责对方。这时候，最好的方式是使用调侃、幽默的言语，浇灭对方的怒气，达到释疑解纷的效果。

有一妻子虚荣心重，当夫妻商量出席友人婚礼时，她缠着丈夫要买一种昂贵的花帽。此时正值这对夫妻闹经济危机，丈夫自然不肯答应花这笔钱。争吵中，妻子赌气地说："人家小方和小刘的爱人多大方，早就给自己买了这种花帽，哪像你，小气鬼！"丈夫不愿争论，只是故意夸张地说："可是，她俩有你这样漂亮吗？我敢说，她们若有你这样美，根本就不用买帽子打扮了，是吗？"妻子一听丈夫的赞语，不觉转怒为笑，一场争吵也随之平息了。

2. 能催人奋进

人得到赞美，其喜悦心情固然无可比拟，但更重要的是赞美所产生的力量总是巨大的。它能够激发人的积极性和创造性，增添人们克服困难的勇气，甚至使人创造出种种奇迹来。

有甲乙两猎人，各猎得两只野兔。甲的女人看见冷冷地说："只打到了两只吗？"甲猎人心中不悦，"你以为很容易打到吗？"他心里如此埋怨着。第二天他故意空手回家，让她知道打猎是不容易的事情。乙猎人所遇则恰好相反。他的女人看见他带回了两只野兔，就欢天喜地地说："你竟打了两只吗？"乙猎人听了心中喜悦，"两只算得什么！"他高兴得有点骄傲地回答他的女人。第二天，他带回了4只！

这是赞美的魅力。

3. 能给人力量

一个女孩迷上了小提琴，每晚在家拉个不停，家里人不堪这种"锯床腿"的干扰，每每向小女孩求饶。小女孩一气之下跑到一处幽静的树林，独自奏完一曲。突然听到一位老妇的赞许声，老人继而说："我的耳朵聋了，什么也听不见，只是感觉你拉得不错！"于是，小女孩每天清晨来这里为老人拉琴。每奏完一曲，老人都连声赞叹："谢谢，拉得真不错！"终于有一天，小女孩的家人发现，小女孩拉琴早已不是"锯床腿"了，便惊奇地问她是否有什么名师指点。这时，小女孩才知道，树林中那位老妇是著名的器乐教授，而她的耳朵竟然从未聋过！一个优秀的小提琴手就这样诞生了，是赞美给了她力量！

4. 能遂己愿

有一位美国的老妇人向史蒂夫·哈维推销保险。她带来了一份全年的哈维主编的杂志《希尔的黄金定律》，滔滔不绝地向他谈她读杂志的感受，赞誉他"所从事的，是今天世界上任何人都比不上的最美好的工作"。她迷人的谈话将主编迷惑了75分钟，直到访问的最后5分钟，才巧妙地介绍自己所推销的保险的长处。就这样，老妇人成交了指定购买的保险金额5倍的保险业务。

5. 能摆脱纠缠

有一位白领女性，相貌出众，在某家公司负责产品销售策划。一次下班后，公司经理主动邀请她："小姐，晚上陪我吃夜宵好吗？"她不得不按时赴约。见面后，经理喜出望外，情意绵绵。两人边吃边谈，女子竭力向经理劝酒，滔滔不绝地向他介绍公司的发展计划，并不时赞美经理，称他是一位有修养、有气质、讲信用、受人尊敬的现代企业家。经理颇为得意，故做谦虚道："你过奖了。"最后两人共舞一曲而告终。临别时经理握住女子的手，郑重地说："你是个自尊自爱的女子！我心里会永远记得你这完美的女孩形象。"

多谈对方的得意之事

老狐狸喜欢交谈，尤其喜欢谈对方得意的事——那意味着，通常时候，它都能得到好处。

现实生活中，无论是与朋友还是客户交谈，不妨多谈谈对方的得意之事，这样容易赢得对方的认同。如果恰到好处，他肯定会高兴，并对你有好感。

美国著名的柯达公司创始人伊斯曼，捐赠巨款在罗彻斯特建造一座音乐堂、一座纪念馆和一座戏院。为承接这批建筑物内的坐椅，许多制造商展开了激烈的竞争。但是，找伊斯曼谈生意的商人无不乘兴而来，败兴而归，一无所获。正是在这样的情况下，"优美座位公司"的经理亚当森，前来会见伊斯曼，希望能够得到这笔价值9万美元的生意。

伊斯曼的秘书在引见亚当森前，就对亚当森说："我知道您急于想得到这批订货，但我现在可以告诉您，如果您占用了伊斯曼先生5分钟以上的时间，您就完了。他是一个很严厉的大忙人，所以您进去后要快快地讲。"亚当森微笑着点头称是。

亚当森被引进伊斯曼的办公室后，看见伊斯曼正埋头于桌上的一堆文件，于是静静地站在那里仔细地打量起这间办公室来。

过了一会儿，伊斯曼抬起头来，发现了亚当森，便问道："先生有何见教？"

秘书把亚当森做了简单的介绍后，便退了出去。这时，亚当森没有谈生意，而是说："伊斯曼先生，在我等您的时候，我仔细地观察了您这间办公室。我本人长期从事室内的木工装修，但从来没见过装修得这么精致的办公室。"

伊期曼回答说："哎呀！您提醒了我差不多忘记了的事情。这间办公室是我亲自设计的，当初刚建好的时候，我喜欢极了。但是后来一忙，一连几个星期我都没有机会仔细欣赏一下这个房间。"

亚当森走到墙边，用手在木板上一擦，说："我想这是英国橡木，是不是？意大利的橡木质地不是这样的。"

"是的，"伊斯曼高兴得站起身来回答说："那是从英国进口的橡木，是我的一位专门研究室内橡木的朋友专程去英国为我订的货。"

伊斯曼心情极好，便带着亚当森仔细地参观起办公室来了。

他把办公室内所有的装饰一件件向亚当森做介绍，从木质谈到比例，又从比例扯到颜色，从手艺谈到价格，然后又详细地介绍了他设计的经过。

此时，亚当森微笑着聆听，饶有兴致。他看到伊斯曼谈兴正浓，便好奇地询问起他的经历。伊斯曼便向他讲述了自己苦难的青少年时代的生活，母子俩如何在贫困中挣扎的情景，自己发明柯达相机的经过，以及自己打算为社会所做的巨额的捐赠……

亚当森由衷地赞扬他的功德心。

本来秘书警告过亚当森，谈话不要超过5分钟。结果，亚当森和伊斯曼谈了一个小时，又一个小时，一直谈到中午。

最后，伊斯曼对亚当森说："上次我在日本买了几张椅子，放在我家的走廊里，由于日晒，都脱了漆。昨天我上街买了油漆，打算由我自己把它们重新油好。您有兴趣看看我的油漆表演吗？好了，到我家里和我一起吃午饭，再看看我的手艺。"

午饭以后，伊斯曼便动手，把椅子一一漆好，并深感自豪。直到亚当森告别的时候，两人都未谈及生意。

最后，亚当森不但得到了大批的订单，而且和伊斯曼结下了终身的友谊。

为什么伊斯曼把这笔大生意给了亚当森，而没给别人？这与亚当森的口才很有关系。如果他一进办公室就谈生意，十有八九要被赶出来。亚当森成功的诀窍，就在于他了解谈判对象。他从伊斯曼的办公室入手，巧妙地赞扬了伊斯曼的成就，谈得更多的是伊斯曼的得意之事，这样，就使伊斯曼的自尊心得到了极大的满足，把他视为知己。这笔生意当然非亚当森莫属了。

不要胡乱恭维对方

凡说赞美的话，一定要切合实际，而且要言之有物。比如，到别人家里做客，与其不切实际地乱捧主人一场，不如赞美主人房间布置得别出心裁、壁上的一幅上乘之作或盆栽的精巧。若要取得他人的喜欢，我们就要尽量发现他人的兴趣并加以发挥。若主人爱狗，不妨赞美他的狗；若主人爱金鱼，则不妨说说自己如何欣赏那些鱼的美丽。赞美别人最近的工作成绩、最心爱的宠物、最费心血的设计，是比说上许多无谓虚浮的客气话更为明智。特别关心别人的某一种事物，必使人在欣喜之外还觉感激。

如果我们对别人没有清楚地研究过，就不可盲目地恭维对方。只有发自内心由衷的敬佩别人的话，才能打动别人，引起别人的好感。比如，对一个有名望有地位的人，赞美他时，我们首先要想到，他能够成为名人，一定是在自己的工作中有特殊的贡献，而在他成名之后，恭维他的工作成绩的人一定很多，积久当然也就会生厌了，若我们仍然依葫芦画瓢地用别人所用过的话来恭维他，是不会使他觉得高兴的。所以，我们的恭维若不能别出心裁，则无济于事。对这种人，最好拣工作以外的其他事情去赞美他。比如，某歌唱家喜欢在闲时写写诗，那么我们与其赞美他歌声悦耳动听，不如说他的诗写得好，因为对方成名的工作，无须我们再多恭维，而其诗写得好却无人加以注意，我们若特别提及，一定会博得他无限喜悦。所以，赞美一个普通的人，可以赞美他努力了许多而无人注意的工作，尤其是他足以自慰的工作或本领。但对于一个名人，我们却要欣赏他那些不大为别人所知的，而是他自己所得意的事情。

说话要谨慎，恭维他人的话尤其如此。我们若以为恭维的话不会得罪人，可以乱说，那就大错特错了。不切实际的恭维话、言不由衷的恭维话，都很容易闹出是非。正如我们不能随便见到妇人就赞美她漂亮一样——倘若这个女人明知自己实在称不上漂亮时，心里会觉得我们是在笑话她，定会生气。女人，我们可以赞美她漂亮，或说她活泼，或说她苗条，或说她健美，或赞美她有才智，或说她幽默，或恭维她处理家务井井有条、教子有方等。同是女人，各有所长，虽是赞美，也要加以选择。

总之，老狐狸认为，恭维他人的话，一不能乱说，二不能不分对象用同一的说法，三不能多说。

大家都这么认为

不管女人多么聪明，和男人比较起来，抽象能力总是薄弱了些，这就是说，女人对于实际的东西总是比较容易理解。而所谓的"漂亮"、"可爱"，都是抽象词语，因此非但不能打动她们的心，反而会使她们提高警觉。

为了使女人易于接受你对她的赞美，不妨改以具体的言语表现，如"你乌黑的头发很有光泽"、"你的眼睛真是迷人"等。

一般的女性不管多美，总对自己的面貌或身材，拥有或多或少的自卑感，甚至某些就男人看来根本微不足道的问题，女人也会耿耿于怀，自卑不已。

所以，男人若以抽象的言语赞美对方，反而可能让对方误以为是在讥讽她，对你再也不予信任。同样的，对方若是个美女，你不妨直接用"你长得真像刘亦菲哩"来赞美她。

人们对背后的言语是敏感的，尤其是女性，背后的话，对她们的影响力更大。女人之所以如此，大概是想知道自己并不知道的自我真实面吧！这是因为，周围的声音是最客观的了，所以，很容易让她们信以为真。

如果你去对一位初相识的女人说恭维话，相信她是不会认为自己真的那么好，这个时候你千万别太主观地对她说："你真漂亮哟！"而应该说："听朋友说过你很美丽可爱，今日一见果真名不虚传。"或者："早就听人说你们单位今年招了一位非常美丽的女孩，原来就是你啊！而且比想象的更美丽。"

像这样客观一点地对她说，她反而更容易接受。而且，她会因此对你的印象特别深刻。

如果你仅仅是强调个人的看法，她是不会相信的。要使对方认为你说的是真实的，那必须在客观中包含着主观，如此，才不会怀疑你是在假恭维。

女人，与其把你对她的赞美之词说上一百次，还不如加上一句"大家都这么认为"更为有用，因为她们天生就有让别人也认同的愿望。

第七章　笑死人不偿命

——说话幽默经

口才圣经——

社交场合离不开幽默的谈吐，它能使紧张的气氛顿时显得轻松活泼，它能让人感到说话人的温厚和善意，使其观点容易被人接受。林语堂先生说："幽默是一种人生态度。"

在生活中，无论是对于文人雅士还是对于寻常百姓，无论是亲朋好友间还是邻里夫妻间，幽默的话语几乎无处不在，它已成为一种健康的文化和艺术，是人际交往的调节剂。

幽默是一个人智慧的外现。在不愉快的气氛笼罩下，幽默的言语可以显露一个人的机智、聪敏。

幽默的四大类型

蝮蛇盘缠在一捆荆棘上，顺着河水漂流。老狐狸在河边看见后微微一笑，说："这船主与船倒很匹配。"其他的动物们听了，也会心地笑了。

117 ▶▶

幽默是人的能力、意志、个性、兴趣的综合体现，它是社交的调料。有了幽默，社交可以让人觉得醇香扑鼻，隽永甜美。它是引力强大的磁石，有了幽默的社交，便会把一颗颗散乱的心吸入它的磁场，让别人脸上绽开欢乐的笑容。它是智慧的火花，是智慧者灵感勃发的光辉；它是高级的逗笑品，幽默不一定会使你捧腹大笑，却能引起莞尔微笑。

就品种而言，幽默和笑一样丰富多彩，它有善意的、冷酷的、友好的、悲伤的、感人的、攻击性的、不动声色的、含沙射影的、不怀好意的、嘲弄的、挑逗的、和风细雨的、天真烂漫的、妙趣横生的等，这里不论属揶揄也好，属嘲笑也好，充满同情怜悯也好，纯属荒诞古怪也好，其意趣必须是从内心涌出，更甚于从头脑涌出的。只有这样，它才以一种生动感、生命感，标志出超卓的心智心力，抖展开心灵的温暖与光辉。

幽默可以分为以下几种类型，不同的人对幽默有各自的欣赏眼光。

1. 哲理性幽默

对哲学、宗教等方面有嗜好的人会对此反应强烈。他们往往能对自身弱势进行嘲笑。对这类幽默感兴趣的人并不是自虐狂，而是具有一种能坦率地承认并欣赏自己的弱点，并能超越它们的开阔胸怀，是一种令人感到和蔼可亲的谦卑。

请看下面这则妙语：

大学生请一位著名的经济学家给衰退、萧条、恐慌等词下个定义。

"这不难。"专家回答，"'衰退'时人们需要把腰带束紧。'萧条'时就很难买到扎裤子用的皮带。当人们没有裤子时，'恐慌'就开始了。"

2. 荒诞式幽默

这是以一种出乎意料的独特方式摆脱理性而产生的完美的"蠢话"。这种幽默绝不会来自傻瓜的头脑，而是高度智慧的结晶。喜欢这种类型的人理性思维较发达，追求精神的自由奔放。

有一次，英国作家狄更斯正在钓鱼，一个陌生人走到他跟前问："先生，您钓鱼？"

"是的，"狄更斯毫不迟疑地答，"今天，我钓了半天，没见一条鱼；

可是在昨天，也是在这个地方，却钓起了15条鱼！"

　　"是吗？"陌生人问，"那您知道我是谁吗？我是专门巡检偷偷钓鱼的，这带湖口禁止钓鱼！"

　　说着，那陌生人从口袋里掏出一本罚单，要记下名字罚狄更斯的款。见此情景，狄更斯忙反问道："那么，你知道我是谁吗？"

　　当那陌生人还在惊讶迷惑之际，狄更斯直言不讳地说："我是作家狄更斯，你不能罚我的款，因为虚构故事是我的职业。"

3. 社会讽刺小品

　　这是对社会风气、对人性某些灰暗面的嘲讽。酷爱这类小品的人是在以一种半超然半冷漠的态度对待世界。这种幽默的欣赏者往往以一种更开阔的视野，即所谓"上帝的眼光"来看待自己与人类自身，成为自己与人类命运自由而超然的观察者。

　　1717年，伏尔泰因为讥讽摄政王奥尔良公爵，被囚禁在巴士底狱11个月之久。出狱后，吃够了苦头的哲学家知道此人冒犯不得，便去请他宽宏大量，不计前嫌。摄政王深知伏尔泰的影响，也急于同他化干戈为玉帛。于是两人都讲了许多恰到好处的抱歉之辞。最后伏尔泰再一次表示感谢说："陛下，您真是助人为乐，为我解决了这么长时间的食宿问题，我衷心地再次向您表示感谢。可今后，您就不必再为这件事替我操心啦。"

4. 插科打诨式的"胡言乱语"

　　这是轻松的自我娱乐。对于那些刚开始体会推理之味、对世事涉足不深的年轻人来说，可能对此会兴趣盎然。

　　马克·吐温一天在美国里士满城抱怨自己的头痛。当地的一个人却对他说："这可能是你在里士满城吃的食品和呼吸空气的缘故，再也没有比里士满城更卫生的城市了，我们的死亡率现在降低到每天一个人了。"

　　马克·吐温立即对那人说："请你马上到报馆去一趟，看看今天该死的那个人死了没有？"

　　幽默形式和品种异彩纷呈，百花争妍，表明人类的幽默艺术经久不衰，生命力旺盛。当我们为它的奇光异彩所吸引时，应该看到：一如世上绝大多数事物一样，幽默也有不同品格，有的高贵文雅，启人心智；有的低级庸俗，贻害青年。对发挥幽默力量者而言，理性的判断透视是必要的。

幽默在谈吐中的五大作用

有人说："善谈者必善幽默。"

幽默风趣的谈吐，无论是在日常生活中，还是在重大的社交场合，都是离不开的。说话的幽默是指我们在谈吐中，利用语言条件，对事物表现诙谐、风趣的情趣。幽默的谈话不仅能吸引听者的注意力，而且还能与听者建立起亲密的关系。要是你的话能使听者情不自禁地笑了起来，就表明听者已完全进入了与你的思想交流之中。所以人们说幽默的谈吐是口才的标志之一。

英国有一位美貌风流的女演员，曾写信向萧伯纳求婚，并表示她不嫌萧伯纳年迈丑陋。她在信里写道："咱们的后代有你的智慧和我的外貌，那一定是十全十美的了。"

萧伯纳给她回了一封信，说她的想象很美妙，"可是，假如生下的孩子外貌像我，而智慧又像你，那又该怎样呢？"

萧伯纳这位大师，把深邃的哲理寓于幽默的谈吐之中。可以这么说，在生活中，谁都喜欢跟那些谈吐幽默、机智风趣的人交谈，而好口才的人，差不多都有这样诙谐的语言，具有极强的幽默感。

英国作家哈兹里特曾把幽默在谈吐中的作用，比作是炒菜中的调味品，这是很恰当的。它说明：幽默在谈话中是绝不可缺少的。尽管你的说话有许多实在的内容，假如没有幽默，就没有味道，也缺少魅力，然而幽默能使听者对你的说话感兴趣，但它并非食物，因此很少能从根本上改变听者的态度。所以，我们对幽默的作用，既不要小看，也不宜估计过高。

幽默在谈吐中的作用是很多的，主要可以分为以下几个方面。

1. 调节气氛，缩短距离

善说者一席幽默的话语，往往既活跃了气氛，又把与听者之间的距离缩短。因此，无数事例可以证明，风趣幽默是说者和听者建立融洽关系的有效途径与手段。

在20世纪50年代的思想改造运动中，曾发生过这样一件事。由于某些基层干部作风粗暴，使一位老教授投河自杀（由于及时发现，终于被人救了起来）。陈毅知道后，把有关干部叫去狠狠地对他们进行了批评，要他们主动去赔礼道歉。后来，在一次有这位老教授参加的高级知识分子大会上，陈毅说："我说你呀，真是读书一世，糊涂一时，共产党搞思想改造，难道是为了把你们整死吗？我们不过想帮大家卸下包袱，和工农群众一道前进，你为啥偏要和龙王爷打交道，不肯和我陈毅交朋友呢？你要投河也该打个电话给我，咱们再商量商量嘛！当然啦，这件事主要怪基层干部不懂政策，也怪我陈毅教育不够……"

陈毅这一席话，活跃了气氛，增强了语言的亲切感，使其中所含的批评与自我批评显得那么自然得体，易于被人接受。

2. 脱离困难，消除尴尬

幽默的谈吐常常能使局促、尴尬的场面变得轻松缓和，使双方摆脱困境，也消除了尴尬。

美国著名小说家马克·吐温有一次去某小城。临行前，别人告诉他，那里的蚊子特别厉害。到了那个小城，正当他在旅店登记房间时，一只蚊子正好在马克·吐温面前盘旋。那个职员面露尴尬之色，忙驱赶蚊子。

马克·吐温却满不在乎地对职员说："贵地的蚊子比传说中的不知聪明多少倍。它竟会预先看好我的房间号码，以便夜晚光顾，饱餐一顿。"

大家听了不禁哈哈大笑。结果这一夜马克·吐温睡得十分香甜。原来，旅馆的职员听了马克·吐温的讲话，全体职工一齐出动，想方设法不让这位博得众人喜爱的作家被"聪明的蚊子"叮咬。

3. 揭露缺点，进行批评教育

幽默采用影射、讽刺的手法，机智、灵活、巧妙地揭露他人的缺点，善意地进行批评，使人难以发怒，在笑声中接受教育。

一次，伟大的生物学家达尔文被邀赴宴。宴会上，他恰好和一位年轻美貌的女士并排坐在一起。

"达尔文先生"，坐在旁边的美人带着戏谑的口吻向科学家提出疑问，"听说你断言，人类是由猴子变来的，我也属于您的论断之列吗？"

"那当然！"达尔文白了她一眼，彬彬有礼地答道。

"我像猴子吗？"美人带点嘲弄地说。

"不过，您不是由普通的猴子变来的，而是由长得非常漂亮的猴子变来的。"

在这里，达尔文机智、巧妙地揭露了这位美貌夫人的无知和自命不凡，善意地进行了批评。

4. 评判是非，领悟哲理

幽默在说话中将人的智慧和语言技巧巧妙地结合起来，揭示出事物的深刻含义，富有哲理，含不尽之意于言外，使人在含笑中评判是非，领悟哲理，增长智慧。

一位年轻的画家拜访德国著名的画家阿道夫·门采尔，向他诉苦说："我真不明白，为什么我画一幅画只用一会儿工夫，可卖出去却要整整1年。"

"请倒过来试试吧，亲爱的。"门采尔认真地说，"要是你花1年的工夫去画它，那么只用一天，就准能卖掉它。"

门采尔的幽默话语，的确含不尽之意于言外，使人在含笑中评判是非，增长智慧。

5. 宽松精神，感受美感

有人说："没有幽默的语言是一篇公文，没有幽默感的人是一尊塑像。"这话是很有见地的。当今社会高效率、快节奏、信息量大，这样必然会使人的大脑容易产生疲劳。如果我们的生活多点笑声，多点幽默，就会消除人们的烦躁心理，保持情绪的平衡。说话，在某种程度上，具有一定的娱乐性。它不应该让人感到紧张、费力，而应给人一种舒适轻松之感。

有个大财主定了个规矩：庄稼人遇到他，都得敬礼，否则便要挨鞭子。

一天，阿凡提经过这里，碰上了大财主。

"你为什么不向我敬礼，穷小子！"大财主怒不可遏。

"我为什么要向你敬礼？"

"我最有钱。有钱就有势，穷小子，你得向我敬礼，否则我就抽你。"

阿凡提站着不动。

围观的人越来越多，大财主有点心虚，便压低声对阿凡提说："这样吧，我口袋里有一百块钱。我给你五十块钱，你就向我敬个礼吧！"

阿凡提慢慢悠悠地把钱装进兜里，说："现在你有五十块钱，我也有五十块钱，凭什么非要向你行礼不可呢？"

周围的人大笑起来，大财主又气又急，一下子把剩下的五十块钱也抽了出来："听着，如果你听我的，那我就把这五十块钱也送给你！"

阿凡提又把这五十块钱收下，接着严肃地说："好吧，现在我有一百块钱，你却一分钱也没有了。有钱就有势，向我行礼吧！"

大财主目瞪口呆。

阿凡提的故事虽然带有寓言的色彩，但他的话语的确逗人，给人以美的享受。

幽默的三大力量

与世界上所有的力量一样，幽默的力量也不是万能的，可是，幽默的力量对你的生活确有实实在在的帮助。它帮助你以新的眼光看待周围的环境和个人的生活，帮助你正视并恰当地估计和应付那些困扰你的难题，帮助你同他人的关系充满温暖与和谐，帮助你把许多的不可能变为可能……

1. 帮你取得成功

获得工作上的成就和事业上的成功要具备很多条件，但幽默有助于你改善与他人的关系，促使你成功，则是一个不争的事实。

年轻有为的美国福特汽车公司总裁亨利，通过一系列的变革和创新，使每月亏损900万美元的公司一举扭转了被动的局面。有人针对他在改革过程中也做过一些错事而问他，"如果让你从头做起又将如何？"亨利爽朗地答道："我看不会有什么非同寻常的作为，人们都是在错误和失败中学到成功的，因此要我从头再来的话，我只能犯一些不同的错误。"

亨利幽默的语言，显示出他的坦率和诚恳，这也是他事业成功的重要原因之一。

2. 助你排忧解难

幽默，最重要的是帮助我们解除工作中的紧张状态，帮助解决生活中的难题。

在一个大城市的市郊，有一个颇具规模的化工厂。这个厂终年生产一种化学产品，从烟囱里冒出了大量的烟和灰尘，使临近的几家企业饱受烟和灰尘之苦。在一次化工厂加班生产的时候，隔壁一家工厂的厂长半开玩笑地说："他们生产这么忙，如何处理这些烟和灰尘呢？"化工厂的厂长也半开玩笑地说："我们打算将烟筒加高二分之一，与此同时，我还将向包装厂定制一个特大的塑料袋，并用直升机把袋子吊到烟囱的上空罩下来。"两位厂长各带幽默的话语，使他们互相取得了谅解，一道哈哈大笑起来，紧张的心情便渐渐地舒展开来了。

3. 替你减轻痛苦

以轻松的态度面对自己，以严肃的态度面对人生。如果反其道为之，我们就有烦恼了。不成熟的个性常常在于视自己为人际交往中的核心，而成熟则体现在视自己和群体有合适的关系。

20世纪50年代有一个相声，说的是有一个人患了盲肠炎，医生为之开刀，盲肠被割去了。患者痊愈后，小腹仍时时作痛，经检查，原来是医生把手术剪刀留在里面了，于是重新开刀。事后，病人仍感腹中气胀，经检查，原来是纱布又遗忘在腹中了，遂又开刀。于是，病人对医生说："你还不如在我的肚子上装个拉链更方便！"

要化痛苦为幽默，关键在于进入一种假定的没有生理痛苦的境界。有了这一点，一切不相干的东西会因一点相关而突然变得一致了。

笑一笑，十年少

我国有一句谚语"笑一笑，十年少"。可见，笑对于人类有益无害。幽默，作为笑的媒介，会引起人们发笑。

如有一篇名为《挤车的诀窍》的讽刺小品，写得风趣又不浅薄，让我们来欣赏其中精彩的片断：

尽管车辆增加，修建地铁，扩展环行路……可哪里赶得上人生的快！于是，上、下班乘车，就成了一门"学问"。

先说上车，车来时，上策为"抢位"——犹如球场上的"抢点"。精确计算位置，车门停在身边，可收"先据要津"之利，当然，必须顶住！此中诀窍：上身倾向来车方向，稳住下盘，千万莫被随车涌来的人流冲走（好在你身后还有助力之人）。中策则为"贴边"。外行正对车门，拥来晃去，枉费心力。尤其是北京不同于外地，哈尔滨上车是"能者为王"，上海人多少顾及颜面，但动辄大呼小叫，使你无心恋战。北京人又要讲点风格，又要赶紧上车，车门前便非好去处。你是否注意过：售票员洗车，从来无须擦车门两旁——那里全被精明的挤车人蹭得一干二净了！贴住边，扮出一副泰然自若的样子，一点一点把"无根基"者拱开，只要一抓住车门，你就赢了。下策呢，可称"挂搭"。一般人，见车门内外龇牙咧嘴之惨状，早已退避三舍了。司机呢，只要车门关不上，也不敢贸然走车。这时，你将足尖嵌入车门（万勿先进脑袋），而后紧靠门边，往里"鼓拥"，自可奏效……

看到这段话，凡挤过车的人都要捧腹大笑的。作者观察仔细，对各地的风情了解得清清楚楚，使人阅读如入其境，遣词造句既得体又幽默风趣，使人既了解北京挤车之难，又能以轻松的心境对待之，消除忧患，实在是十分巧妙。

多数人都感觉到年龄渐长等问题，也是难以解脱的烦恼，看看应怎样以幽默来对待这个难题：

著名演说家罗伯特说："我争取在最年轻的时候死去。"他不论在私下还是在公共场合，都把年龄看得很轻，以一颗年轻并富有趣味的心而出名。

因此，在他70岁生日那天，他还签了一个为期5年的演讲合同。

幽默就是这样，让人心胸开阔，延年益寿。

幽默促推销

每个人无论在怎样的环境中生活，都会经常碰到各种各样的矛盾，有的甚至是相当棘手的难题，需要你去妥善处理。

老狐狸的体验是：不轻松的问题，可以用轻松的方式来解决；严肃之门可以用幽默的钥匙开启。

有一位大学生思想很活跃，且为人诙谐。他在当了推销员之后，萌发出一个好主意。他有一次走进一家报馆问："你们需要一名有才干的编辑吗？"

"不。"

"记者呢？"

"也不需要。"

"印刷厂如有缺额也行。"

"不，我们现在什么空缺也没有。"

"那你们一定需要这个东西。"

年轻的推销员边说边从皮包里取出一块精美的牌子，上面写着："额满，暂不雇人"——如此轻而易举地促成推销实在妙。

美国俄亥俄州的著名演说家海耶斯，30年前还是一个初出茅庐、畏首畏尾的实习推销员。一次，一个老练的推销员带着他到某地推销收银机。这位推销员并没有电影明星推销员那种堂堂相貌，他身材矮小、肥胖，红彤彤的脸却充满着幽默感。

当他们走进一家小商店时，老板粗声粗声地说："我对收银机没有兴趣。"

这时，这位推销员就倚靠在柜台上，咯咯地笑了起来，仿佛他刚刚听到了一个世界上最妙的笑话。店老板直愣愣地瞧着他，不知所以。

这时，这位推销员直起身子，微笑着道歉："对不起，我忍不住要笑。

你使我想起了另一家商店的老板，他跟你一样地说没有兴趣，后来却成了我们熟识的主顾。"

而后这位老练的推销员一本正经地展示他的样品，历数其优点，每当老板以比较缓和的语气表示不感兴趣时，他就笑哈哈地引出一段幽默的回想，又说某某老板在表示不感兴趣之后，结果还是买了一台新的收银机。

旁边的人都瞧着他们，海耶斯又困窘又紧张，心想他们一定会被当作傻瓜一样赶出去。可是说也奇怪，老板的态度居然转变了，想搞清楚这种收银机是否真有那么好。不一会，他们就把一台收银机搬进了商店，那位推销员以行家的口吻向老板说明了具体用法。结果这位推销员运用幽默的力量跨过了严肃之门，取得了成功。

幽默能使你豁达超脱，使你生气勃勃；幽默能使你具有影响力，使你打破僵局，摆脱困境；幽默是润滑剂，也是成功者的禀性。所以无论是朋友相处，还是要成为一个优秀的推销员，都应富有幽默感。

谁说中国人不懂幽默

中华民族的幽默，是源远流长的。

早在百家争鸣的春秋时期，各国的宫廷已有用优之风，贵族们自养以"滑稽调笑"为业的艺人。比如，《史记·滑稽列传》所载"优孟谏楚庄王贱人而贵马"，用"归谬法"使楚王觉察了"寡人之过"。优孟还建议楚王以"厚礼""葬"马，送"葬"送进人肚肠。优孟的戏谑之言，是十分诙谐可笑的。关于先秦的这些记载，给后世留下了深远的影响。

1.《诗经》中的幽默

我国第一部诗歌总集《诗经》，诗中的幽默，可见于不少讽刺诗和情诗中。

比如，《邶风·新台》一诗，就是揭露和讽刺当时卫宣公的一桩丑闻的。

卫宣公打算为他的儿子娶齐国的一个名叫宣姜的女子为妻。后来，卫宣公听说那女子非常漂亮，便在河上筑了一座华丽的新台，把齐女宣姜中途拦截，占为自己的老婆。卫国人民写诗讽刺这件丑事。全诗分三章，其尾章是这样的：

鱼网之设，鸿则离之。燕婉之求，得此戚施。

诗歌假借齐女的口吻，进行讽刺。说张起网本为捕鱼，但哪知却遇到一个癞蛤蟆；本想求得一个如意郎君，谁知竟嫁了一个丑老公。形象的比喻，嬉笑怒骂，剥下了统治者卫宣公的面皮，又达到幽默讽刺的效果。

2.《笑林》中的幽默

魏晋时期，哲学重新解放，思想非常活跃，幽默再度兴起。我国出现了笑话专集《笑林》，为三国魏人邯郸淳所撰。比如：

汉世有人，年老无子，家富，性俭啬。恶衣蔬食，侵晨而起，侵夜而息，管理产业，聚敛无厌，而不敢自用。或人从之求丐者，不得已而入内，取钱十，自堂而出，随步辄减，比至于外，才余半在。闭目以授乞者。寻复嘱云："我倾家赡君，慎勿他说，复相效而来。"老人俄老，田宅没官，货财充于内帑矣。

这一短小的笑话，嘲笑剥削阶级的吝啬，富有民间笑话机智辛辣的风格。这些笑话开后世诙谐文字之先，有的故事具有一定的社会意义。

3.《世语新说》中的幽默

南朝刘义庄所撰的《世说新语》，内容记录汉魏至东晋名人文士之逸事言谈，全书收录语录一千余则，多为清谈家言谈应对之言语片断，如《雅量》中有这样一则：

顾和始为扬州从事，月旦当朝，未入顷，停车州门外。周侯诣丞相，历和车边，和觅虱夷然不动。周既过反还，指顾心曰："此中何所有？"顾搏虱如故，徐应曰："此中最是难测地。"周侯既入，语丞相曰："卿州吏有一令仆才。"

《世说新语》用大量的篇幅记载名士们奇特的兴致和玄妙的清谈，是我们研究"魏晋风流"的重要资料。这些名士标榜"雅量"、"豪爽"，讲究"容止"、"识鉴"，就连"任诞"、"简傲"也成了一种清高的美誉。这种所谓的雅量大度，其实是很可笑的。

到了明代，幽默突破了"礼"制的牢笼和"理"学的束缚，异常蓬勃地生长，造成了中国幽默史上又一个重要的时期。王利器先生辑录《历代笑话集》，其内容是颇为丰富的，由魏至清，共1850则，可以佐证时代兴趣之浓厚。

4.《西游记》中的幽默

明代吴承恩的《西游记》，是根据民间传说和说唱故事，加工整理重新写成的。小说通过幻想的神话世界，用虚构、夸张的艺术手法，描写了猴王孙悟空大闹天宫地府和协助唐僧取经、荡妖除怪的故事。孙悟空神通广大，具有正义感和反抗斗争精神。玉皇大帝、龙王或阎王，统统不在他的眼里，对"法力无边"的西方佛祖如来，也敢嘲笑一番。悟空保唐僧取经，一路受到无数妖魔阻挡，他不畏惧困难，顽强不屈，勇敢乐观，即使是受到委屈，被唐僧驱逐回花果山时，还是念念不忘唐僧去西天取经是否平安。他的乐观与开朗的性格，使他的语言动作富于幽默感，常常博得人们的笑声。

明代另外两部著名的长篇小说《三国演义》和《水浒传》中，也妙笔生花地描绘了许多活灵活现的幽默滑稽的人物，许许多多的细节也被描写得生动和极富幽默感，如《三国演义》第二回"张翼德怒鞭督邮，何国舅谋诛宦竖"中关于张飞怒鞭督邮的描写：

张飞大怒，睁圆环眼，咬碎钢牙，滚鞍下马，径入馆驿，把门人那里阻挡得住，直奔后堂，见督邮正在厅上，将县吏绑倒在地。张飞大喝："害民贼！认得我么？"督邮未及开言，早被张飞揪住头发，扯出馆驿，直到县前马桩上缚住；攀下柳条，去督邮两腿上着力鞭打，一连打折柳条十数枝。

再如第三十八回"定三分隆中决策，战长江孙氏报仇"中，玄德三访孔明时，关公、张飞在外立久，不见动静，入见玄德犹然侍立。请看张飞的言语：

张飞大怒，谓云长曰："这先生如何傲慢！见我哥哥侍立阶下，他竟高卧，推睡不起！等我去屋后放一把火，看他起不起！"

张飞的这些富于个性的言语，是那么的滑稽，又是那么的富有幽默感，从而使他的形象生动、逼真。

5.《水浒传》中的幽默

《水浒传》中的李逵，也是一个特别生动的形象。第七十三回"黑旋风乔捉鬼，梁山泊双献头"，李逵听说宋江夺了太公的女儿，要向宋江讨还。请看书中所述：

李逵、燕青径直望梁山泊来，直到忠义堂上。宋江见了李逵、燕青回来，便问道："兄弟，你两个哪里来？错了许多路，如今才到。"李逵那里答应，睁圆怪眼，拔出大斧，先砍倒了杏黄旗，把"替天行道"四个字扯做粉碎，众人都吃了一惊。宋江喝道："黑厮又做甚么？"李逵拿了双斧，抢上堂来，径奔宋江……李逵道："我闲常把你看作好汉，你原来却是畜生！你做得这等好事！"

第七十五回"活阎罗倒船偷御酒，黑旋风扯诏骂钦差"，陈太尉前往梁山泊招安，单不见了李逵，书中写道：

萧让却才读罢，宋江已下皆有怒色，只见黑旋风李逵从梁上跳将下来，就萧让手里夺过诏书，扯得粉碎，便来揪住陈太尉，拽拳便打……李逵道："你那皇帝，正不知我这里众好汉，招安老爷们，倒要做大！你的皇帝姓宋，我的哥哥姓宋，你做得皇帝，偏我哥哥做不得皇帝！你莫要来恼犯我黑爹爹，好歹把你那写诏的官员，尽都杀了。"众人都来劝告，把黑旋风推下堂去。

这些滑稽、幽默的语言动作，把李逵疾恶如仇、坚决反对招安的个性特征，惟妙惟肖地描绘出来了。

6.《红楼梦》中的幽默

我国清代古典文学名著《红楼梦》中，不乏闪耀出幽默光彩的故事，至今读来仍令人捧腹，如第四十回"史太君两宴大观园，金鸳鸯三宣牙牌令"中，由刘姥姥的幽默，引出了"群笑图"，堪称是"千古之笑"。也可见，曹雪芹是工于幽默的。文中这样描述：

那刘姥姥入了坐，拿起箸来，沉甸甸的不伏手……刘姥姥见了，说道："这个叉巴子，比我们那里的铁锨还沉，哪里拿得动它。"说的众人都笑起来……

贾母这边说声"请"，刘姥姥便站起身来，高声说道："老刘，老刘，食量大如牛，吃一个老母猪，不抬头！"说完，却鼓着腮帮子，两眼直视，一声不语。众人先还发怔，后来一想，上上下下都一齐哈哈大笑起来。湘云掌不住，一口茶都喷出来。黛玉笑岔了气，伏着桌子只叫"嗳哟！"宝玉滚到贾母怀里，贾母笑得搂着叫"心肝"，王夫人笑得用手指着凤姐儿，却说不出话来。薛姨妈也掌不住，口里的茶喷了探春一裙子。探春的茶碗都合在迎春身上。惜春离了坐位，拉着他奶母，叫"揉揉肠子"。底下无一个不弯腰屈背，也有躲出去蹲着笑去的，也有忍着笑上来替姐妹换衣裳的……刘姥姥拿起箸来，只觉不听使，又道："这里的鸡儿也俊，下的这蛋也小巧，怪俊的。我且得一个儿！"众人方住了笑，听见这话，又笑起来……

刘姥姥的坦率，她的语言风格，举止言谈，同大观园内的"规范"全然不同，是大观园一帮人见所未见、闻所未闻的，因而在大观园的姐妹们看来是谐趣的、滑稽的，所以会引起他们的兴趣，并博得她们阵阵的"捧腹大笑"。

曹雪芹在《红楼梦》中，还用了相辅相成的方法刻意描绘了刘姥姥式的幽默。《红楼梦》第四十回的最后，在姐妹们都对完鸳鸯的牙牌令后，便要刘姥姥对答，书中这样写道：

鸳鸯笑道："左边'四四'是个'人'。"刘姥姥听了，想了半日，说道："是个庄家人罢！"众人哄堂笑了……鸳鸯道："中间'三四'绿配红。"刘姥姥道："大火烧了毛毛虫。"……鸳鸯笑道："右边'么四'真好看。"刘姥姥道："一个萝卜一头蒜。"众人又笑了。鸳鸯笑道："凑成便是'一枝花'。"刘姥姥两只手比着，也要笑，却又掌住了，说道："花儿落了结个大倭瓜。"众人听了，由不得大笑起来。

从《红楼梦》的这些精彩的幽默故事中，我们不难看出，到了清代，创造幽默和欣赏幽默的能力已得到了很大的发展。

7. 近代幽默

辛亥革命后，五四运动以科学与民主的大旗，猛烈地扫荡了封建意识形态，西方文化的传入，使东方文化蜕变更新。在这一时期，各种艺术样式都或多或少受到"渗透"和影响。散文中派生出幽默讽刺的体式"杂文"；曲艺中"笑的艺术"——相声已趋成熟；戏剧中的"喜剧"也终于成形。思想文化界也曾对"幽默"与"笑"进行了几次大讨论。以鲁迅、老舍、钱钟书为首的艺术大师们，使幽默艺术发展到了一个崭新的阶段。

比如，鲁迅先生的杂文《准风月谈》、《花边文学》及三本《且介亭杂文》（即《且介亭杂文》和它的二集、末编），就是在反动势力加紧压制言论自由，一些报社编辑发出呼吁，请求作者少谈政治，多谈风月的情况下，用灵活的战法，从更加广泛的题材中，从许多细小的生活现象中，用嬉笑怒骂皆成文章的笔法，来透视当时的社会生活，达到揭露黑暗的效果。

中华民族的幽默传统虽然源远流长，但同西方比较而言，并不是一个长于幽默的民族，因此，更应发扬传统，"古为今用，洋为中用"，增强我国文化的幽默性格。近年来，幽默的发展是前无古人的，出版的"幽默小说集"、"笑语录"等数以百计；专门性的杂志《讽刺与幽默》，报纸《杂文报》等大量发行；相声、小品、喜剧电影、漫画等赢得最广大的听众、观众与读者，更使幽默艺术达到了一个新的高峰。

幽默的十大技法

幽默主要有以下十大技法。

1. 大词小用法

作家冯骥才访问美国，有非常友好的华人夫妇带着他们的孩子来拜访，双方交谈得投机之时，冯骥才突然发现那孩子穿着皮鞋跳到了床单上。这是一件令人很不愉快的事，而孩子的父母竟然浑然不觉。此时，任何不满的言语或行为都可能导致双方的尴尬。怎样让孩子下床呢？

冯骥才很轻松地解决了，凭着他的阅历和应变的能力，他幽默地对孩子的母亲说："请您把孩子带回到地球上来。"主客双方会心一笑，事情得到圆满的解决。

在这里冯骥才只玩了个大词小用的花样，把"地板"换成了"地球"，但整个意义就大不相同了。地板是相对于墙壁、天花板、桌子、床铺而言，而地球则相对于太阳、月亮、星星等而言。"地球"这一概念，把主客双方的心灵空间融入了茫茫宇宙的背景之中。这时，孩子的鞋子和洁白的床单之间的矛盾便被孩子和地球的关系淡化了。

技法要领：所谓"大词小用"法，就是运用一些语义分量重、语义范围大的词语来表达某些细小的、次要的事情，通过所用词的本来意义与所述事物内涵之间的极大差异，造成一种词不符实、对比失调的关系，由此引出令人发笑的幽默来。

2. 戏谑调侃法

有一个人很有幽默感，而且擅长恭维。一天，他请了几位朋友到他家一聚，准备施展一下自己的专长。他临门恭候，等朋友接踵而至的时候，挨个儿问道："你是怎么来的呀？"

第一位朋友说："我是坐的士来的。"

"啊，华贵之至！"

第二位朋友听了，打趣道："我是坐飞机来的！"

"啊，高超之至！"

第三位朋友眼珠一转："我是坐火箭来的！"

"啊呀，勇敢之至！"

第四位朋友坦白地说："我是骑自行车来的。"

"很好啊，朴素之至！"

第五位朋友羞怯地说："我是徒步走来的。"

"太好了，走路可以锻炼身体，健康之至呀！"

第六位朋友故意出难题："我是爬着来的！"

"哎呀，稳当之至！"

第七位朋友讥讽地说："我是滚着来的！"

主人并不着急，说："啊，真是周到之至啊！"

众人齐笑。

主人的戏谑幽默是纯自我保护性的，几乎无攻击性，表现了他触景生情、即兴诙谐的才智。

技法要领："戏谑幽默"法，就是带有很强的攻击性，或表面攻击性强，其实无攻击性的幽默技巧。越是对亲近的人攻击性越强，越是对疏远的人攻击性越弱。简言之，就是开的玩笑是带有机智、哲理的玩笑，目的是增加你对对方的亲切感。

3. 歪解幽默法

歪解就是歪曲、荒诞的解释。三位母亲自豪地谈起她们的孩子。

第一位说："我之所以相信我家小明能成为一名工程师，是因为不管我买给他什么玩具，他都把它们拆得七零八散。"

第二位说："我为我的儿子感到骄傲。他将来一定会成为出色的律师，因为他现在总爱和别人吵架。"

第三位说："我儿子将来一定会成为一名医生，这是毫无疑问的，因为他现在体弱多病，俗话说'久病成良医'。"

读到这儿，我们都会忍俊不禁。这种幽默的力量是从哪里来的呢？很显然，是从这三位母亲的滑稽的解释中得来的。如果说儿子能当上工程师是因为喜欢用积木搭桥盖房子，说儿子能当律师是因为喜欢法官的大盖帽，说儿子能当医生是因为他常玩给布娃娃打针的游戏，那就没有多少幽默可言了。这种解释是从生活的常理中来的，人们听来毫不觉得意外，所以并不可笑。而这里的三位母亲却都跳出了这些常理的框架，给这些问题找到了一个似是而非、牛头不对马嘴的解释，结果和原因之间显得那样不相称，那样荒谬，两者之间造成了巨大反差，于是形成了幽默感。

技法要领：老狐狸说，理儿不歪，笑话不来。"歪解幽默"法就是以一种轻松、调侃的态度，随心所欲地对一个问题进行自由自在的解释，硬将两个毫不沾边的东西捏在一起，以造成一种不和谐、不合情理、出人意料的效果，在这种因果关系的错位和情感与逻辑的矛盾之中，产生幽默的技巧。

4. 借语作桥法

英国作家理查德·萨维奇患了一场大病，幸亏医生的医术高明，才使他转危为安。但欠下的医药费他却无法付清。最后医生登门催讨。

医生："你要知道，你是欠了我一条命的，我希望有价报偿。"

"这个明白。"萨维奇说："为了报答你，我将用我的生命来偿还。"说罢，他给医生递过去两卷本《理查德·萨维奇的一生》。

作家这样说就比向对方表示拒绝或恳求缓期付款要有趣得多。其方法并不复杂，不过是接过对方的词语（生命），然后加以歪解，把"生命"变成"一生"。显然，两者在内涵上并不一致，但在概念上能挂上钩就成。

技法要领："借语作桥"法是指交谈中，一方从另一方的话语中抓住一个词语，以此为过渡的桥梁，并用它组织成自己的一句对方不愿听的话，反击对方。

作为过渡桥梁要有一个特点，那就是两头相通，且要契合自然，一头与本来的话头相通，另一头与所要引出的意思相通，并以天衣无缝为上。"借语作桥"在于接过话头以后，还要展开你想象的翅膀，敢于往脱离现实的地方想，往荒唐的、虚幻的地方想。千万别死心眼、傻乎乎，越是敢于和善于胡说八道，越是逗人喜爱。

5. 推理幽默法

有人请阿凡提去讲道。阿凡提走上讲坛，对大家说："我要跟你们讲什么，你们知道吗？"

"不，阿凡提，我们不知道。"大伙说。

"跟不知道的人我要说什么呢，还说什么呢？"

阿凡提说完，走下讲坛便离开了。

后来，阿凡提又被请来。他站到讲坛上问："喂，乡亲们！我要跟你们说什么，你们知道么？"学乖了的人们马上齐声回答："知道！"

"你们知道了，我还说什么呢？"阿凡提又走了。

当阿凡提第三次登上讲台，又把上两次的问题重复一遍后，那些自作聪明的人一半高喊："不知道！"另一半则喊："知道！"

他们满以为这下可难住阿凡提，哪知道，阿凡提笑了笑说："那么，让知道的那一半人讲给不知道的另一半人听好了！"说着扬长而去。

阿凡提的过人之处就在于他利用"知道"与"不知道"这两个不具体而虚幻的原因，从而推理出与大家希望完全相反的结果，以不变应万变，不管对方怎么变幻情况，理由也跟着变幻，而行为却一点不变。这就是"推理幽默"法使你在社交中能够超凡脱俗、潇洒自如的妙处。

技法要领："推理幽默"法是借助片面的、偶然的因素，构成歪曲的推理。它主要是利用对方不稳定的前提或自己假定的前提，来推理引申出某种似是而非的结论和判断。它不是常理逻辑上的必然结果，而是走入歧途的带有偶然性和意外性的结果。

6. 反语幽默法

"反语幽默"法是造成含蓄和耐人寻味的幽默意境的重要语言手段之一。简言之，就是故意说反语，或正语反说，或反语正说。

《镀金时代》是美国幽默大师马克·吐温的杰作。它彻底揭露了美国政府的腐败和政客、资本家的卑鄙无耻。当记者在小说发表之后采访他时，他答记者问时说："美国国会中，有些议员是狗婊子养的。"此话一经发表，各地报刊杂志争相刊出，使美国国会议员暴怒，说他是人身攻击，正因不知哪些议员是狗婊子养的，便人人自危。所以群起鼓噪，坚决要马克·吐温澄清事实并公开道歉，否则将以中伤罪起诉，求得法律手段保护。

几天后，在《纽约时报》上，马克·吐温刊登了一则致联邦议员的"道歉启示"："日前鄙人在酒会上答记者问时发言，说'美国国会中有些议员是狗婊子养的'，事后有人向我兴师问罪。我考虑再三，觉得此话不恰当，而且不符合事实。故特此登报声明，我的话修改如下：'美国国会中有些议员不是狗婊子养的。'"

这段"道歉启示"，只在原话上加上一个"不"字，前边说"有些是"，唯其未指出是谁，因此人人自危；后改成"有些不是"，议员们都认为自己不是狗……于是，那些吵吵闹闹的议员们不再过问此事。

马克·吐温以他自己超人的智慧平息了这场风波；以反语的手法，使本来对他怀有敌意的人们谅解了他。

技法要领："反语幽默"法就是用相反的词语表达本意，使反语和本意之间形成交叉。"反语幽默"法的技巧在于以反语语义的相互对立为前提，依靠具体语言环境的正反两种语义的联系，把相对立的双重意义辅以其他手段，如语言符号和语调等衬出，使对方由字面的含义悟及其反面的本意，从而发出会心的微笑。

7. 指鹿为马法

《史记·秦始皇本纪》记载说：赵高想造反，害怕群臣不听使唤，因此先设法试验，拿着鹿献给二世，说："这是一匹马。"二世笑着说："丞相弄错了吧，怎么把鹿当做马？"赵高问众大臣，有的大臣不回答，有的说是马谄谀赵高，有的说就是鹿。赵高就把说是鹿的暗暗记下来，假借名义送法严办。从此以后，大臣们都畏惧赵高。

依当时的情形看，赵高"指鹿为马"，是他为谋权篡位采取的卑劣手段，若站在交际的角度来说，"指鹿为马"则是一种高超的幽默艺术。

某厂，有两个工人在评价他们的厂长。

"厂长看戏怎么总是坐在前排？"

"那叫带领群众。"

"可看电影他怎么又坐中间了？"

"那叫深入群众。"

"来了客人，餐桌上为啥总有我们厂长？"

"那是代表群众。"

"可他天天坐在办公室里，车间里从不见他的身影，又怎么讲！"

"傻瓜，这都不懂，那是相信群众嘛！"

谁都明白这两位工人在心照不宣地指鹿为马，指白说黑地讽刺他们厂长的工作作风。虽然显得名实不符，却有很强的幽默感。这是为什么呢？因为幽默感并不是一种客观的科学的认识，而是一种情感的交流。情感是主观的，不是客观的，情感与科学的理性是矛盾的。科学的生命在于实事求是，而情感则不然，实事求是不一定完全表达情感。幽默的生命常常在名不副实的判断中产生。

技法要领："指鹿为马"在幽默中就是用双方心照不宣的名不副实，把白的说成黑的，从而产生反差，传达另外一层真正要表示的意思，达到幽默交流的目的。

8. 位移真义法

人们总希望自己能言善辩，能够妙语连珠、幽默诙谐地和周围的同事、朋友们交谈。或许，"位移真义"这种巧钻空子的幽默技巧能为你的谈吐增色。

在一次军事考试的面试中，主考的军官问士兵："一个漆黑的夜晚，你在外面执行任务，有人紧紧地抱住你的双臂，你该说什么？"

"亲爱的，请放开我。"报考者幽默地回答。

乍一看，我们也许会莫名其妙，可等你回过神来，恍然大悟时，一定会忍俊不禁的。"亲爱的，请放开我。"一般是情人间亲昵的用语，军官提问是想知道他的士兵怎样对付敌手，而年轻的士兵则理解或者说故意理解为恋人抱住他双臂时，他该说什么。把原心理重点"怎样对付抱住他双臂的敌手"，巧妙地移到另一个主题——"怎样对付抱住他双臂不放的情人"。这就是我们所说的"位移真义"法。

技法要领：人们说的话，往往字面意义与说话人想表达的意义并不完全一致，我们暂且称它们为表义和真义。将人们说的话的真义弃之不顾，而取其表义，是"位移真义"法的根本技巧。

9. 望文生义法

10年动乱中，有位姓张的干部在"批判会"上被诬为"两面派"，谁知老张淡淡一笑，答道："刚才有人说我是'两面派'，这使我十分奇怪！请看我的脸：皮肤是这样黑，颧骨是这样高，两颊是这样瘦，鼻梁是这样低，嘴唇却这样厚。双眼无神，两耳招风……"

说着他指着自己的脸，风趣地说："让革命群众一起评一评吧，如果我还有另一张脸，是什么'两面派'的话，我会用这张脸吗？"

一句俏皮话，引得听众哈哈大笑。诬陷老张的打手狼狈不堪，老张因而平安通过"批判"会。

老张这番话中，从"两面派"的表面字义来理解，明知故错地把它解释成"有两张面孔的人"，再郑重其事地"摆事实，讲道理"，证明自己并没有两张面孔。由于这一点是众所周知的事实，老张却煞有其事地去论证，刻意费力，显得滑稽可笑，十分幽默。

技法要领："望文生义"法是一种巧妙的幽默技巧。运用它，一要"望文"，即故做刻板地就字释义；二要"生义"，要使"望文"所生之"义"变异得与这个"文"通常的意义大相径庭，还要把"望文"而生的义，引

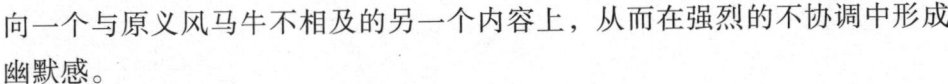

向一个与原义风马牛不相及的另一个内容上，从而在强烈的不协调中形成幽默感。

10. 随机套用法

"随机套用"法就是预先熟练地掌握一些与本人工作生活有关的幽默范例，然后加以灵活套用的幽默技巧，最好能根据自己所处的环境特点即兴加以发挥。

张大千是我国现代著名的画家。他颏下留有长须，讲话诙谐幽默。一天，他与友人共饮，座中谈笑话，都是嘲弄长胡子的。张大千默默不语，等大家讲完，他清了清嗓门，态度安详地也说了一个关于胡子的故事：

三国时候，关羽的儿子关兴和张飞的儿子张苞随刘备率师讨伐吴国。他们两个人为父报仇心切，都想争当先锋，这却使刘备左右为难。没办法，他只好出题说："你们比一比，各自说出自己父亲生前的功绩，谁的父功大谁就当先锋。"

张苞一听，不假思索顺口说道："我父亲当年三战吕布，喝断坝桥，夜战马超，鞭打督邮，义释严颜。"

轮到关兴，他心里一急，加上口吃，半天才说了一句："我父五缕长髯……"就再也说不下去。

这时，关羽显圣，立在云端上，听了儿子这句话，气得凤眼圆睁，大声骂道："你这不孝之子，老子生前过五关斩六将之事你不讲，却在老子的胡子上做文章！"

听了这个幽默的故事，在座的无不大笑。

张大千巧妙地套用了关于胡子的幽默故事，不仅使自己摆脱了众矢之的的困境，而且也反击了友人善意的嘲弄。

技法要领：掌握一些现成的幽默的语言、轶事、故事之后，不但要做到不为所制，而且更重要的是灵活自由地套用它来说明自己的观点，解决自己面临的困境。这时，要有一种大加发挥的气魄，切忌拘谨。这样在发挥时，就不只是套用了，而是创造幽默了。

第八章　委婉曲折，点到为止

——说话含蓄经

口才圣经——

　　说话直来直去，想什么说什么，固然是一种好习惯，可有时难免遇到不便直说、不忍直说、不能直说的情景。在这种情形下，如果说了直话，可能影响到人际关系，给自己添麻烦，伤害到别人。为避免不愉快的事情发生，在某些场合说话还是要讲究一点技巧，如故意说些与本意相似或相关的事物，暗示、含蓄地表达原来直说的话。

　　点到为止的语言，更容易被别人接受，更能表达对别人的尊敬，达到有效交流、沟通思想的目的。

《第六枚戒指》的故事

　　美国《读者文摘》1988年第一期中的《第六枚戒指》讲了一个含蓄的故事。

那是在美国经济大萧条时期，有位17岁的姑娘好不容易找到一份在高级珠宝店当售货员的工作。在圣诞节的前一天，店里来了一位30岁左右的贫民顾客。他衣着破烂不堪，一脸的悲哀、愤怒。他用一种不可企及的目光，盯着那些高级首饰。姑娘要去接电话，一不小心，把一个碟子碰翻，六枚精美绝伦的钻石戒指落在地上，她慌忙捡起其中的五枚，但第六枚怎么也找不着。

这时，她看到了那个30岁左右的男子正向门口走去，顿时，她醒悟到了戒指在哪里。当男子的手将要触及门柄时，姑娘柔声叫道："对不起，先生！"

那男子转过身来，两人相视无言，足足有一分钟。

"什么事？"他问，脸上的肌肉在抽搐。

"什么事？"他再次问道。

"先生，我是头回工作，现在找个事做很难，是不是？"姑娘神色黯然地说。

男子长久地审视着她，终于，一丝柔和的微笑浮现在他脸上。

"是的，的确如此，"他回答说，"但是我能肯定，你在这里会干得不错。"

停了一下，他向前一步，把手伸给她："我可以为您祝福吗？"

姑娘立刻也伸出手，两只手紧紧地握在一起，她用低低的但十分柔和的声音说："也祝您好运！"

他转过身，慢慢走向门口。

姑娘目送着他的身影消失在门外，转身走向柜台，把手中握着的第六枚戒指放回原处。

这是一起盗窃案。人们对此通常的处理方式不外乎想方设法抓住盗窃者。但是姑娘却没有这样简单处理，而是用一席话彬彬有礼地达到了预想的目的。这种巧用暗示的含蓄方式是值得细细品味的。

要知道，这事是发生在美国经济大萧条时期，很多人找不到工作，姑娘的这份工作尤为珍贵。如果被盗走了一枚戒指，其后果不堪设想。就是抓住了盗窃者夺回戒指，张扬出去，被老板知道个中原委，姑娘也会因工作疏忽而被解雇。何况那是一个落魄者，善良的姑娘也不想因此雪上加霜，伤害这个走投无路的可怜人。

"对不起，先生！"姑娘首先用礼貌称呼语，语气适中，不慌不忙地唤住了这位男子。这样既传递了信息，又创造了一个相互尊重、和谐融洽的气氛。如果当时口不择言，或者语气过重的话，可能造成那男子三步并作两步，消失在门外，也许会惊动别的同事，那都不是姑娘所希望的。而且这样的礼貌称呼不仅创造了气氛，无疑还有两层言外之意：一是他有偷盗戒指时的嫌疑；二是你放心，我绝不会用粗暴的方式对待你的。

当那个男子接连问了两个"什么事"时，聪明的姑娘从他的表情以及问话的方式腔调中肯定了自己的判断，也洞察到他微妙的内心世界。她感到眼前这个男子不是那种惯偷，而是好人被穷困所迫的一念之差，很可能会接受自己的处理方式。姑娘决定继续采取含而不露的暗示法：动之以情，晓之以理，来达到目的。

"这是我头回工作"，暗示我也和你一样，千辛万苦找不到工作，现在是头一回工作，咱们"同是天涯沦落人"，应该同病相怜才对，借以引起感情上的共鸣。"现在找个事儿做很难"，意在为前一句话做陪衬，言外之意是如果你把这枚戒指拿走，那我就要失去这份差事，再找工作就很困难了，就像你现在一样。这两句话把自己和那男子感情上的距离拉得很近。末了还用"是不是"这样的是非疑问句，借以引起男子进一步的思考，加强语意力度，扩大暗示效果。

男子传达出愿意归还戒指的信息时，姑娘不失时机地握住他的手，说上一句"也祝您好运"，表达自己由衷的谢意和美好的祝愿，抚慰失意人感情上的失落和内疚。

姑娘巧展口才，终于实现了自己美好的愿望。

由此可见，把善良的愿望用含蓄的语言技巧表达出来，可以收到出乎意料的效果。

含蓄是一种艺术

古人云："言有尽而意无穷，余意尽在不言中。"在说话中，把重要的、该说的部分故意隐藏起来，或说得不显露，却让人家明白自己的意思的手法，便是含蓄的手法。

含蓄，是一种修辞手法。它是指在讲话时不直陈本意，而是用委婉之词加以烘托或暗示，让人思而得之。而且越揣摩，含义越深越远，因而也就越具有吸引力和感染力。说话委婉含蓄，是一种艺术。之所以说含蓄是说话的艺术，是因为它体现了说话者驾驭语言的技巧，而且也表现了对听众想象力和理解力的信任。

生活中有许多事情是"只需意会，不必言传"的。如果说话者不相信听众丰富的想象力，把所有的意思和盘托出，这种词意浅陋、平淡无味的话语不但不会使人乐，而且会使说话失去魅力。列宁在研究费尔巴哈《宗教本质演讲录》时，摘录了这样一段话："顺便说说，俏皮的写作手法还在于：它预计到读者也有智慧，它不把一切都说出来，而让读者自己去说出那样一切关系、条件和界限——只有在这些关系、条件和界限都具备时说出来的那句话才是真实的和有意义的。"可见，含蓄主要具有如下三方面的作用：

第一，人们有时在表露某种心事，提出某种要求时，常有种羞怯、为难心理，而含蓄暗示的表达则能解决这个问题。

第二，每个人都有自尊心。对对方自尊心的维护或伤害，常常是影响人际关系好坏的直接原因；而有些表达，如拒绝对方的要求，表达不同于对方的意见，批评对方等，又极容易伤害对方的自尊。这时，含蓄的方式常能取到既能完成表达任务，又能维护对方自尊的目的。

第三，有时在某种情境中，如碍于第三者在场，有些话就不便说，这时就可用含蓄的方式。

在什么情况下说话要含蓄呢？

1. 有些话不便直说时，要用含蓄的方式

传说汉武帝晚年时很希望自己长生不老，一天，他对侍臣说："相书上说，一个人鼻子下面的'人中'越长，命就越长；'人中'长一寸，能活百岁。不知是真是假？"

侍臣东方朔听了这话后，知道皇上又在做长生不老梦了，皇上见东方朔似有讥讽之意，面有不悦之色，喝道："你怎么敢笑话我？"

东方朔脱下帽子，恭恭敬敬地回答："我怎么敢笑话皇上呢？我是在笑

彭祖的脸太难看了。"

汉武帝问："你为什么笑彭祖呢？"

东方朔说："据说彭祖活了800岁，如果真像皇上刚才说的，'人中'就有八寸长，那么，他的脸不是有丈把长吧？"

汉武帝听了，也哈哈大笑。

这种委婉含蓄的批评，汉武帝却是愉快地接受了。

人们谈起《水浒传》里的鲁智深，便会立即想起他那心直口快的"直炮筒"形象来。其实，即使是最直率的鲁智深，有时也离不开委婉，说话也有含蓄的时候。电视剧《鲁智深》写鲁智深三拳打死镇关西后，为了逃避官府的追捕，只得削发为僧。剧中有这样一段台词：

法师：尽形寿，不近色，汝今能否？

智深：能。

法师：尽形寿，不沾酒，汝今能否？

智深：能。

法师：尽形寿，不杀生，汝今能否？

智深：（犹豫了）

法师：（高声催问）尽形寿，不杀生，汝今能否？

智深：知道了。

要鲁智深不近女人不饮酒，他能做到；要他不惩杀世间的恶人，实在难办。但此时若答"不能"，则法师必不许其剃发为僧，他就无处藏身了，因此来一个灵活应付，回答"知道了"。法师面前过得关，又不违背自己的本意，真是两全其美。

2. 有些话不必直说时，要用含蓄的方式

从前，有个酒店老板，脾气非常暴躁。一天，有个客人来喝酒，才喝了一口，嘴里便叫："好酸！好酸！"老板听后大怒，不由分说，把客人绑起来，吊在屋梁上。这时来了另一位顾客，问老板为什么吊人，老板回答："我店的酒明明香醇甜美，这家伙硬说是酸的，你说该不该吊人？"来客说："可不可以让我尝尝？"老板殷勤地给他端了一杯酒，客人呷了一口，酸得皱眉眯眼，对老板说："你放下这个人，把我吊起来吧？"

这位客人委婉含蓄的说法，既收到强烈的讽刺效果，又显得非常艺术。

有人曾问美国总统林肯："你当总统的滋味如何？"林肯回答道："你听说过一个故事吗？有个人全身被涂上焦油并裹上羽毛，用火车运到城外。"这个人问到底："这滋味究竟如何？"林肯说："要不是为了这事的荣誉，我宁可走路。"

他真是说得含蓄、得体。一句话既不失当总统的荣誉，又使人体会到当一位大国总统的艰辛。

3. 为了增强交际的效果，要用含蓄的方式

美国有一位传奇式的篮球教练，叫佩迈尔。他带领的迪尔大学篮球队曾获得39次国内比赛的冠军，使球迷们为之倾倒。可是有1年，他的球队在蝉联29次冠军后，遭到一次空前的惨败。比赛一结束，记者们蜂拥而至，把他围个水泄不通，问他这位败军之主此时此刻有何感想。他微笑着，不无幽默地说："好极了，现在我们可以轻装上阵，全力以赴地去争夺冠军，背上再也没有冠军的包袱了。"

曾两度竞选总统均败在艾森豪威尔手下的史蒂文森，从未失去幽默。

在他第一次荣获提名竞选总统时，他承认的确受宠若惊，并打趣说："我想得意洋洋不会伤害任何人，也就是说，只要不吸入这空气的话。"在他竞选第一次败给艾森豪威尔的那天早晨，他以充满幽默力量的口吻，在门口欢迎记者进来："进来吧，来给烤面包的验验尸。"几年后的一天，史蒂文森应邀在一次餐会演讲。他在路上因为阅兵行列的经过而耽搁，到达会场时已迟到了。他表示歉意，并解释说："军队英雄老是挡我的路。"

史蒂文森使用巧妙含蓄的语言，用一句句轻松、微妙的俏皮话，说得很委婉，改变了他在人们心目中的形象，使听众感到他并不是一个失败者，而是赢者，使他在人们心中不可消失，值得纪念。

这便是说话委婉含蓄的美妙之处。

换个说法会更好

我们经常需要向别人表达一些不太好说的意思，如请求、谈判、批评等。这些话之所以不容易说出口，是因为人类具有自尊心，谁都不愿意遭到拒绝、指责和冷遇。一般人内心深处都有自高自大的想法，都认为自己应该是最好的，一旦现实与心愿不符合，不可一世的自尊就会受到挫伤，从而转变成伤悲、仇恨、鄙视、嫉妒等恶劣的情绪，并且早晚会表现出来。

因此，有些话说不好，就会得罪人，为自己招来麻烦。

有一头熊大肆吹嘘，说它很爱人类，因为它从不吃死人。一只狐狸不以为然，但同时它又害怕熊的大力气，于是含蓄地说："但愿你把死人撕得粉碎，而不要危害那些活着的人。"

好在语言具有多样化的特点，一样的意思可以用多样的话说出来，而斤斤计较的人听到用不同的说法讲出的同样意思，也会有不同的反应。这种情况使智慧的说话方式大有用武之地，也向我们证明：人类作为高等动物所独有的自尊心，是多么愚蠢的一种心理，因为老狐狸利用这种幼稚的心理可以把人玩弄于股掌之上。

比如，你要批评一个人所写的文章，如果直言不讳，显然会令他难堪。但是，你可以换个说法，找出他的文章中一些可取之处，先满足他的自尊心，待他兴高采烈，视你为知音的时候，再把批评化建议提出来，这样他会心悦诚服地接受你的意见，还对你很钦佩。你可以这样说："我一看开头就想看下去，我发现你一贯擅长把开头写得引人注目，勾起人的好奇心。要是结尾不是这样写，而是换一种思路，可能就更能与开头相呼应了，你说呢？"

既然没有触及到自尊心，那么他当然会冷静虚心地考虑你的意见。

说什么固然重要，但怎么说更为关键，人的情绪常常蒙蔽了人的眼睛，使他看不透语言背后的语言，而只能最浅薄地从对方的用语上来理解。

因此完全可以表面上说他爱听的话，而把真正意图隐藏在这些话里，也就是"话里有话"，让他心甘情愿地跟着你的思路走。

一位顾客进了一家地毯商店，看上了一款地毯。

顾客问道："这种地毯多少钱？"

店老板立即热情地接待了他，回答道："每平方米24元8角。"

顾客听完这句话，什么都没都说就走了。显然，他觉得价格有点高。

店老板的一位朋友在旁观察，他说："你的推销方式太陈旧了，应该换一种方式。"于是他试着以营业员的口吻说："先生，这地毯不贵。让您的卧室铺上地毯，每天1角钱就够了。"

老板大为不解，这位朋友忙解释道："假设卧室地毯需要10平方米的话，要248元；地毯寿命为5年，计1800多天，每天不就是1角多钱吗？一支香烟钱都不到。"

老板一拍大腿，恍然大悟地说："高！你这一招一定灵。"

果然，换一种表达方式，商店的生意就好多了。

委婉曲折的三大表现形式

许多场合，说话双方的言词并非永远都是剑拔弩张，锋芒毕露，直截了当，有时又需要委婉含蓄，旁敲侧击，可谓直道好跑马，曲径可通幽，各有妙处。有时候，用动听入耳的言词，温和委婉含蓄的语气，平易近人的态度，曲折隐晦的暗语，更能使对方理解自己，信任自己，从而达到说服的目的，产生出奇制胜的效果。

1. 委婉曲折可以用来劝谏

委婉曲折地劝谏可以避免因直接叙述给对方造成伤害而形成对抗，能让对方在细细品味我们的语言之中接受我们的观点，取得共同的认识。

比如，为尊者讳，便是造成委婉的一个重要原因。古人对于君父尊长的所作所为不敢直说，而要采取拐弯抹角、委婉曲折的方式来表达。

公元前613年，楚庄王熊旅继位，当时的朝政由斗克和公子燮把持，楚庄王只是一个傀儡。他即位起初的3年时间里，日夜饮酒作乐，并下了一道命令：有来劝谏者处死。眼看朝廷政事混乱不堪，国势日益衰微，大臣成公贾冒死请求楚庄王接见。楚庄王一见成公贾便大声责问道："你难道不知我禁止劝谏的命令吗？"成公贾故做惊惶地答道："大王之令我岂会不知？我是来出谜语为大王助兴的。"楚庄王一听，改怒为喜地说："你说说看吧。"成公贾说："南山上有一只大鸟，3年里站在大树上不飞不动也不叫，不知道这是什么鸟。"楚庄王沉思了一会儿说："3年不飞，一飞冲天；3年不鸣，一鸣惊人。这是只不同凡俗的鸟。你的意思我懂了，你下去吧！"从此后，楚庄王一改往日颓废的作风，亲理朝政，提拔贤能，除奸杜佞，国势蒸蒸日上。

在古代，臣子看到君王有过失，进谏时都讲究说话的含蓄。如果大臣有损"龙颜"，是要杀头的。成公贾运用委婉的辩论方式，令楚庄王愉快地接受了他的劝谏。我们看下面一个例子：

有一次，秦王和中期发生了争论，结果中期赢了，而秦王却输了。中期若无其事、大摇大摆地走出了皇宫。秦王大怒，暴跳如雷，决心要把中期杀掉，以解心头大恨。这时，在秦王身边有个和中期要好的人对秦王说：

"中期这个人实在是个暴徒，一点也不懂规矩。他幸好遇到大王这样贤明的君主才能活命。如果遇到桀纣那样的暴君，早就没命了！"

秦王一听，也就不好再加罪于中期了。

在秦王盛怒的情况下，要为中期辩护，如果直言劝说秦王不要杀中期，这样只能是火上浇油，适得其反。这时，中期的朋友采用了委婉曲折术，简单的几句话却有着丰富的含义。既有对中期的指责，又有对若杀中期则是暴君的暗示，还有不杀中期则是贤君的称赞，秦王的火气一下子就平息了下来，也就不好再对中期下手了。

汉武帝的乳母在宫外犯了罪，汉武帝想依法处置她。乳母就向东方朔求助。东方朔说："你如果想获得解救，就在将被抓走的时候，不断回头注视汉武帝，千万不可说什么，这样或许还有一线希望。"

乳母经过汉武帝面前，果然一步三回头。东方朔在汉武帝旁边站立着对乳母说："你也太笨了，皇帝现在已经长大了，哪里还会要你的乳汁养活呢？"

汉武帝听了，面露凄然之色，最终赦免了乳母的罪过。

东方朔为乳母辩护使用的也是委婉曲折术。他间接地、含蓄地表达了不要忘记乳母的养育之恩，这远比直接规劝汉武帝不要治乳母的罪要好得多。

2. 委婉曲折可用于嘲讽

由于含义的复杂性，对方真正完全领会语句的本义时，就已经失去了反击的机会；并且因为表达的间接性，对方又不好发作。这就如同一把软刀子，对方只好默默地独自承受着伤痛。

在公园里，栏杆外盛开的月季沉甸甸地垂下来。一个小伙子紧挨着姑娘讨好她说："你是世界上最美丽的姑娘。你看，那鲜花在你面前都羞得抬不起头来了，而只有我，才配做烘托你的绿叶。"

姑娘用手指着旁边的仙人掌说："不！你看，那仙人掌为什么还直挺挺地站在我的面前？"

"怎么能用呆头呆脑的仙人掌来和你相提并论呢？它皮厚，身上净是刺，令人讨厌！"

姑娘莞尔一笑："是啊，它为什么还不知道害羞呢？"

姑娘表面是说仙人掌，实际上表达了对对方不知羞耻的厌恶之感。

3. 委婉曲折还可用于避讳的需要

对于某些事情我们不愿意直接说出来的时候，可以采用这种方式。

女儿借了父亲的车子出去和小伙子幽会，结果却出了一点小小的车祸。后来小伙子问："你父亲对此说了些什么？"

"你要我把坏字眼省掉吗？"

"是的。"

"好。那他就什么话也没有说。"

这个姑娘不愿直说父亲净说坏话，而改说"什么话也没说"，反而给人一种宽大为怀的感觉。

当然，使用委婉曲折术应该恰当，特别是不能借此随便含沙射影、冷嘲热讽、挖苦别人。比如：

正是上下班时间，乘公共汽车的人多。甲好不容易挤上了车，长吁了一口气，不小心碰到了前面的乙。

乙不客气地说："拱什么，谁不知道今年是猪年。"

甲一听火了，也不相让，回敬道："狗年都过去了，你叫什么！"

像这样含沙射影地互相攻击对方是"猪"、"狗"，是缺乏道德修养不文明的表现。

含蓄地表达爱情

巴甫洛夫是原苏联杰出的心理学家。他32岁才结婚。如同他杰出的研究成果一样，他的求婚也别具一格。

1880年的最后一天，巴甫洛夫还在他的心理实验室没回来。许多朋友在他家等他。天下着雪，彼得堡市议会大厦的钟敲了11下。一个同学不耐烦地说："巴甫洛夫真是个怪人。他毕业了，又得过金牌，照理可以挂牌做医生，那样既赚钱又省力。可他为什么要进心理实验室当实验员呢？他应该知道，人生在世，时日不多，应该享享福、寻寻快活才是呀。"

巴甫洛夫的同学里面，有一个教育系的女学生叫赛拉非玛。她听了那个同学的话，站起来说："你不了解他。不错，人的生命总是短促的，但正因为如此，巴甫洛夫才努力工作。他经常说，在世界上，我们只活一次，所以更应该珍惜光阴，过真实而又有价值的生活。"

夜深了，同学们渐渐散去，赛拉非玛干脆到实验室门口去等巴甫洛夫。

钟声响了12下，已经是1881年元旦了，巴甫洛夫才从实验室出来。他看到赛拉非玛，很受感动，挽着她的手走在雪地上。突然，巴甫洛夫按着赛拉非玛的脉搏，高兴地说："你有一颗健康的心脏，所以脉搏跳得很快。"

赛拉非玛奇怪了："你这是什么意思？"

巴甫洛夫回答："要是心脏不好，就不能做科学家的妻子了。因为一个科学家，把所有的时间和精力都放在科研工作上，收入又少，又没空兼顾家务。所以做科学家的妻子，一定要有健康的身体，这样才能够吃苦耐劳、不怕麻烦地独自料理琐碎的家务。"

赛拉非玛当即会意，说："你说得很好，我一定做个好妻子。"

就这样，他求婚成功了。在这一年，他们结婚了。

生活需要爱情，爱情是令人迷恋的交响乐，那么恋人之间该如何表达爱情呢？当然，主要是靠语言来完善感情交流的。爱情的表达本无定式，直率与含蓄，各有价值，"完善感情交流"的语言有含蓄和狂热之分，恋人之间最好是含蓄地表达爱情。就像巴甫洛夫那样。

有些青年人喜欢用狂热的语言、露骨的方式高温化地向恋人表达自己的爱情。它缺乏一种含蓄之美，可能会引起对方的反感，弄得事与愿违。

有这样一位姑娘，她长得相当标致，在选择对象时总是以"刘德华"为标准，可是青春几何，一晃姑娘已是30岁的"大龄人"了。这一年，姑娘终于和一位风度翩翩的小伙子相识了。姑娘很高兴，唯恐失去自己的"意中人"，便急匆匆地表达出自己对对方的爱慕之情："我们结婚吧！我爱你"。结局可以想象得出的，小伙子认为姑娘一定有什么不可告人的隐私，才会这么急地要立即结婚，便小心翼翼地和她分手了。

如果含蓄地表达，插柳不让春知道，可能就不会是如此的结局了。

含蓄地表达爱情，首先可使话语具有弹性，不至于对方一拒绝就没有挽回局面的余地。另外，这也符合恋爱时的那种羞怯心理，易于掌握。

含蓄地表达爱情，可归纳为如下方法。

1. 暗示法

陈毅和张茜是一对情爱甚笃的革命情侣，早在20世纪30年代的戎马生涯中，陈毅对张茜就产生了一种超常的感情，为了暗示自己深切的爱慕之情，使这种感情能顺利发展下去，结出沉甸甸的爱情之果，陈毅苦心"经营"了一首诗《赞春兰》，送给了张茜（当时张茜的名字叫"春兰"）。诗中这样写道："小箭含胎初出岗，似是欲绽蕊露黄。娇艳高雅世难觅，万紫千红妒幽香。"

张茜从这首诗中领悟了陈毅的深情，从此两个人确定了恋爱关系，这首《赞春兰》也就成了他们之间"定情"之物。

2. 以物传情法

以物传情法，就是在运用语言表达爱情的同时，借用物品传达情意，也起到了含蓄地表达爱情的目的。

几十年来，久映不衰的美国著名影片《魂断蓝桥》，其女主人公玛拉将自己心爱的象牙雕"吉祥符"送给男主人公罗依，请看他们几句简单的对话：

玛拉（从车窗伸出手，手中拿着"吉祥符"）："这个给你！"

罗依："这是你的'吉祥符'啊！"

玛拉："也许会给你带来运气，会的。"

罗依："我已经什么都有了，你比我更需要它。"

玛拉："你拿着吧，我现在不再依赖它了！"

罗依（接过"吉祥符"）："你真是太好啦！"

玛拉（对司机）："到奥林匹克剧院。"（对罗依柔情地）"再见！"

罗依（依恋地）："再见！"

玛拉和罗依是一见钟情的，这些对话虽然没有直言爱情，但从赠送"吉祥符"的对话中，双方都已含蓄地表示了爱慕之情。在玛拉死后，这个不起眼的吉祥符，多年来一直在罗依的身边保存着，而且保存了一辈子，成为他们两人纯真爱情的象征。

3. 表示关心法

许多人表示爱情都从自己的角度来表示，如果采用从对方的角度表示关心，从而流露爱情，可以收到更好的效果。

鲁迅先生的《两地书》中，收进了他写给夫人许广平的许许多多信件，记载了这位文学巨匠表达爱情的特殊方式，如信中常这样写道："应该善自保养，使我放心。""你如经过琉璃厂，不要忘掉了买你写日记用的红格纸，因为已经所余无几了。你也许不会忘记，不过我提醒一下，较放心"等。这些关怀备至、体贴入微的话语，比起那种空洞无物的抒情、赞美话语来说，要有感情得多了。

在日常生活中，如恋人生日，为他（她）举办生日晚会；在两地工作的，向恋人寄生日卡片，打电话，发短信，发E-mail，祝贺其生日。种种向对方表示关心的方式，都可以在一定程度上含蓄地表示爱情。

4. 表达感受法

在表达爱情的时候，采取不直接表达爱的要求，而是表达爱的感受，同样可以起到表达爱的作用。

比如，说"我喜欢和你在一起"，就可以说，"我和你在一起的时候，总觉得时间过得那么快，真是光阴似箭；和你分别后，又觉得时候过得那么慢，像是度日如年"。

又如，说"我十分想念你"，就不如说，"真不知怎么搞的，每当我做完工作，一静下来，你就在我的脑际浮现，我就想起我们在一起的那些日子"。

含蓄表达爱情的方法各种各样，不能生搬硬套，而要根据具体人、具体情况来灵活运用。例如你的恋人是一位文化素养不高的人，你就不能采用写深奥难懂的诗，赠给对方的方式。如果这样，非但不能达到表示爱情的目的，甚至有可能会引起不必要的误会。

在谈判中尽量使用婉语

在谈判中，往往会遇到对手，有时无法直接驳回其意见或建议的场面。这时你不妨用一些委婉的语言来回答对方。这样，易于被对方接受。

传说在明代，有个地方新开一家理发店，门前贴出一副对联：

磨砺以须，问天下头颅几许？

及锋而试，看老夫手段如何？

这副对联论文句妙则妙矣，但读起来令人害怕——磨刀霍霍，杀气腾腾，令人毛骨悚然。这家理发店因而门庭冷落。

另有一家理发店，贴出了一副对联：

相逢尽是弹冠客，

此去应无搔首人。

"弹冠"取自"弹冠相庆"，含准备做官之意，此处又正合理发人进门脱帽弹冠。"搔首"，愁也。"无搔首"即心情舒畅，这里又指头发理得干净，人感舒适。吉祥之意与理发之艺巧妙结合，语意委婉含蓄。这家理发店自然生意兴隆。

委婉可以发人深省，可以做到柔中有刚，刚柔共济，容易使对方入情入理。

谈判中，有些事情直述其意可能会伤害双方的感情，这时，便应该采用婉转的说法。

1972年，美国总统尼克松访华，周总理在欢迎宴会上祝酒时说："由于大家都知道的原因，中美两国隔断了二十多年。"

这句话就十分婉转，既暗示造成这种状况的原因在于美国，但又没有正面指责美国，因而没有伤害美方的感情。

语言的委婉，还可以体现某种灵活性。

尼克松访华签发《上海公报》时，用了这样一个词组："台湾海峡两岸的同胞"。据说这是聪明的基辛格想了一夜，才想出来的，这是国共两党都能接受的词语，由此，公报顺利发表。

这是谈判中灵活变通、婉言表达的范例。谈判中，不要去评判对方的行为和动机。这是因为，世界上的情况很复杂，你的评判不一定正确，而判断失误最容易造成对方更大的不满。此外，即使你的评判是对的，但由于直言而失去了回旋的余地，有时反而很被动。

试看下面几个例子：

（1）父亲走到孩子房间，说："这地方看起来像个猪窝！"

（2）太太对丈夫说："你把我的话当耳边风！你不会学学把碟子放进水池之前，先把剩菜倒掉吗？"

（3）一位母亲向孩子吼道："你放的音乐太响了，邻居都被吵昏了头！"

（4）一位谈判者对对方说："你对这些资料的分析，特别是费用计算的方式全都错了！"

上述几例的说话者，都扮演了评判的角色。这种说话方式，因为不顾及对方的自尊心，即使内容正确，也会不知不觉地影响说服力。

要消除这种问题也不复杂，就是把话中的"你"改成"我"，这样，把对方的评判改为表达个人的情感、反应和需要就委婉多了，对方就容易接受了。

就上面几例而言，经改变后可以成为下面的说法：

（1）每次看到这个房间没有收拾干净，我就替你难受。

（2）如果把碟子的剩菜先倒干净再洗，我可以省一半时间。

（3）声音太大，我难以习惯。

（4）我的资料和你有所不同，我是这样计算的……

谈判中，应尽量使用委婉语言。

如称对手是"敌方"，就不如说为"对方"；说对方在"耍阴谋"或"耍心眼儿"，就不如说对方"不够明智"。

营业员与顾客谈交易，最好把"胖"（特别是对女顾客）说成"富态"或"丰满"，把"瘦"说成"苗条"或"清秀"。

如此等。

谈判中，尽量避免说"我要证实你的错误"这样的话。这句话等于说："我比你聪明，我要使你明白。"这种话等于是一种心理的挑战，会引起对方的反感，使人在你还没有开始说话时，就先有一种敌对的心理。

假如你要证实一件事情，使别人明白别人的看法是错的，你就要巧妙地去做，使人心里接受。

谈判中，如果别人说了一句话，你认为有错，即使他真的错了，你也应这样说比较妥当："好了，现在你看我有另一种看法，但我的不见得对，让我们看看事实如何。"

或者说："我也许不对，让我们看看事实如何。"

你自己要确定一个信念，即使自己的看法绝对正确，也要慢点说出自己的意见，尤其要避免用含有肯定意思的字眼。

比如，将"当然的"、"无疑的"改为："我想……"、"我认为……"、"可能如此……"、"目前也许……"

含蓄的六种表达方法

关于含蓄的表达，老狐狸推荐以下几种方法：

第一，仔细研究事物之间的内在联系，利用同义词语来表达自己的思想，达到含蓄效果。

第二，由外延边界不清或在内涵上极其笼统概括的语言来表达自己的思想，达到含蓄效果。

第三，有许多修辞方式，如比喻、借代、双关、暗示等可以达到含蓄的效果。

第四，有些事情，不必直接点明，只需指出一个较大的范围或方向，让听者根据提示去深入思考，寻求答案，可达到含蓄的效果。

第五，通过侧面回答一些对方的问题，可以达到含蓄的效果。

第六，使用含蓄的方法时要注意，含蓄不等于晦涩难懂。它的表现技巧首先是建立在让人听懂的基础上，同时要注意使用范围。如果说话晦涩难懂，便无含蓄可言；如果使用含蓄的话不分场合，便会引起不良后果。

第九章　这样听别人才会说

——说话聆听经

口才圣经——

　　有一句民谚说："聪明的人，借助经验说话；而更聪明的人，根据经验不说话。"西方还有一句著名的话：雄辩是银，倾听是金。中国人则流传着"言多必失"和"讷于言而敏于行"这样的济世名言。

　　这些都给了我们这样的建议：在个别交往中，尽可能少说而多听。在我们身边，经常会有这样的人，他们喜欢多说话，总是喜欢显示自己怎么样怎么样，好像他博古通今似的。这样的人，以为别人会很服他们，其实，只要有点社会阅历的人，都会不以为然。更聪明的人，或者说智慧的人，往往会根据自己的经验，知道自己要是多说，必然会说得多错得也就多，所以不到需要时，总是少说或者不说。当然，到了说比不说更有效时，我们一定要说。

乱插嘴的人令人讨厌

在社交场上，你时常可以看到你的一个朋友和另外一个不认识的人聊得起劲，此时，你可能就会有加进去的想法。

因为你不知道他们的话题是什么，而你突然加入，可能会令他们觉得不自然，也许因此话题接不下去。更糟的是，也许他们正在进行着一项重大的谈判，却由于你的加入使他们无法再集中思想而无意中失去了这笔交易；或许他们正在热烈讨论，苦苦思索解决一个难题，正当这个关键时刻，也许由于你的插话，会导致对他们有利的解决办法告吹，到后来场面气氛就会转为尴尬而无法收拾。此时，大家一定会觉得你没有礼貌，进而人家都厌恶你，导致社交失败。

假设一个人正讲得兴致勃勃时，你突然插嘴："喂，这是你在昨天看到的事吧？"说话的那个人因为你打断他说话，绝对不会对你有好感，很可能其他人也不会对你有好感。

许多不懂礼貌的人总是在别人谈论某件事的时候，在说到高兴处时，冷不防半路杀进来，让别人猝不及防，不得不偃旗息鼓。这种人不会预先告诉你，说他要插话了。他插话时有时会不管你说的是什么，而将话题转移到自己感兴趣的方面去，有时是把你的结论代为说出，以此得意洋洋地炫耀自己的口才。无论是哪种情况，都会让说话的人顿生厌恶之感，因为随便打断别人说话的人根本就不知道尊重别人。

培根曾说："打断别人，乱插嘴的人，甚至比发言者更令人讨厌。"打断别人说话是一种最无礼的行为。

每个人都会有情不自禁地想表达自己想法的愿望，但如果不去了解别人的感受，不分场合与时机，就去打断别人说话或抢接别人的话头，这样会扰乱别人的思路，引起对方的不快，有时甚至会产生误会。

老狐狸指出，要获得好人缘，要想让别人喜欢你，接纳你，就必须根除随便打断别人说话的陋习，在别人说话时千万不要插嘴，并做到：

（1）不要用不相关的话题打断别人说话。

（2）不要用无意义的评论打乱别人说话。

（3）不要抢着替别人说话。

（4）不要急于帮助别人讲完事情。

（5）不要为争论鸡毛蒜皮的事情而打断别人的话题。

打断别人说话易引起抵触情绪

他人的自我意识好像一个卫兵，站在他的潜意识的入口，如果你唤起了他的自我意识或把它激发过重的话，他绝不会接受你的意见。因此，想说服对方时，先不要打断他，让他陈述他的意见和理由，即使你无法同意和接纳，也不要打断对方，尤其是提出正面反对意见时，更应先听对方的意见。等听完后再开始说"你说得很有道理，但是……"的反对理由。

心理学家提出一个概念——心理定势：若一个人肚子里有事，他就会启动其心理定势准备讲话，直到他把事情全部说完，他的心理定势才会转而听你的意见。所以，假如你想让自己的意见被对方听进去，达到说服他的目的，首先必须学会听对方讲话。这么一来，对方会有一种你很注意听他说话的感觉，认为你尊重他的意见，进而产生想和你说话的心理。这时，对方已经对你有了好感，会不知不觉地朝被说服的方向去思考问题。这一点是在说服对方时相当重要的一项心理战术。

如果你不听对方的意见就直接提出反论，那么，势必引起对方在感情上的反驳，当然也就无法引起听你说话的欲望，这样做是极不明智的，尤其是对一些比较霸道和固执的人，采取这种方式会马上遭到反驳。

最有攻心技巧的人，在他的意见遭到反对，或某人要发牢骚时，他总是耐心地听对方把话讲完，还进一步请对方重复其中某些观点和理由，询问对方是否还有别的什么事情要说。这样做就消除了对方的抵触情绪，使对方意识到，听话的人对他的观点感兴趣。

另外，社会心理学家通过对人际关系的研究，一致提出，人际相处的一个最根本的信条就是"不批评对方"，并且，要完全倾听对方的谈话，这样，才能使对方开怀畅谈。心理咨询时，心理医生通常都尽量让对方说完自己想说的话，而避免在中途打岔。否则，对方倾诉的欲求得不到满足，彼此也就无法建立较亲密的交谈关系，甚至会造成双方敌对的情绪。另外，一项客户与推销员问题信赖程度的调查也显示：那些在商品售出之后会受到客户非分要求的推销员，大部分都喜欢说话，并且经常打断客户的话。因此，我们可以推知，要开启对方的心扉，建立起亲密的关系，问题就在于说话的方式与内容。这样，大家就能明白有作为的推销员多半较木讷的道理了。

耐心听别人谈他自己

有一首诗说："九牛一毛莫自夸，骄傲自满必翻车。历览古今多少事，成由谦逊败由奢。"这话是针对那些缺乏自知之明、盲目自满的人所说的，但对于我们正确地对待生活，塑造自己良好的交际形象和性格品质，也有着十分现实的意义。人的学业无止境，无论潜心自学还是向人求学，没有谦虚的态度就不会有长进。人生道路曲曲折折，要在复杂的人际关系里游刃自如、健康发展，没有虚心、诚恳的态度同样是不行的。"成由谦逊败由奢"，有谦逊的态度，才会有自知之明，知道自己的不足，就有了努力的方向。

不少人，为了使别人赞同自己的意见，就唠唠叨叨地说个不停，使别人根本没有说话的余地。尤其是有的推销员最易犯这个毛病，一味地对顾客夸耀自己的货物如何美好，使顾客没有插嘴的余地，其实这是最错误的事。顾客有购买的念头，才挑剔货物，他批评这些货物，不必与之争辩，选定之后，他自然会购买。若是你和他争辩，就如同指责顾客没有眼光，不识好歹。顾客受此侮辱，肯定到别家去了，岂不白白地损失了一笔生意？

所以人家说话的时候，自己若有不同意之处，应待别人说完，切不可插进去或阻止人家，阻止人家其实是最大的错误。因为当人家还有许多话没有说完，人家绝不会来接受你的意见，也根本不注意听你的。所以我们应鼓励别人把意见表达出来，耐心地倾听别人讲话。

倾听者的良好素质

在听别人说话的过程中，一位高明的谈话者往往能够体现出许多良好的素质。他有一颗精细的心，能够体察别人的感情；他富于同情，能乐人之乐、忧人之忧；他有深厚的涵养，能体谅别人的难处，宽恕别人的错误，容忍别人的缺点；他有良好的耐性，能够长时间地听取别人零乱、不成熟，甚至是语无伦次、前后矛盾的意见。他还具有发掘和吸收别人观点的热忱和能力，当别人因有顾虑而欲言又止的时候，他能诚恳而友善地鼓励他们讲下去；而别人偶尔说出有趣的话，他就发出会心的笑；当别人讲出一些不错的道理时，他就连连点头；当别人试图说出一些难以表达的思想时，他就凝神细听，并且不时就没有听清楚的问题向别人请教；当别人的讲话告一段落时，他就把别人所讲的内容整理得条理清楚，并加以吸收。由于有以上的良好素质，则高明的谈话者往往能深刻细致地了解各式各样的人。他的语言，往往可以非常有效地打动人的心坎。这样，无论什么人见到他，都愿意把他当作知心朋友，愿意向他吐露自己的心事，把自己藏在心中的剧烈的痛苦、烦恼都向他倾吐出来，希望得到他的同情、安慰和帮助。

此外，一个高明的谈话者还必须谦虚谨慎。无论别人怎样敬仰他、佩服他，他都应该态度谦恭，虚怀若谷。一个狂妄自大、目中无人的人，是没有多少人愿意与他交谈的；同样，一个心地狭窄得只容得下他自己的人，也是不受欢迎的。

乔·吉拉德是首屈一指的汽车推销员，然而，他也有过一次难忘的失败经历。

有一次，有位顾客来找乔商谈购车事宜。他向那人推荐一种新型车，进展非常顺利，就在成交的节骨眼上了，对方却突然决定不买了。

那天晚上，乔辗转反侧，百思不得其解。他忍不住给对方拨通了电话："您好先生，今天眼看您就要签字了，为什么却突然走了呢？"

"先生，你知道现在几点钟了？"

"真抱歉，我知道是晚上11点钟了，但我检讨了一整天，实在想不出自己到底错在哪里。"

"很好，你现在用心听我说话了吗？"电话那头说。

"非常用心。"他答道。

"可是，今天下午你并没有用心听我说话。就在签字之前，我提到我的儿子即将进入大学，我还跟你说到他的学习成绩和理想，可你根本没有听！"

对方继续说道："当时你在专心听另一名推销员说笑话，可能你认为我说的这些与你无关，但是我可不愿意从一个不尊重我的人手里买东西。"

乔从此知道了，用心倾听对于做任何一件事都是那样的重要。

每个人都有倾诉的欲望

人人皆对自己的经历和所做的事情怀着莫大的兴趣，人们最高兴的也莫过于对他人谈论这些事情。但过分地谈论这些，会使听者失去兴趣。

比如，有的人做了一个十分有趣的梦，觉得是亲临其境，其乐无穷，结果逢人便说，不厌其烦。另外，有的人则喜欢喋喋不休地对人说一些自己以前的经历：上中学时怎样，上大学时怎样，刚参加工作时怎样，后来又怎样……但是我们若仔细想一想，自己有兴趣的事情，别人也像我们一样有兴趣吗？那些断续破碎、稀奇古怪的梦境，除了做梦者本人，别人听来是非常沉闷的。如果听者对说话者提到的那些往事、那些人、那些地方一点也不熟悉，一点也不觉有趣，无疑他也不会与说话者产生共鸣。

凡此种种，不外乎证明人们对自己所经历的事情感兴趣，而对与自己毫无关系的事情觉得索然无味。所以，我们在与他人交谈时，应把握听者的这一心理。

每个人都会做梦，他对别人那种无关大局的梦不会感兴趣；每个人也都有自己的经历，他对别人那种平淡无奇、与己无关的经历也不会关心。这一事实告诉我们，在与人交谈中，尽量少谈一些人家不感兴趣的事，不要喋喋不休地谈论自己的生活、孩子、事业等，除非对方在特殊情形下的确感兴趣的时候，否则，还是以谈别的话题为佳。

同时，既然我们知道每个人最喜欢的是自己熟知的事情，那么在交谈中便可以尽量逗引别人去说他自己的事情。这是使对方高兴的最好的方法。如果我们充满了同情和热忱去听他津津有味的叙述，一定可给对方较佳的印象。

因此，要想多交朋友，要想在交际上取得成功，自己就应该少说别人不感兴趣的话，不要只讲自己、表现自己，而是应该耐心地去听取别人的说话。

在候机大厅里，庞克正在专心读书，忽然邻座传来一位老太太的声音："我敢说芝加哥现在一定很冷。"

"大概是吧。"庞克漫不经心地答道。

"我快3年没去过芝加哥了。"老太太说，"我儿子住在那儿。"

"很好。"庞克头也不抬地说。

"我丈夫的遗体就在这飞机上。我们结婚都有53年了。你知道，我不开车。他去世时是一位修女开车把我从医院送出来的。我们甚至还不是教徒呢。葬礼的主持人把我送到机场。"老太太有点忧伤地说。

此时，庞克觉得自己刚才不理老太太的行为多么令人讨厌，他终于明白：身边有一个人正在渴求别人倾听她的诉说。她孤注一掷地求助于一个冷冰冰的陌生人，而这个人更感兴趣的是读书。

她所需要的只是一个听众，不要忠告、教诲、金钱、帮助、评价，甚至不需要同情，仅仅是乞求对方花上一两分钟来听她讲话。

庞克不再读书了，而是用心听老太太说话。老太太一直缓缓地讲着，直到他们上了飞机。

这看起来是那么矛盾：在一个拥有发达的通讯设备的社会里，人们却苦于无法交流，无法找到一个听众。老太太在机舱另一边找到了她的座位。当庞克把大衣挂起来的时候，又听见老太太用带着哀愁的音调对着她的邻座说："我敢说芝加哥现在一定很冷。"

庞克在心里祈祷："上帝，但愿有人听她讲。"

人都会有一种倾诉的欲望，如果有人在向你喋喋不休时，耐心地倾听就是对他人最大的尊重。

做一个耐心的倾听者

现代社会中，我们希望人人都能勇于开口，大胆说话。但凡事都有个分寸，如果我们不会把握这个分寸，那就只能适得其反，弄巧成拙。

生活中有许多是非之争是因为谈话多了；话说得越多，出毛病的机会也就越多。教人少说废话多做实事，这是古今中外哲人学者的共识。它饱含着深刻的辩证法则。真正有学问的人大智若愚，不太乱说话，相反那些腹中空空、没有几点文墨的人却喜欢大吹大擂。所以，我们应记住一条原则：在任何地方和场合，最好能少说话。若是到了非说不可时，那你所说的内容、意义，所选用的词句，所伴随的姿势以及说话的声音，都不可不加以注意。在什么场合该说什么话，用什么方式说，都值得注意。无论是在探讨学问、接洽生意，实际应酬或娱乐消遣中，种种从我们口里说出的话，一定要有中心，要能具体、生动，要十分精彩。

在类似座谈会的场合中，大家都是踊跃发言，而不注意听清楚别人的意思。所以，经常产生彼此的误会，各想各的，都站在自己的立场，擅自解释别人的意见，表面上看起来，大家讨论得十分热烈，事实上非常散乱。因此，真正有见识的人，会在脑中把众人的论点分析、整理出来，而当座谈会进行到中段以后，才提出他归纳后的要点，让大家有个一致的方向。然后，再说出自己的意见，使整个讨论的方向更为明确，这种人才是最会表达的人。

为保证说的每一句话为人所重视，不惹人讨厌，唯一的资本是少说话，静静地思考，耐心地听别人说话。

做一个耐心的倾听者要注意六个规则：

规则一：对讲话的人表示称赞。这样做会造成良好的交往气氛。对方听到你的称赞越多，他就越能准确表达自己的思想。相反，如果你在听话中表现出消极态度，就会引起对方的警惕，对你产生不信任感。

规则二：全身注意倾听。你可以这样做：面向说话者，同他保持目光的亲密接触，同时配合标准的姿势和手势。无论你是坐着还是站着，与对方要保持在对于双方都最适宜的距离上。我们亲身的经历是，只愿意与认真倾听、举止活泼的人交往，而不愿意与推一下转一下的石磨打交道。

规则三：以相应的行动回答对方的问题。对方和你交谈的目的，是想得到某种可感觉到的信息，或者迫使你做某件事情，或者使你改变观点等。这时，你采取适当的行动就是对对方最好的回答方式。

规则四：别逃避交谈的责任。作为一个听话者，不管在什么情况下，如果你不明白对方说出的话是什么意思，你就应该用各种方法使他知道这一点。

比如，你可以向他提出问题，或者积极地表达出你听到了什么，或者让对方纠正你听错之处。如果你什么都不说，谁又能知道你是否听懂了？

规则五：对对方表示理解。这包括理解对方的语言和情感。有个工作人员这样说："谢天谢地，我终于把这些信件处理完了！"这就比他简单地说一句"我把这些信件处理完了"充满情感。

规则六：要观察对方的表情。交谈很多时候是通过非语言方式进行的，那么，就不仅要听对方的语言，而且要注意对方的表情，如看对方如何同你保持目光接触、说话的语气及音调和语速等，同时还要注意对方站着或坐着时与你的距离，从中发现对方的言外之意。

在倾听对方说话的同时，还有几个方面需要努力避免：

第一，别提太多的问题。问题提得太多，容易造成对方思维混乱，谈话精力难以集中。

第二，别走神。有的人听别人说话时，习惯考虑与谈话无关的表情，对方的话其实一句也没有听进去，这样做不利于交往。

第三，别匆忙下结论。不少人喜欢对谈话的主题做出判断和评价，表示赞许和反对。这些判断和评价，容易让对方陷入防御地位，造成交际的障碍。

老狐狸再列举六点令人满意的倾听态度：

（1）适时反问。

（2）及时点头。

（3）提出不清楚之处并加以确认。

（4）能听出说话者对自己的期望。

（5）辅助说话的人或加以补充说明。

（6）有耐心并想深入了解说话的内容。

倾听能帮助你思考

很多人擅长侃侃而谈，并以此为荣。不错，在很多时候，这些人奔放的思想、精彩的言辞烘托了交际氛围，使大家能交融在一起，彼此很高兴、友善地交流沟通。但对这些人来说，如此的举止或许能为你赢来朋友，却得不到对你有用的信息。这样的方式只使你付出，却无法收获什么。

人的能力毕竟有限，肯定有许多东西是我们个人所无法了解的，通过倾听别人的谈话，我们可以获取许多有用的信息，可以分享他们的知识和经验，为我们的思考提供帮助。

1951年，威尔逊带着母亲、妻子和5个孩子，开车到华盛顿旅行，一路所住的汽车旅馆，房间矮小，设施破烂不堪，有的甚至阴暗潮湿，又脏又乱。几天下来，威尔逊的老母亲抱怨地说："这样的旅行度假，简直是花钱买罪受。"善于思考问题的威尔逊听到母亲的抱怨，又通过这次旅行的亲身体验，得到了启发。他想：我为什么不能建立一些便利汽车旅行者的旅馆呢？他经过反复琢磨，暗自给汽车旅馆起了一个名字叫"假日酒店"。

想法虽好，但没有资金，这对威尔逊来说，确是最大的难题。拉募股份，但别人没搞清楚假日酒店的模式，不敢入股。威尔逊没有退缩，心中只有一个念头，必须想尽办法，首先建造一家假日酒店，让有意入股者看到模式后，放心大胆地参与募股。远见卓识、敢想敢干的威尔逊，冒着失败的风险，果断地将自己的住房和准备建旅馆的地皮作为抵押，向银行借了30万美元的贷款。1952年，也就是他旅行的第二年，终于在美国田纳西州孟菲斯市夏日大街旁的一片土地上，建起了第一座假日酒店。5年以后，他将假日旅馆开到了国外。

倾听别人说话，是处世中必不可少的内容。能够耐心听别人说话的人，必定是一个富于思想的人。威尔逊就是一个有思想的人。他的成功，在于他能注意倾听别人的谈话。

我们在汲取他人有益的思想时，必须做的事就是要像威尔逊那样，学会倾听，听别人说什么，从他人的语言中提炼有价值的信息，便于自己思考时使用。

我们的听觉不仅仅是一种感觉，它是由4种不同层面的感觉组成的：生理层、情绪层、智力层和心灵层。眼睛和耳朵是思维的助手，通过它们我们可以感觉到真正的意味。当它们"动作"协调时，我们就能够真正听到别人在说些什么，而不是草率地听。

成功的推销员让顾客说话

一位成功的推销员若想拥有大量固定的销售对象，必须要做到以下五点：

（1）争取拉到新的顾客。

（2）逐步增进与客户间的了解，加深彼此间的信任。

（3）及时帮助顾客解决购买商品时出现的问题和遇到的困惑。

（4）征得客户的商品订货单。

（5）向顾客推销新产品。

要做好这五项工作，其中最重要的是推销人员如何做到充当公司与客户间的联系人，以维持与顾客间的人际关系。除此之外，还必须进一步加深本身与顾客的关系。如果推销人员不首先做到这一点，便无法开展工作。

有这样一个例子：

一家机电公司的经理经常向某电子产品厂家订货，有一次某位记者问到这家机电公司为什么偏对那家电子产品厂家感兴趣，因为这家电子厂家的产品并不是该市质量最好的。机电公司经理回答说："我之所以会大量购买他们公司的产品，是因为我很欣赏他们的推销人员，因为我认为他们的推销人员是我所见到的推销行业中最棒的，他们总让我有说话的机会。"

因此，不论是零售店，还是代理商、批发商，或是代理商和批发商的推销员，若要打开该商品的销路，提高商品在该销售点的市场占有率，必须要建立良好的人际关系。

而这种联系人的角色得要有谦逊的态度。给别人说话的机会，一方面是表示你的谦逊，而使别人感到高兴；另一方面可以借此机会，观察对方的语气神色，给你一个测度的机会，这不是两全其美的方法吗？可是，现在有许多人，总是喜欢抢先，好像自己先说了，便可以压倒对方或者使对方觉得自己不是一个平凡的人；又有好多人，一开始说话，便滔滔不绝，自以为是个长于口才者，殊不知别人早已对他有了一个恶劣的印象。事实上他已经失败，这根本不是在交谈，完全是他说给人听，以后他将不受人欢迎，人们见到他只有退避三舍。

倘若你是一个店员，对上门的顾客滔滔不绝地宣扬自己货物如何的优良，此时，顾客对你如簧之舌、天花乱坠的说话，只不过当作是一种生意经，绝不会轻易相信购买的。反过来，你如果给顾客留有说话的余地，使他对货物有批评的机会，你只是成为与他对此货物互相讨论的人，那么你的生意就可以做成了，因为上门的顾客，他早存有选择和求疵的心理，尽管他把货物批评得多不好，只要他选定了，自然会掏钱出来购买的。而你只知夸耀自己的货物，或是对顾客的批评只知争辩，无异指责顾客没有眼光，不识好货，这不是对顾客一个极大的侮辱吗？他在受了极大的侮辱之后，还会来买你的货物吗？

倾听中的插话技巧

老狐狸不但会倾听，也会在适当的时候插话。那如何插话，才有助于达到最佳的倾听效果呢？

根据不同对象可采取不同的方法：

（1）当对方在同你谈某事，因担心你可能对此不感兴趣，显露出犹豫、为难的神情时，你可以趁机说一两句安慰的话。

"你能谈谈那件事吗？我不十分了解。"

"请你继续说。"

"我对此也是十分有兴趣的。"

此时你说的话是为了表明一个意思：我很愿意听你的叙说，不论你说得怎样，说的是什么。这样可以消除对方的犹豫，坚定他倾诉的信心。

（2）当对方由于心烦、愤怒等原因，在叙述中不能控制自己的感情时，你可用一两句话来疏导。

"你一定感到很气愤。"

"你似乎有些心烦。"

"你心里很难受吗？"

说这些话后，对方可能会发泄一番，或哭或骂都不足为奇。因为，这些话的目的就是把对方心中郁结的一股异常情感"诱导"出来，当对方发泄一番后，会感到轻松、解脱，从而能够从容地完成对问题的叙述。

值得注意的是，说这些话时不要陷入盲目安慰的误区。不应对他人的话做出判断、评价，说一些诸如"你是对的"、"他不是这样"一类的话。你的责任不过是顺应对方的情绪，为他架设一条"输导管"，而不应该"火上浇油"，强化他的抑郁情绪。

（3）当对方在叙述时急切地想让你理解他的谈话内容时，你可以用一两句话来"综述"对方话中的含意。

"你是说……"

"你的意见是……"

"你想说的是这个意思吧……"

这样的综述既能及时地验证你对对方谈话内容的理解程度，加深对其的印象，又能让对方感到你的诚意，并能帮助你随时纠正理解中的偏差。

以上三种倾听中的谈话方法都有一个共同的特点，即不对对方的谈话内容发表判断、评论，不对对方的情感做出是与否的表示，始终处于一种中性的态度上。切记，有时在非语言传递的信息中你可以流露出你的立场，但在语言中切不可流露，这是最重要的。如果你试图超越这个界限，就有陷入倾听误区的危险，从而使一场谈话失去了方向和意义。

第十章　话问对了，事就成了

——说话提问经

口才圣经——

　　谁想要从对方那里得到更多的东西，谁就必须做到一点：多听少说。谁说得越多，谁获得的东西就越少。

　　在沟通中，让对方说得越多，我们了解对方真正意图的机会就越多。所谓知彼知己，百战百胜。当你掌握对方的情况，远比对方知道你的情况还要多，你自然就把握住了先机。

　　那么，怎样才能让别人说得更多呢？秘诀就是——提问！

提问的四大作用

　　提问，是社会交往中很常见的一种活动。如何使对话按照自己计划的进程发展，使社交对象说出自己想要得到的回答，很重要的一点就是取决于人们提问技巧的高低，它也是口才高低的表现。提问的一个重要作用是让对方为自己解疑释难，此外，老狐狸认为，提问还有以下作用。

1. 促进人与人的关系

我们每天遇到熟人都会说："小陈，上哪儿？""老林，你来啦？""小白，吃过了吗"等。很显然，问题的内容并不是我们关心的，而是用这种问候语进行感情交流。在同事、好朋友之间也经常用提问来交流情感。比如，你的女同事坐在那儿哭，其实你也明白她哭泣的原因是由于夫妻俩感情不融洽，受到丈夫的欺负。如果你坐近她，从事件的起因问起，一直问到结束，她一定会感激你的体贴和关心。如果你不问她的苦衷，说上一大通大道理，肯定不能使她感到安慰的。

2. 以问话作为话语的引子

冯玉祥将军统领西北军时，部队中有个外国军事专家经常提问刺探军事秘密。冯玉祥不高兴了，有一天对他说："你知道中国'顾问'两字是什么意思？"

"不知道。"

"'顾'者看也；'问'者问话也。'顾问'者，我看着你，有话问你时，才请你答复。"

显然，冯玉祥将军的问话，其目的就要引出对方讲"不知道"，然后就势讲出后面他想说的，对他进行教育。

3. 以提问代回答

《钢铁是怎样炼成的》里写道：有一天晚上，保尔和安娜不幸被几个匪徒拦劫。一个匪徒用手枪逼住了保尔，另外两个兽性大发的匪徒把安娜拖到了一所空房子里。事后，一个正爱着安娜的工人茨维泰叶十分不安地问保尔，安娜是否被强奸。保尔很难过，反问道："你爱安娜吗？"茨维泰叶费力地说："是的。"听了这话，保尔抑制住愤怒，头也不回地迈步走了。这里，保尔对对方提出的问题不做正面答复。保尔这个反问，实际上回答了对方的牵挂问题，这个问句起到了一种以问代答的作用，反驳对方的话语。

4. 回击、反驳对方的话语

回击、反驳有三种情况：一是回击对方刁难、攻击自己的话语动机；二是反驳对方的人品；三是反驳对方话语中提出来的观点。试举一例：

"徐孺子，南昌人，11岁时与太原郭林宗游，稚与之还家。林宗庭中有一树，欲伐去之，云：'为宅之法，正如方口，口中有木，困字不祥。'余曰：'为宅之法，正如方口，口中有人，囚字何殊？'郭无以难。"

郭林宗有迷信思想，认为宅中有树，犹如口中有木，成了不吉利的"困"字，因此想把树砍掉。而11岁的徐稚一个问句就把这种观点给反驳了。他说如果宅中不能有树的话，那么宅中也不能有人，因为口中有木成了"困"字，口中有人成了"囚"字。如果说"困"就不祥，那么"囚"字又有什么不同呢？问得对方无言以对。

提问的技巧

要恰当、得体、有效地提问，需要掌握一定的提问技巧。

一、选好对象，有针对性地提问

1. 适应对方的年龄、身份、文化素养、性格等特点

比如，你对小朋友可以问"你几岁啦？"对老年人就不宜这样问。再如你可以对一个中国人问："你在哪儿工作？""收入不错吧？""家里有几口人？"这是关心尊重对方的表示；但这样问一个美国人，就是打听别人隐私的不礼貌行为。被问人有的热情直爽，有的沉默寡言；有的文静安详，有的急躁毛草；有的高傲，有的谦虚；有的诚恳，有的狡黠。性格不同，气质各异，提问的方式也应当有相应的变化：或单刀直入，或迂回进攻，或敞开发问，或试探而进。只有这样，才能达到目的。

2. 根据对方的心理特点

在问答过程中，提问的人，提问的内容、提问的方式，甚至提问行为的本身都会对被问人的心理产生一定的影响。提问人必须根据被问人的心理特点进行提问，这样才能达到提问的目的。在提问的时候，被问人总是处于一

定的心境之中，如我们去探望病人，人家正在为病情焦灼不安，我们就不应问："病情会不会恶化呀？"

另外，被问人总会对提问人的问题本身采取一定的态度，从而产生种种心理活动，如抗拒心理、回避心理、揣测心理等。

二、掌握双方问答进程，提问要有明确目的

提问在交际活动中处于主动地位，它决定了对方说不说，说什么，怎么说；也决定了双方的交谈程序和交际气氛。所以，提问也应有控制技巧。

1. 掌握社交气氛

两人问答，气氛是冷淡或是融洽，对社交的效果有很明显的影响。社交气氛可由提问的问题和方式来控制。选择问句的句式和严肃的语气，使气氛紧张，能对被提问的人的心理产生压力。比如，审讯犯人：

"你昨晚去没去会计室？""去过。"

"一个人还是几个人？""一人。"

"去干什么？""偷钱。"

"偷没偷？""偷了。"

从此例可看出收到了较好的效果。

又如一位外祖母同她的小外孙久别后，见面时的一次对话：

"夏天过得好吗？""好。"

"游泳了吗？""没有游。"

"你见到了许多小朋友吧？""嗯。"

"你爱吃冰激凌吗？""爱吃。"

这样的谈话气氛沉闷，双方都像例行公务似的。其实，老祖母只是想和小外孙亲近亲近，可不知怎样才能让他说话，只好接二连三地采取是非问和事件信息问，这种闭塞式的提问，当然不会打开对方的话头了，这样的提问就没有控制住谈话活动。

2. 掌握由提问到表达的过程

有时人们提问，是要对方听自己表达，这就有个由自己提问到自己表达

的转变过程，如：

电车上，一位中年人给一位妇女让座。这妇女一声不吭就坐下了。

中年人问："嗯，您说什么？"

"我没说什么呀！"

"哦，对不起。我以为你说了'谢谢'呢。"

先生的提问是为了引出自己后面对女方的批评，显得含蓄而又有心计。

又如孟子在批评齐宣王不会治国时问：

"假若一个人，把妻室儿女托付给朋友照顾，自己到楚国去了。等他回来时，妻子儿女却在挨饿受冻。对这样的朋友，该怎么办？"

王答："和他绝交。"

孟子说："假若管刑罚的官吏不能管理他的部下，怎么办？"

王答："撤掉他！"

孟子又问："假若一个国家搞得很不好，那又该怎么办？"

王这时只好看看左右，而讲其他的了。

孟子先设两问，诱导齐宣王做出肯定的回答，然后提出应该怎样处置不会管理国家的国君，使宣王无以对答，最后服从自己的想法。

三、讲究方式提问，提高提问水平

1. 话题的选择是一大关键

一位心理学家曾说过，要使对方乐于答话，莫如挑他擅长的来说。其实，提问也如此。比如，一个人羽毛球打得好，就可先问："听说你对羽毛球很拿手，是吗？"问话的提问正像打羽毛球时的发球，你以对方的特长发问，就像特意发了个使对方容易接的球，他当然乐意还击，一来一往，畅谈不休。所以，有人把提问称为"谈话的发球"，这一比喻是很恰当的。

2. 技巧要与实际相适应

有位青年人走进一家装潢别致的咖啡厅，拿起餐巾围在脖子上。店主看见了，就对伙计说："你过去告诉他，他弄错了。不过讲话要注意方式。"服务员走过去，对顾客说："对不起，先生，您要刮脸，还是理发？"这个青年人听后却拉下了脸。

这个提问由于不符合社交场合，谁也不会跑到西餐馆来刮脸或理发，于是这种委婉提问在青年人听来就可能是讽刺与嘲弄，是达不到交际效果的。

3. 运用技巧要讲究效果

有位父亲想知道儿子毕业后找什么工作。他提问：

"宝儿，你长大了要干什么？"

"当飞机驾驶员！"儿子说。

"当驾驶员干什么？"

"周游世界！"

这位好心的父亲启发式的提问之所以未能达到效果，是因为提问的导向不明确，故儿子不可能如他预想的那样回答。

提问的方法

表达同类或类似的意思、达到同样或类似目的的问话，以不同的形式说出来，其效果也不一样。比如，问"你很讨厌他吗？"或"你很喜欢他吗？"就不如问"你对他的印象怎么样？"好，对一个看来超过40岁的人，与其问"你今年贵庚"，倒不如问"你今年可能有30多岁了吧"；问"替我把信寄了吧"，就不如问"是否帮我寄了那封信？"这样听起来更舒服。

为什么会出现这种效果上的差异呢？原因很清楚。第一句问话太直接，第二句话以对方为中心，让人听来有被尊重之感。提问者是否谦恭，其问话是否合乎听者的心意，都直接会影响到问话的效果。任何人都希望得到别人的尊重和体谅。问话者如果不尊重和体谅对方，他自己也只能自讨没趣。下面，我们将通过对两句普通问话的分析来说明这一点。

一家餐厅里曾发生过一件饶有兴趣的事。有两位顾客同时到这家餐厅吃饭。在点菜时，一位顾客问服务员："今天的石斑鱼好不好？"服务员答应说："好。"结果这位顾客只吃到了前一天剩下的石斑鱼。另一位顾客则问服务员说："今天有没有什么好的海鲜？"服务员也满口应承说："有。"这位顾客最后真正吃到了好的海鲜。

为什么这两位顾客的遭遇不一样呢？这就要从他们的问话上找原因。"今天的石斑鱼好不好"和"今天有没有什么好海鲜"两种问法，在对方心理上引起的反应是不一样的，虽然它们在字面上有些相似之处。前者只是在问一样东西，只有好或不好的两个答案，为了顾全餐厅的声誉，服务员不能不说"好"。而且，一种东西的好与不好的标准是很难说的。标准既不易界定，那么服务员说了个"好"字，也不能说是欺骗了你，即使今天的石斑鱼并不好。另外，前者所问的只是石斑鱼，似乎除了石斑鱼外，其他的都不爱吃。为了讨好你，服务员也觉得说"好"是他的责任。这种问话产生的效果，只能是问话者吃亏。

第二种问法就不同了。首先，"今天有没有什么好的海鲜"表示心中并无成见，不管什么海鲜，只要好便行。其次，这种问法还体现出提问者为人谦虚，善于请教他人，不是故做聪明。再次，这种问法范围很广，给对方留下了较大的回旋余地。服务员可以说"有"，也可以说："今天没有什么好海鲜。但今天的烧鸡又肥又嫩，值得一试。"因此，这种问法必定会给服务员留下良好的印象。他见你求教于他，其自尊心就得到满足。出于内心的高兴，也出于对工作的负责，他当然会把最好的海鲜介绍给你。而且，"海鲜"的范围很广，只要把各种海鲜比较一下，把当天最好的介绍给你就行了，并且这工作也易于应付。

问话的方式是千变万化的，这里所举的例子，只起到抛砖引玉的作用。要掌握纷繁的问话方式的奥妙，还得自己去不断地揣摩和探索。

提问的尺度

提问是开启谈话对象的百宝匙。只要你掌握了一定的问话尺度，即使你没有各种专长，也足以应付各种各样的人，因为你如果不能回答对方，就可设法一直提问。

交谈，特别是陌生人之间的交谈，都是以问话开始的。对不同的人，应问不同的话。假定你的谈话对象是一位医生，而你在医学方面完全是个门外汉，你可以说"近来乙型肝炎好像又开始流行，你们大概又很忙于给一般人打预防针吧？"这个问题既是大家都关心的，又是对方的工作问题，经你一问，对方的口便开了。由此可以接着谈下去，从乙型肝炎的症状谈到饮食卫生，谈到治疗药品……只要你不厌烦，你可一直追他谈下去。如果遇到房地产经营者，你可以问近来地价的起落；遇到电器行业的负责人，你可以询问哪种牌子的录像机最实用；遇到教师，你可以问他学校的情形，学生的素质和倾向。总之，问话是打开交谈之门的最好的办法，而在问话时最好是问对方知道的问题或最内行的问题。

但应该注意，在日常交谈中，有些方面是不宜提问的。

第一，对方不知道的问题不宜问。如果你不能确定对方能否充分地回答你的问题，那么你还是不问为佳。比如，你问一位医生："去年发生在本市肝炎病例有多少？"这个问题对方很可能就答不出来，因为一般的医生谁也不会去费神地记这类数字。要是对方回答说"不太清楚"，就不仅使答者有失体面，问者自己也会感到没趣。

第二，政见不宜问。如果你的谈话对象不是一位政治家、政论家或权威人物，你最好不要就某个重大的政治问题向他提问。普通人对于政治的看法是有很大分歧的。对方不知道你有何背景，也不知道你有无成见，不会开诚布公地回答这类问题。

第三，有些问题不宜刨根问底。比如，你问对方住在哪里。对方回答说"在北京"或说"在香港"，那么你就不宜再问下去。如果对方高兴让你知道，他一定会主动详细地说出来，而且还会说"欢迎光临"之类的话。否则，别人便是不想让你知道，你也就不必再问了。此外，在问其他类似的问题（如年龄、收入等）的时候，也要注意掌握问话尺度，要适可而止。

第四，不要问同行的营业情况。在激烈竞争的社会里，任何人都不愿意把自己的经营状况或秘密告诉一个可能的竞争对手，即使你问到这个方面的问题，也只能自讨没趣。

另外，在交往中还应注意：不问别人的饰物的价钱；不问报纸刊物的销量（除非知道该刊物是一流的，对方说出来面无愧色）；不问女子的年龄（除非知道她有60岁）；不问对方的家世；不问别人用钱的方法。总之，凡对方不知道或不愿别人知道的事情都应避免问。时刻要记住，问话的目的是引起双方的兴趣，不是使任何一方感到没趣，那么，你的问话技巧就非等闲了。

看清对方，问得适宜

日常闲聊总免不了提问，但问也不是随随便便的。老狐狸说：到什么山唱什么歌。同样，提问也应见什么人发什么问。

首先，人有男女老幼之分，该由老人回答的问题，向年轻人提出就不合适，该向男性提出的问题，也不能叫女性来回答。

其次，每个人都有自己独立的性格色彩。有人性格外向、热情直率，对任何问题几乎都能谈笑风生，畅所欲言；有人寡言好思，情绪不外露，但态度比较严肃；也有人讷于言辞、孤僻自卑，对任何问题都敏感，甚至有点神经质。对性格外向的人尽管什么问题都可以提，但必须注意问得明白，不要把问题提得不着边际，否则很容易使谈话"走题"；对寡言好思的人，要开门见山，简洁明了，提问要富有逻辑性，尽量提那种"连锁式"问题，"你为什么会这样呢？""后来呢？"等，这样可以促使他源源不断、步步深入地谈下去；对那种敏感而又讷于言辞的人，要善于引导，不宜开始就提冗长、棘手的问题，通常以他喜欢的话题，由浅入深据实发问，启发他把心里的话说出来，但必须注意绝不能向他提令其发窘的问题。

再次，提问必须掌握最佳时机。提问并不像逛大街、上自由市场那样随时都可以进行。有些提问时机掌握得好，发问的效果才佳。两个过去很要好的朋友都刚刚走上工作岗位，一个偶然的机会他们相遇了，互相询问："你们单位怎样？工作还顺利吧，谈恋爱了吗？"显得既亲热自然，又在情理当中。但是，如果一位姑娘经人介绍与一位从未见过面的小伙子谈恋爱，公园门口两人准时赴约了，沉默了一会，姑娘抬起头来问："你谈过恋爱吗？工作轻松吗？工资多少？"其结局就可想而知了。中国人见面打招呼都喜欢问一句"吃了吗？"如果这话用在吃饭时间前后，倒也无妨，但如果下午三点左右在公共汽车上遇到熟人也问这么一句，就难免让人感到有点莫名其妙。

一般来说，当对方很忙或正在处理急事时，不宜提琐碎无聊的问题；当对方正专心欣赏音乐文娱节目或体育比赛时，不宜提与这支音乐或这场文娱节目和体育比赛无关的问题；当对方伤心或失意时，不宜提太复杂、太生硬、会引起对方不愉快的问题。

总之，一把钥匙开一把锁。我们应该注意选择最佳时机，针对不同的对象，采用不同的对策提问，让对方在轻松、自然的气氛中，把思想深处的东西和盘托出。

问得太多惹人烦

老狐狸讨厌一切不知趣的家伙。有的人心不坏，就是有些傻。

有个人家里出了一点麻烦，可他并不想让别人介入这件事。可是有个朋友一次到他家去，感觉气氛不对头，于是就不断问："怎么回事？你家出什么事了？"搞得他很无奈。

经常遇到一些喜欢刨根问底的人，"无微不至"地关怀，让人不堪忍受啊！假如有人没完没了地打听你的生活，你感到烦不烦呢？不妨来连珠炮似地问一问：

第一，你现在正在听谁的歌？你在哪里读书（工作）？你最后吃的一样东西是什么？现在天气如何？戴隐形眼镜吗？你们家养过什么？什么星座？兄弟姐妹和他们的年龄？

第二，有几个耳洞？你有文身吗？你喜欢你目前的生活吗？喝过酒吗？暗恋过几个人？会因为害羞而不敢跟人表白吗？不敢吃的东西有哪些？最喜欢吃的是什么东西？最喜欢喝什么饮料？最喜欢的数字？最喜欢的电影？最喜欢的卡通人物？最喜欢的品牌？

第三，最怀念的日子？最伤心的经验？最喜欢星期几？最喜欢春夏秋冬哪个季节？最喜欢的花是什么？最喜欢的运动是什么？最喜欢的激凌淋种类？最怕什么东西？如果有来世？

第四，讨厌做什么事？擅长的事是什么？卧室地毯的颜色是什么？想做什么职业？你们家住几楼？你觉得自己10年后会在哪里？寄这封邮件给你的人是谁？

第五，无聊的时候你大多会做些什么？你住的最远距离的一个朋友是谁？世界上最好的事是什么？目前有男（女）朋友吗？觉得同性恋如何呢？对于没有把握的事情态度如何？

第六，如果有人误会你怎么办？如果有人误会你，又不听你解释怎么办？有想过要怎么对你讨厌的人吗？你认为你的另一半帮你付钱是理所当然的吗？通常几点上床睡觉？现在心里最想见的人是谁？想要多大结婚？今天心情好吗？

你如此地了解，烦不烦？累不累？

与人交往，不该知道的就不要知道。知道多了反而惹是生非。每个人都有自己需要保密的东西，都有不想让别人知道某些事的权利。你的朋友因一个不愿让他人知道的事闹得情绪很低，而你又敏感地从他的神色上猜出了他有心事，于是就问对方遇到了什么麻烦，可对方觉得告诉你不好，不告诉你又怕得罪你，这不是难为他吗？

一次提出两个问题

有人说，女性的心理真是难以捉摸，在邀请女孩子时，如果你先问："去吗？"然后再问她："不去吗？"可能百分之八十的女孩子会拒绝说："算了吧！"因为女孩子总是比较含蓄和留有余地的，对于没有把握的事往往选择"不"。

知道了女孩子的这种心理，你在邀请女孩子时就不妨运用一点攻心上的技巧，即不妨先问她："不去吗？"然后再问："去吗？"增加她考虑答应的几率，情况就可能改观。

也有些女性总是难以开口说"不"，让你搞不清她的意思，你问她："怎么决定？是去，还是不去？"她沉默不语。有位心理学家是这样说的："女孩子的沉默不语，表示答应。"因此，你不妨这样问她："怎么样，还是去吧！"除非她很快地开口说"不"，否则就表示默许了。

日本著名的心理学家多湖辉说过这样的话，根据人们选择后者的思维习惯，在有两个以上的选择时，将你所期待的问题放在最后，就能获得满意的回答。

他还举过这样一个例子：

某男演员是一个著名的花花公子。有一次，他在一家杂志上发表一段话，对于如何说服一名女性留下过夜，他用了这样的问法："你是要回去？还是要住下来？"而绝不会问："你是要住下来？还是要立即回去？"

你看了这段故事后，大概也会觉得这家伙确实有一手。

因为，当一名女性被自己喜欢的男性问及"是否要回去"时，心里便有安全感，因为对方似乎颇尊重自己，同时又因为期待落空而略感失望，便紧接着对方的"还是要住下来"的问话，又使失望感顿时消失，即使是不回答，也等于是答应了。

如果我们反过来先问"你是要住下来"的话，一般女性必定会产生警戒心，而接着又问"还是要回去"，使对方直觉感到是要回去，即使原本是愿意留下的，此时也不好说出口。

当然，在实际生活中，即使两个人的交往已经到了炉火纯青的地步，"是否住下"这一问题对女性而言，还是一个很大的问题，必然会产生紧张心理。第一种说法，表面上看似乎尊重对方，其实不过是诱使女方的一种说辞。

我们在日常生活中也时常会遇上两者选择其一的情况。若是你想让对方选择自己所期待的，问话时最好是将它置于后方。经如，在商店，当一位客人买了许多东西正要回去时，你便问他："是要我帮你送过去呢？还是你自己带回去呢？"

大多数客人听了都会说："还是我自己来好了。"

如此提问不但达到了你对他的关怀之意，同时却又替自己省去了许多的时间和劳力。

只给出一个选择答案：Yes或No

有一个朋友，他的女儿才貌双全，许多条件很好的男人向她求婚，都被她拒绝了。

并非她不想结婚，而是她想到结婚以后，必须走进厨房，每天为柴、米、油、盐之类的事情烦心，就退缩了。

但是有1年，突然出现了一个让她决定出嫁的男士。

这个男士既能干又有钱，只是长得不英俊。每一次约会她都是在不知不觉中答应的。后来渐渐地了解了他的工作，也和他的家人见了面。

当有一天，她突然觉醒时已经太迟了，因为订婚戒指已牢牢地套在她左手的无名指上。

每次问她怎么会嫁给他时，她总是开玩笑地说："我是上了他心理战的当。"

有时又会说："可能一切都是命。"

也许因为说了这些话，而引起了她继续说下去的兴趣，她谈起了他们是如何开始约会，又如何闪电般迅速结婚的。现在将她听说的话，掺杂了个人的想象，认为他们第一次约会时对话可能是这样的：

"网球和电影，你喜欢哪一种？"

"我喜欢看电影。"

"国产片和外国片，你是喜欢外国片？"

"是的，但是华星国际影城正在上演张艺谋导演的新片，虽然是国产片，我也很想看。"

"这样好了，这个礼拜天我们一起去看。"

这个女孩不假思索，轻松地答道："好吧！我们去看。"

然后，他们就经常一起看电影。

刚开始时，这个女孩根本没有想过要和这个男士约会，但事后想起来，当时男士问的问题中，她好像没有回答"No"的余地，都是说"Yes"或"OK"的。本来在一开始约会时，其内容都会有"Yes"和"No"的选择，如果是"Yes"的话，那么在以后的约会中，就会谈有关"Yes"的内容，或A和B问题中的内容，而这个男士提问时，几乎无视这一点，他只让她从A或B中来选择"Yes"或"No"。

虽然，她在这场心理战中失败了，所幸的是她建立了一个幸福的家庭，所以也就没有什么关系。

让对方说"是"

美国电机推销员哈里森，讲了一件他亲身经历的有趣的事：

有一次，他到一家新客户的公司去拜访，准备说服他们再购买几台新式电动机。不料，刚踏进公司的大门，便挨了当头一棒：

"哈里森，你又来推销你那些破烂了！你不要做梦了，我们再也不会买你那些玩意儿了！"总工程师恼怒地说。

经哈里森了解，事情原来是这样的：总工程师昨天到车间去检查，用手摸了一下前不久哈里森推销给他们的电机，感到很烫手，便断定哈里森推销的电机质量太差。因而拒绝哈里森今日的拜访，推销更是无门啦！

哈里森冷静地考虑了一下，认为如果硬碰硬地与对方辩论电机的质量，肯定于事无补。他便采取了另外一种战术，于是发生了以下的对话：

"好吧，斯宾斯先生！我完全同意你的立场，假如电机发热过高，别说买新的，就是已经买了的也得退货，你说是吗？"

"是的。"

"当然，任何电机工作时都会有一定程度的发热，只是发热不应超过全国电工协会所规定的标准，你说是吗？"

"是的。"

"按国家技术标准，电机的温度可比室内温度高出42℃，是这样的吧？"

"是的。但是你们的电机温度比这高出许多，喏，昨天差点把我的手都烫伤了！"

"请稍等一下。请问你们车间里的温度是多少？"

"大约24℃。"

"好极了！车间是24℃，加上应有的42℃的升温，共计66℃左右。请问，如果你把手放进66℃的水里会不会被烫伤呢？"

"那——是完全可能的。"

"那么，请你以后千万不要去摸电机了。不过，我们的产品质量，你们完全可以放心，绝对没有问题。"结果，哈里森又做成了一笔买卖。

哈里森的成功，除了因为他的电机质量的确不错以外，他还利用了人们心理上的微妙的变化。

当一个人在说话时，如果一开始就说出一连串的"是"字来，就会使整个身心趋向肯定的一面。这时全身呈放松状态，容易造成和谐的谈话气氛，也容易放弃自己原来的偏见，转而同意对方的意见。

使用让对方说"是"的方法，有几点要特别引起我们的注意：

（1）一定要创造出对方说"是"的气氛，要千方百计避免对方说"不"的气氛。因此，提出的问题应精心考虑，不可信口开河。

比如，一推销员与顾客之间发生了一场对话：

"今天还是和昨天一样热，是吗？"

"是的！"

"最近通货膨胀，治安混乱，是吗？"

"是的！"

"现在这么不景气，真叫人不知如何是好！"

这一类问题虽然很正常，不论推销员如何说，对方都会回答"是的"，好像已经创造出肯定的气氛，可是注意他说话的内容，却制造出一种让人无心购买的否定悲观的气氛。

也就是说，顾客在听到他的询问后，会变得心情沉闷，当然什么东西也不想购买了。

（2）要使对方回答"是"，提问题的方式是非常重要的。什么样的发问方式比较容易得到肯定的回答呢？最好的方式应是：暗示你所想要得到的答案。

所以，在推销商品时，不应问顾客喜不喜欢，想不想买。因为你问他"你想不想买"、"喜不喜欢"时，他可能回答"不"。因此，应该问："你一定很喜欢，是吧？"

当你发问而对方还没有回答之前，自己也要先点头，你一边问一边点头，可诱使对方做出肯定回答。

相同的问题可以有不同的问法

同是一个问题，措辞略有不同，效果相差很远。比如，说"邮筒在哪里？"和"在哪里有邮筒？"便有不同的答案。因为你问法不同，听起来就有差别。

以讲究衣着出名的美国电影明星辛西娅·吉布，某次出席一个聚会，穿的是一件红色的大衣，用一句形容词就是"红得很好看"。第二天，许多亲友和记者来问及那件红大衣的事，问法有如下的不同。

"吉布小姐，昨天你穿了件什么颜色的大衣呀？"（自由式）

"吉布女士，你昨天穿了件大衣，是红色，还是什么别的颜色？"（半自由式）

"是红色的吗？"（肯定式）

"不是红的吧？"（否定式）

"是红的，还是白的？"（选择式）

"是深红还是浅红？"（强迫式）

吉布事后对人说，她最不开心是听到"否定式"的提问，对于强迫式也不感愉快。她笑道："他们何不问我那大衣是浅绿还是深绿？这样，我会爽快地答它是红的。"

否定的方式常会使问话的意义模糊不清，比如：

"因为你昨晚喝醉了酒，所以没有回家吗？"

公共汽车上有一个女学生问她的同学小赵："你觉得这个假期的电影不算没有好看的吧？"

小赵听不惯对方的谈话，因为小赵一时也想不出如何答她，答"有"呢？还是"不算没有"？实在是因为她的问题令人难解。

聪明人都喜欢间接，但是大都加以滥用，所以有时弄巧成拙。凡是可能直接使对方难过，有所损害的，都以间接法为宜。

有这样一个例子：

某地有一个退休干部，年已99岁，已拿退休工资数10年，每次都由他的孙儿到有关方面领取。某次财务处换了一个新人，他看见花名册上写着领薪人的出生年月是1907年，算一算当已近百岁，心想可能是他的儿孙蓄意瞒报领薪人死亡，从而冒领退休工资。

本来他可以问："喂，同志，这个老先生究竟死了没有？"可是他并不这样问，却用"间接法"："老先生在1907年出生，今年可有几岁了？"听话的人当然知道对方用意何在，于是答道："今年99了，托福他还健在。"对方疑团顿释，当即语带歉意地说："是吗？恭喜你有这么一个长寿的祖父。"于是双方满意告别。

要知道别人的年龄，直接询问也常会得不到好结果，尤其是问女性今年多少岁，简直会被对方认为是一种侮辱。被选为日本第一号保险推销员的原一平，就常用以下的方法问别人的年纪。

他先问对方："你看我今年有多少岁呀？"对方说："三十四五岁吧？"原一平就答："你猜中了，我今年34，你呢，我看是四十二三吧？"（故意把对方估计年轻一些）

"哪里，我今年48岁了。"

先用一种方法向对方示以敬意，就是间接法的经典之处。比如，你看见一个妇女大腹便便，你与其问她："你怀孕啦？"就不如说："恭喜你！"

问句类型举例

下面是一些问句类型的举例。

1. 封闭式问句

例一：有相当程度威胁性，令人不舒服

"上星期三，你上哪儿啦？"

"你有没有向××提那件事？"

例二：供对方任意选择

"你的专业是文科还是理科？"

"毕业后，你是去政府机关，还是到工矿企业？还是选择留校？"

例三：让对方进一步明朗态度

"你想办×××那件事，决定了没有？有什么困难吗？"

"你说领导交给你的那项任务非常不好办，现在有没有勇气承担？"

例四：敦促对方表态

"一个共产党员，必须无条件服从革命需要，你说是吗？"

"学习刘翔的拼搏精神，就能克服困难，你说对不对？"

"他一贯表现很好，应不应该受到表扬？"

例五：参照式问句，用第三者的意见说服对手

"老李认为××事应该采取××措施完成，你以为如何？"

"经理说，今年把营业额提高10%，大家认为怎么样？"

2. 开放式问句

例一：使大家畅所欲言

"你对自己当前工作表现有什么看法？"

"你看我们承担××任务应该怎样开展才好？"

"你对明年的工作计划有什么考虑？"

例二：征求意见

"公司经理说需要派一个人去××洽谈业务，你愿意去吗？"

"工厂要搞一项技术革新，你在这方面有基础和经验，你愿意参加吗？"

"我校新兴学科缺乏教师，要公开招聘，你愿意报考吗？"

例三：探索式问话可以显示兴趣和重视

"你谈到在工作中遇到不少困难，你能不能告诉我主要有哪些？"

"你刚才讲不适合承担这项工作，你能进一步说明原因吗？"

"你说小张有才华可以提拔重用，能不能进一步谈谈理由？"

例四：启发对方谈出新看法

"现在接近年末了，你能不能谈谈对今年工作的评价？"

"你在报刊上发表了不少××方面的学术论文，对于学术研究有什么窍门？"

"明年的物价可能还要上涨，你有什么看法和意见？"

棘手问题巧应对

这个世界上，总是会有一部分人去刁难另外一部分人，而你作为一个人，必然要面对这些场面。这时候，就是考验你的口才的时候。一方面，你要合体地应对，圆满地回答对方的问题；另一方面，你还要注意言辞，不给对方留下可乘之机。这样回答的难度可想而知。不过，要想使你的社交活动成功，你就要想方设法达到这个目标。

不管你是要回答记者们带试探性的问题，还是面对怒不可遏的顾客、心怀不满的雇员或者是爱寻根问底的竞争者提出的尖刻的问题，只要肯于动脑，你总会找到办法回答的。

沃尔特·列士敦刚刚宣布自己从市银行总裁的岗位上退下来，就有记者向他发问："如果保尔·伏尔克辞职的话，联邦储备银行的职位会使你感兴趣吗？"

列士敦："没有人这样问过我。"

记者："现在我就想这样问你。"

列士敦："过去教过我的一位历史学教授曾告诫我，绝对不要回答那些虚拟的问题。"

只用了精心挑选的寥寥数语，列士敦就得体、幽默又不无权威地对一个可能令人窘迫的问题做出了回答。诸如此类的巧妙应答当然不是容易做到的，即使是知名度很高，又有丰富经验的领袖人物，也往往因为遇到特别棘手的问题而茫然不知所对。

下面列出善于思索、反应灵敏的人士应对棘手问题的最常见的几种形式。

1. 假设型问题

"如若你不能按期移交工作怎么办？"

许多人常常会陷入"如若……怎么办"之类的问题，都感到很难自拔。明智的人却不会被这类问题逼得走投无路；相反他们会采取积极的态度。下面就是一位广告公司经理回答此类问题的一则实例。

问："如果公司整顿搞不成怎么办？"

答："我们花6个星期筹划公司整顿事宜，我们打算搞好它。"

2. "是与否"的问题

"由于这个原因，你们将雇更多的人来干活，是不是？"

如果你急于用"是"或"否"来回答这类问题，那你被逼入死角也是咎由自取。明智的人知道，在这种情况下，自己完全有权利谈出自己的看法并做出解释。试看一家印刷公司的主管是如何回答上述问题的。

"现在我们正在研究来年的生产计划，看看我们的人手是不是够了。如果我们需要雇更多的人，那我们一定会考虑的。"

当然，回答这样的问题也不宜讲得太多，讲多了反而有"含糊其辞"之嫌。

3. "你认为某某怎么样"的问题

"你认为这位房地产经纪人将对指控做出什么样的反应？"

明智的人往往避免对任何别人会说什么或做什么作出预言，因为他们知道自己无法控制别人。但是，我们可以控制自己的言论。可取的回答是："关于那位房地产经纪人的情况，我确实一无所知，你们得问他本人。"

在一次记者招待会上，记者问里根是否相信这样的说法：苏联人认为他会再度连任总统，所以想和他会晤。里根总统回答："究竟什么原因（使他们想和我会晤），你得问他们。"

4. "何者为最"的问题

"你可以列出你们人事部门最关心的两大问题吗？"

对此类问题要小心。虽然问题听上去很简单，但是如果掉以轻心、随便应答，那你可能会后悔莫及。一家公用事业公司的人事经理曾直率地回答这个问题："我们最关心的是生产率和吸毒问题。"殊不料，该公司一位女性雇员当即跳出来责问他："这么说，难道你就不关心给妇女平等机会的问题？"

为了避免陷入这种窘境，明智的人会这样回答："我们最关心的是这样一些问题，如……"或"让我给你讲讲我们关注的几个最大的问题，那就是……"

5. "非问句形式"的问题

"我很欣赏你的训练计划，但是我并不认为我现在就需要一位私人教练。"

对这种斩钉截铁、毫无回旋余地的陈述，不妨将对方的陈述先改成问题，然后陈述自己的主张给以回答。纽约有一位健身咨询顾问，对来自客户的抵制之声一向胸有成竹。当客户对她讲，他们不需要家庭授课时，她是这样做出反应的："你们一定也有这样的疑问：从你的家庭授课中我能得到什么呢？"接着她便侃侃而谈其适应不同需要的健身服务项目的益处，以打动对方，争取对方改变立场。

6. "私下里随便谈谈"的问题

"请你和我谈谈——这是咱俩私下随便聊聊，不要顾虑——关于那项工

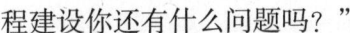

程建设你还有什么问题吗？"

如果你认为这只是小范围的晤谈，或认为只是在跟一些耳目闭塞的人讲话，所以尽可能讲得自由、随便一点，那你就很可能上当，且悔之晚矣。何以见得？因为当你对任何一个问题做出反应时，你都应当把你的回答看成可能在明晨头版见报的，而事实上也确有这种可能性。所以明智的人会这样抵挡："无论如何那不是应该私下解决的问题，还是大家开会一起商量的好。"

7."非此即彼"型问题

"对你们公司来说什么更重要——是重新装修董事长办公室呢？还是修缮职工食堂？"

没有哪一条规则规定动作，你必须选择A或B。你尽可这样回答："两者对我们来说都很重要。"或者"这正是我们今年要着手改进的两项工作。让我再跟你讲讲其他的吧。"下面是一位行政长官在记者招待会上对付一个"非此即彼"型尴尬问题的实例。

记者："琼斯太太，你是另有他就还是被迫下台？"

琼斯："昨天下午5点钟我正式提交了辞呈。"

8.带有"为什么"的问题

"大凡销售员都差不多，为什么我非买你的货不可？"

一听到这个"为什么"，你就首先应该设身处地考虑一下，对方需要什么？如何投其所好。

请看一位健康食品推销员罗宾斯坦是怎样回答上述问题的："我不强调价格，因为大多数推销员的索价大同小异。我要告诉顾客，他们和我打交道不会吃亏，使顾客都愿意跟我做生意——那才是销售产品的决定因素。"

9."非真实前提"型问题

"既然你手下的人已经延误了交货，你打算采取什么措施来弥补？"

当你听到一个不真实的前提时，你应该立刻纠正它，不要让它毫无异议地滑过去，否则你会给人留下同意这个前提的印象。如果必要的话，你可以打断对方，稍稍提高嗓门，甚至举手示意对方别再讲下去。然后你可以这么回答他："对不起，史密斯先生，情况可并不是像你说的那样，我可以给你看看你寄来的订单。"

10. "开门见山"的要求

"那么，跟我讲讲你们公司（你们以前的工作或你们的新生产线）的情况吧。"

一个"开门见山"的要求往往给你提供了一个很好的宣传自己的机会。你可以准备一些短小精悍而又能高度概括的讲话腹稿，以便伺机出击。

当有人问起"宾夕法尼亚人"合唱团的情况时，该团领导人弗兰德·沃伦就曾这样回答："我们唱的歌将永远留在听众心里。我们干得比谁都要好。"

只要肯于动脑子，积极借鉴别人的长处，不断提高自己的表达能力和应变能力，遇到特别棘手的问题时，你也会应付自如，而不会遭遇茫然不知所措的尴尬。

第十一章　良言一句三冬暖

——说话批评经

口才圣经——

　　我们在沟通中，既需要热情的赞美，也需要中肯的批评，批评是为了帮助对方认识错误，改正错误，积极把工作做好，而不是要制服别人或把别人一棍子打死，更不是为了拿别人出气或显示自己的威风。所以批评时态度要诚恳，语气要委婉，要站在对方的立场上，以关怀、爱护、诚心诚意的态度来待他，而不要摆出一副严肃或阴沉的面孔，郑重其事地用指责和强硬的口气说话，因为这样会造成紧张的气氛，使对方产生逆反心理。

　　批评之所以被人拒绝，有两种原因：其一是批评者不了解当事人的处境和造成错误的原因，使当事人感到委屈；其二是批评者采用了权威性的立场，暗示当事人行为的"笨拙"或"愚昧"性质，引起了当事人的反感。基于诚恳的批评，应能避免这两种错误，讲究批评方法和批评艺术。

切莫轻易指责别人

1863年7月1日,美国南北战争中的葛底斯堡战役拉开帷幕,到了7月4日晚上,南方的李将军大败。林肯高兴极了,他意识到只要打败李将军的军队,战争很快就可以结束了。于是,他满怀希望地下了一道命令给前线的米地将军,要他立刻出击。但是,米地违背林肯的命令,他用尽了各种借口,拒绝攻打李将军。最后,李将军和军队越过波多络河,顺利南逃。

林肯勃然大怒,极端失望之余,他坐下来给米地写了一封信,信中表达了他内心的极端不满。林肯有一段话是这么写的:

"亲爱的将军,我不相信你对李将军逃走一事会深感不幸。他就在我们伸手可及之处,而且,只要他被俘虏,加上我们最近获得的胜利,战争即可结束。现在,战争势必延续下去,上星期一你不能顺利抓住李将军,如今他逃到波多络河之南,你又如何能保证成功呢?期盼你会成功是不明智的,而我也并不期盼你现在会做得更好。良机一去不复返,我实在深感遗憾。"

信写完了,但林肯没有急于寄出去,他望着窗外,心里思绪万千,"慢着,也许我不该这么性急。坐在安静的白宫里发号施令很容易,如果我身在葛底斯堡,像米地一样每天看见许多人流血,听到许多伤兵哀嚎,也许就不会急着要攻打敌人了,如果我的个性像米地一样畏缩,大概也会做同样的决定吧!无论如何,现在木已成舟,把这封信寄出,除了让我一时觉得痛快以外,没有别的用处。米地会为自己辩解,会反过来攻击我,这只会使大家都不痛快,甚至损及他的前途,或逼他离开军队而已。"

于是,林肯把信搁到一边,惨痛的经验告诉他:尖锐的批评和攻击,所得的效果都等于零。相反,努力去理解对方的用意,结局会好一些。

记住,别人也许全错了,但他本人并不一定意识到这一点。不要去责备他,那样做太愚蠢了。应该试着去了解别人,这样的人才是聪明的人。别人之所以那么想,一定有他的原因。找出那个隐藏着的原因,那你就拥有了解释他行为或者个性的钥匙。试试看,真诚地使自己置身于别人的处境里。如果你总能对自己说:"我要是处在他的情况下,会有什么感觉?会有什么反应？"那你就能节约不少时间，免去许多苦恼。因为"若对原因感兴趣，我们就不大会讨厌结果"。

在我国的文学史上，有一个"苏东坡错改王安石菊花诗"的故事。

有一次，苏东坡去拜访王安石，未遇王安石，却见其书桌砚台底下压着一首未写完的诗："西风昨夜过园林，吹落黄花满地金。"苏东坡看罢心想："只有秋天才刮金风，金风起处，群芳尽落，但菊花有傲霜之骨，怎么花瓣飘落呢？王公真是'江郎才尽'，铸成大错啊！"于是，他一思忖挥笔续诗："秋花不比春花落，说与诗人仔细吟。"便拂袖而去。时隔不久，苏东坡与好友陈季常一日到后花园赏菊饮酒。这天正是刮了几天大风之后，园中十几株菊花枝上一朵花也没有了，只见满地铺金，落英缤纷。苏东坡一时瞠目结舌，感慨万分。他对友人说，这事给他的教训太深了，今后凡事要谦虚谨慎，千万不可自恃聪明，随便讥笑别人。回城后，他主动向王安石"负荆请罪"，承认错误。由于他勇于承认自己的过错，王安石也对他消除了隔膜。

苏东坡自恃聪明、随便讥笑别人，造成了错误，这是可以引以为鉴的。

讲说话的方式并不是提倡大家一团和气，不能开展任何形式的批评，而是讲不能不注意方法方式，随心所欲地指责人。当我们自己有了错误时，一般来说我们会对自己承认；如果别人以温和的方法来处理，采取适当的方式向我们指出，我们也会对他们认错，甚至觉得爽直坦白是光荣的；但别人若硬将不能吃的食物往我们口中塞，随意地对我们过分地指责，我们也是绝不会接纳的。我们自己是这样，难道人家就不如此？

批评他人要真诚

与人共事，不可能那么一帆风顺，总会有别人出错时需要你提出批评指示。这时，你若批评指正不当不仅会达不到目的，弄不好还会产生负作用。

有一个爱好摄影的人，拿了一叠他自己的摄影作品去拜访一位摄影家，请他批评指正。摄影家把他的作品看了一遍，很热心地告诉他哪一张曝光时间长了一些，哪一张光圈小了一些，哪一张取景需要变换角度……当这位摄影家正在指正的时候，来请教的人总是找一番理由来为自己辩护。不是说当时天气不佳，就是说取景时找不到合适的立足之地等，如此，啰唆了半天。

当那个摄影爱好者走了以后，摄影家觉得又好气又好笑。他说："我真傻，何必说那么多的话呢。"

其实这种结果是完全能想象得到的，现在的有些青年人就不愿意虚心接受批评。

几年前，史密斯先生的侄女约瑟芬离开她在美国加州的家，到纽约去做史密斯先生的秘书，那时她才19岁，刚高中毕业，对于商业常识和生意上的事一点儿也不了解。然而，她待人做事，却颇为老练。有一段时间，她经常犯一些错误。有一次，史密斯先生真想批评她几句，但再一想，她年纪轻，阅历浅，不可太苛求，于是改用和颜悦色的方法对她说："现在你做错了事，自然是难免的，我在你这个年纪的时候，做的错事比你多得多，所以我相信将来随着年龄的增长你一定会增长才干的，现在你照着这样做不是好多了吗？"先承认自己有错，然后再指出别人的错误，令人易接受。

人们做错了事，或做了件吃亏的事，除非他自己主动告诉你时，才会坦白地承认错误，但如果是你主动指出他的错误，那么他一定找出种种理由加以辩解。你可以在周围的朋友或家人中试试看，无论是小疏忽或大错误，没有几个人能在别人指出后立即坦率地、不为自己解释地承认错误。所以，批评他人时，一定要讲究方法，态度要诚恳。

忠言逆耳利于行

秦汉之际，刘邦率兵攻破函谷关，进入咸阳，灭了秦朝。他进入秦朝皇宫，见宫室富丽堂皇，美女珍宝不计其数，于是流连忘返，想留在宫中，享受一下做皇帝的快乐。

将军樊哙见此情景便气冲冲地责问："沛公，你是想得天下，还是想当富翁？此室中所有，皆秦所以亡天下也，沛公赶快回灞上，千万别留在宫中。"刘邦听了，大为反感，不予理睬。

不一会儿，张良劝刘邦说："只因秦王贪暴，不得人心，你才取得今天的胜利，我们既然为天下除去暴君，理应以俭朴为本，现在刚进咸阳，若又像秦王一样享乐，岂不等于助纣为虐？况且，'良药苦口利于病，忠言逆耳利于行'，希望您能听从樊哙的劝说。"他们终于说服刘邦还军灞上，揭开了楚汉战争的序幕。

张良与樊哙同为批评刘邦，但张良成功了，樊哙失败了，原因在于张良恰到好处地抓住了刘邦的心理，强调刘邦所关心的成败问题，再加上语气委婉动听，虽是批评意见，刘邦听起来顺耳，因此就欣然接受。樊哙就比较鲁莽，反语暗含讥讽，令刘邦心生反感，因而对他的话置之不理。

良药苦口利于病，忠言逆耳利于行。但是，为什么良药就一定是苦的，忠言就一定是逆耳的呢？现代医学十分发达，许多良药，如蜜糖、如水果，早已不苦口。语言科学发展至今，批评的忠言也可做到"顺耳"，人人爱听。

何妨批评也风趣

幽默式批评就是在批评过程中，使用含有哲理的故事、双关语、形象的比喻等，缓解受批评者的紧张情绪，启发受批评者思考，增进相互间的感情交流，使批评能有一个轻松愉快的气氛。幽默式批评在于启发、调动被批评对象积极思考。它以幽默的方式点到批评对象的要害之处，含而不露，令人回味无穷。但是，使用幽默式批评不要牵强附会，生拉硬扯，否则，将适得其反，给人一种画蛇添足之感。

这里举一个例子来说明何谓幽默的批评。

课堂上很乱，有的学生在说笑，有的学生睡觉，有的学生眼观窗外。上课的老师突然停下了讲课，语重心长地对大家说："如果坐在中间谈笑的那几个同学能像那位观看窗外景色的同学那样安静的话，也就会让前面睡觉的那两位女同学睡得更香甜了。"此言一出引起哄堂大笑，那几位被点到的同学的笑容里则带有羞愧之色。

幽默能使人感到亲切，使气氛变得轻松，即便是批评，也没有那么难以接受。

幽默不是天生的，是可以培养的。再呆板的人，只要努力都可以逐渐变得幽默起来。美国前总统里根以前也不是幽默的人，在竞选总统时，别人给他提出了意见。于是他采用了最笨的办法使自己幽默起来：每天背诵一篇幽默故事。

但是要注意，幽默的批评不是讽刺，讽刺别人会使人厌恶，甚至产生对抗心理。

批评的五个前提

生活、工作中，批评和奖励一样必不可少，因为缺点每个人都有，只有认识到自己的缺点才有可能进步。自己认识不到就得靠别人来帮助，这就是批评的价值所在。所以，批评人让对方认识到批评的价值才不会使批评走向误区。

但是，在开展批评时，一定要讲究方式、方法，这里也有艺术性。

1. 注意场合

批评时应考虑时间、场合和机会。假设一位管理者带着部下到顾客那里去访问，当管理者发现部下在言谈举止上存在问题时，就不能当着顾客的面提出批评。这时候，最重要的还是要用高明的谈话技巧，把部下的缺点掩饰过去。当没有旁人的时候，在车上或回程的路上对部下提出批评，是绝妙的时机。

2. 对事不对人

有人批评人时总是说："从你做的这件事就能看出你这个人怎样。"这是批评之大忌。批评时，只能针对事情，而不能针对个人的人格、品性，拿事来说人。

比如，可以这样说："小姜，根据往常的经验我知道，你不至于犯这种错误，是否有什么原因使你这次没有做好充分准备？"这种气氛有助于使对方认识到你不是在攻击他的人品，不是批评他这个人，而是批评他的某项工作或某件事情。你把批评指向他具体的工作，就无损于他的整个自我形象。这种批评建立在友好的气氛中，使对方感到无拘无束，欣然接受。用这种方法，在指出他人错误的同时实际上夸奖了他，使他得以重新树立自我形象。

3. 先赞扬，后忠告

批评的最终目的不是要把对方压垮，不是整人，而是为了帮助他成长；不是去伤害他的感情，而是帮他把工作做得更好。

有的成功人士之所以善于运用批评，就是他们能采取先扬后抑的方式。比如，"小张，你的调查报告写得不错，你肯定下了不少工夫。同时，还有一个重要的问题你要注意涉及……""小李，自从你调到这个单位来之后，你表现得不错，对你取得的成绩，我非常赞赏。就是有一点我觉得可以做得更好，我也相信你一定愿意改正的……"如果对方需要得到忠告批评，要从赞扬其优点开始。这种方式就好像外科医生手术前用麻醉药一样，病人虽然有不舒服的感觉，但麻醉药却能消除痛苦。

从赞扬开始，以忠告结束批评，问题也解决了，感情也没受到伤害，真是奇妙的方法。

4. 缩小批评的范围

人们犯错时，受不了的是大家对他群起而攻之，因为这伤害了他的自尊，他也许会承认错误，但无法接受这种批评方式，这将使他对领导、对同事充满敌意，一旦有机会，将以牙还牙。

如果我们希望自己的批评取得效果，就绝不能使别人反对自己。我们的目标是取得一些好的效果，或使对方回到正确的轨道上来，而不是去贬低他的人格。即使你的动机是高尚的，是真心诚意的，也要记住，对方的感觉也在起作用。当其他人在场时，哪怕是最温和的方式也可能引起被批评者的怨恨，不论是否辩解，他已感到他在同事或朋友面前丢了面子。对于一些过失，只要他认识到错了，就没有必要当着众人的面要求他做出公开检讨，而只要在你的办公室里面对面跟他谈，就足以使他反省了。任何具有上进心的人都不愿犯错误，从他个人角度来说也是如此，何况我们的目的只是为了让他改进工作，而不是贬低他的人格。

5. 不要新账旧账一起算

话说三遍淡如水。要想对一个已知的过错引起注意，一次提醒就足够了，批评两次完全没有必要，而三次就成了纠缠。如果你被引发提起过去不愉快的事，或改头换面地重谈过去已犯的错误——揭人疮疤，会令人不舒服。除非他又重犯类似的错误，否则，无缘无故地挑刺儿，他就会认为你对他抱有成见，或别有用心。要记住批评目标：使这方面的工作得以改进，顺利地完成任务。一旦这种错误得到纠正和解决，就忘掉它。一次批评，一次提高。当对方接受批评、取得了一定的进步时，他就已经在新的起跑线上了。

批评不是存款，时间越久，利息越多。总是翻阅别人的老账，唠叨个没完，于做事没有丝毫的帮助。批评别人时，宜"就事论事"，不要新账旧账一起算。在交谈结束时，说几句"我相信你会从中吸取经验教训的"诸如此类勉励的话，就会让人觉得这不是有意打击，而是变失败为成功之母，不失为一次有益的经验。这样想过之后，他会鼓起精神，更加踏实地投入工作。

批评的十三种方式

行动失误，办了错事的人，常有保卫其自我尊严的倾向，如果有人再以权威者的姿态出现，指责他的想法不够高明，行动不够周密，他的尊严将更感受威胁。这时防卫倾向会更增强，充耳不闻乃是极自然的反应。有鉴于此，我们在劝说别人的时候，就得多加注意，不要轻易让"你错了"说出口，尤其是不要强迫人家当面承认错误，而是采取一些温和委婉的方式，巧妙地暗示他错在哪儿。

批评有如下十三种方式。

1. 安慰式

年轻的莫泊桑向著名作家布耶和福楼拜请教诗歌创作技巧。两位大师一边听莫泊桑朗读诗作，一边喝香槟酒。布耶听完说："你这首诗，句子虽然疙里疙瘩，像块牛蹄筋，不过我读过更坏的诗。这首诗就像这杯香槟酒，勉强还能吞下。"

这个批评虽严厉，但留有余地，给了对方一些安慰。

2. 劝告式

东汉名臣杨震，才高学绝，时人誉为"关西孔子"。他为官清正廉洁，不受私请，曾官至司徒、太尉。

杨震调任东莱太守时，途经昌邑县境。此前为杨震所举荐的昌邑县令王密，一直想报答杨震的举荐之恩。这天夜里，他特地前往驿站拜谒谢恩。为略表酬谢之意，王密暗携黄金10斤，单独造访。杨震对此颇感不快："我知道你的为人，你却为何不了解我的秉性？"王密说："您放心，这么晚了，没有人知道这件事。"杨震回答说："天知，地知，你知，我知。你怎么会说没有人知道呢？"听了这番话，王密顿感羞愧难当，只好欷歔地收礼告辞而去。

3. 模糊式

艾尔费雷德因为有诗才而闻名。一天，他给一些朋友朗诵自己的一首诗，颇受大家赞赏。但是事后一个叫查尔斯的朋友说："艾尔费雷德的诗我非常感兴趣——不过这首诗是从一本书中窃来的。"

这话传到艾尔费雷德的耳朵里，他非常生气，要求查尔斯赔礼道歉。查尔斯说："我承认这一次是说错了。本来我以为你的诗是从那本书里窃来的，但我又查了一下，发现那首诗仍在那里。"

4. 暗示式

苏东坡幼年时，天资非常聪明，由于读书特别多，书上的字也没有不认识的，再加上文章写得好，因而受到人们的尊敬和赞扬。在一片称赞声中，苏东坡有点飘飘然了。于是有一天，他在自己书房门前书上一联：读尽人间书，识遍天下字。对联贴出后，有的人捧场，更多的人则是不以为然，认为他太不谦虚，口出狂言，因而使他的形象降低了。

有一位长者专程来到苏家，向苏东坡"求教"，请苏东坡认一认他拿来的书。书上写的全是周朝史籀创制的字体。苏东坡一个也不认识，羞得面红耳赤，只好向长者道歉。长者也没有说什么，便含笑而去。苏东坡这才感到自己门前的对联名不副实，马上将对联各填一字，上联是：读尽人间书好，下联是：识遍天下字难。

这件事教育了苏东坡，最后终于使他成了有名的大文豪。

5. 请教式

王祈写了一首《竹诗》，他将最得意的"叶攒千口剑，茎耸万条枪"两句抄给苏东坡看，希望得到苏东坡的称赞。苏东坡看了后说："我想请教一下：你这竹子是何品种？干吗十条竹竿才长一片叶子呀？"

苏东坡没有直接批评诗句的不真实，而换了请教的口吻，让王祈自己认识到了自己的失误。

6. 比喻式

有一位化学老师当堂批阅学生的化学实验报告，见一位女同学所画的实验方案很糟糕，便把学生叫到身边，调侃地说："你看你画的这个烧杯，像个手雷似的！你还用酒精加热呢，要是爆炸了，不是要了我的老命吗？"女学生听了，不好意思地笑了笑。之后，她严格地遵循画图程序，并用上了各种画图工具，而不再信手乱画了。

这位老师没有直接批评该学生的画图态度，而是用比喻进行提示，诙谐风趣，自然容易被学生所接受。

7. 善意式

这是用平常随和的语气去批评，其中的语气亲切热情而不粗暴冷淡，平易近人而不居高临下。

陶行知先生有一次对偷了寺庙里和尚的木鱼的学生曾说过这样一段话："有的同学喜欢用敲木鱼来作为乐曲的节奏，动机是好的，但现在寺庙里缺掉了一只木鱼，而木鱼又是和尚的'吃饭家私'，我们总不能只顾自己欣赏音乐，却断了人家的生路吧。我相信拿人家木鱼的同学是一时糊涂。希望他在没人的时候，仍旧把木鱼归还到原来的地方去。菩萨会保佑他，我们也不责怪他。"

陶先生的一番话，从"生路"的实处入手，避开了抽象的大道理的训斥，有希望、有鼓励，包含了许多真与善的内容，人情味是深厚的。

8. 启发式

批评是针对对方的错误而言，错误的改正还是"内因"起决定作用，而批评者的"外因"只有一定的辅助作用，对方从根本上改正错误还要靠自己的"良知"。所以，高明的批评者，总是逐渐地"敲醒"对方，启发他的自我批评意识。

有一个中学生上外语课时看卡通书，老师没有马上批评他。下课后，老师把他找到教研室，亲切地对他说："你是咱班的语文科代表，现在我问你一个成语，专心致志，是什么意思？"那个同学回答说："这个成语的意思是无论做什么事情，都要聚精会神，一心不可二用。"老师赞扬说："你回答得很好，但能不能举个具体例子说明一下？"那个同学听到这句话时，脸"唰"地一下红起来，低下头吞吞吐吐地说："就拿刚才上外语课来说吧，我没有注意听讲，在下面看卡通书，这就没有做到'专心致志'。老师，我错了，请你原谅我吧！"

在这个批评的故事中，教师未批评学生一句话，而是通过让学生解释成语的方式启发学生自己认识到自己的错误，可见启发式批评多么有实效。

9. 幽默式

这种批评的特点是以不太刺激的方式点到被批评者的要害之处，含而不露，以缓解被批评者的紧张情绪，启发被批评者的思考，增进相互间的感情交流，使批评不但达到教育对方的目的，同时也能创造一个轻松愉快的气氛。

薄一波是山西人，他生性幽默，满口俏皮话，说话像唱歌一样带有韵味，抑扬顿挫，高低婉转。一次，他在各省工业书记会上，批评某些人搞工业建设，只图眼前不顾将来，在台上将大腿一拍说："你们不能近视眼，只图一时痛快，光考虑眼前这几个建设，不考虑长远的整体计划……还是要考虑如何讨媳妇儿建设好这一整个家……"哄堂大笑中，书记们都得到了深刻的启示。

10. 建议式

唐朝末年，李克用奉命带兵讨伐叛逆者。正当李克用整装待发之时，朱全忠与杨彦洪共同谋变，倒戈攻击李克用。李克用气得发狂，发誓集中兵力，讨伐朱全忠，以解心头之恨。可是，他的夫人刘氏却不同意，她说："你此次带兵伐叛是为国讨贼，并不是为了你个人的怨仇。现在，朱全忠叛变要谋害你，你当然很气愤，我也十分生气，觉得他该伐该杀。可是，如果你真的带兵去攻伐他，你的任务就完不成了，而且也改变了事情的性质，变国家大事为个人怨仇小事。我认为，朱全忠叛变的事，你应该上诉朝廷。由朝廷兴兵讨伐他，岂不是更好？"李克用听了夫人这番话，怒火顿消，便听从了夫人的意见，不再出兵攻打朱全忠了。

刘氏对这件事的处理是有分寸的，对丈夫的委婉批评也是有理有节的。倘若李克用不听刘氏的建议，或者刘氏不贤惠，怂恿李克用发兵讨伐朱全忠，其结果如何，谁胜谁负、谁是谁非也就难说了。

11. 迂回式

作家班奇利在一篇文章里谦虚地谈到他花了15年时间才发现自己没有写作的才能。结果一位读者来信对他说："你现在改行还来得及。"班奇利回信说："亲爱的，来不及了。我已无法放弃写作了，因为我太有名了。"这封信后来被刊登在报纸上，人们为之笑了很长时间。

事实上班奇利的作品闻名遐迩，但他没有直接指责那位读者，他以令人愉悦的、迂回的方式回答了问题，既保护了读者的自尊心，也保护了自己的名誉。

12. 间接式

这是用借彼喻此的方法声东击西，让被批评者有一个思考余地。其特点是含蓄蕴藉，不伤被批评者的自尊心。

冯玉祥向来提倡廉洁简朴。他在开封时，不准部下穿绸缎衣服，一见到有穿绸缎的，他便要想办法批评一下。有一次，冯玉祥看见有个士兵穿着一双缎鞋，连忙上前深深地作了一个揖，随着一个90°的鞠躬，而且还左一个大揖，右一个鞠躬，把那个士兵弄得莫名其妙，呆若木鸡。最后，冯玉祥告诉他说："我并不是给你行礼，只因为你的鞋子太漂亮了，我不敢不低头下拜哩！"

那个士兵吓得魂飞魄散，连忙脱下新鞋，赤着脚跑回去了。

13. 三明治式

美国著名企业家玛丽·凯在《谈人的管理》一书中写道："不要只批评而要赞美，这是我严格遵守的一个原则。不管你要批评的是什么，都必须找出对方的长处来赞美，批评前和批评后都要这么做。这就是我所谓的'三明治策略'——夹在大赞美中的小批评。"

接受批评最主要的心理障碍是担心批评会伤害自己的面子，损害自己的利益。为此，批评者应该在批评前帮助他打消这个顾虑。打消顾虑的方法就是将批评夹在赞美当中，也就是在肯定成绩的基础上再进行适当的批评。

批评的四大内容

苏联电影《列宁在1918》中有这样一个情节：苏联社会主义文学的奠基人高尔基，由于他对反动的资产阶级知识分子的本质认识不足，怀着过于慈善的心肠来找到列宁论理，说不能镇压知识分子。列宁巧妙地借一位工人的话说，如果不镇压那些顽固坚持反动立场、替沙皇做帮凶的知识分子，苏维埃政权就一天也不能维持下去。列宁的劝说既有说服力，态度又诚恳，高尔基心悦诚服了。他临别时还对列宁说："列宁同志，您真行，批评了人，还让人高兴地走。"

怎样才能像列宁那样，做到批评使人口服心服？批评时该说些什么？又该怎么说呢？这就涉及批评的内容。

批评有以下四种内容。

1. 批评要有针对性

批评之前认清批评是针对哪一种行为的，不要把话说得太笼统，避免使对方无端受到冤枉或产生猜疑。如某大学的一名班干部批评一位同学，可有两种说法：

（1）你怎么一点也不关心集体。

（2）你已经有两个月没做值日生了。

我们可以比较一下，这两个都是批评句子。

第（1）句说得太笼统，而且把对方说得一无是处，全盘否定人。说话笼统，也就不够确切了。对方可举例反驳："我怎么一点也不关心集体，上次秋游活动我不也参加了吗？那天班级拔河比赛，我不也在啦啦队里吗？"这样一来，就会引起新的矛盾。

第（2）句就比较好，没有用"一点也"这样绝对的话，就事论事，向对方指出一件确有其事，又是不应该的行为。受批评的人不认为是受了不公平的攻击，就容易心平气和地接受意见。

2. 衡量改正的可能性

如果在公共汽车上有人踩了你一脚，如果你的未满10岁的女儿把饭碗打破了，这些事应不应批评？这些事都不能动辄批评。别人踩了你，是因为公共汽车太拥挤；女儿打破碗是因为不小心，对这些都应采取宽容、安慰的办法。

认清了要批评的那件事，在批评之前还必须衡量一下对方是否有能力、有条件改正到你所要求的程度。

美国著名职业篮球明星巴特利，他的个人篮球技术是非常出众的，但他对别人的失误就缺乏耐力，见同伴失了一个球，就怒气冲冲地冲着对方说："每次都是你，害得我们输了球。"凡与巴特利同队一起打球的人，都觉得他"老是在批评别人，像一位完人一样看不惯别人"。

最后，巴特利众叛亲离，凄凉地隐退了。巴特利这种批评是不明智的，倒是他应该自问："我是不是也有责任？何况人家已尽了力，怎么能拿别人当出气筒呢？"这样一问，就会知道自己批评不妥，以后遇到这种情况，批评的话就不会冲口而出了。

3. 指出"错"时，也指明"对"

大多数的批评者是把重点放在指出对方"错"的地方，但却不能清楚地指明"对"的应怎么做。必须仔细想过后，才能明白你究竟要对方怎样做，该怎么把话说出来。有的人批评人家说："你非这样不可吗？"这是一句废话，因为没有实际内容，只是纯粹表示个人不满意。比如，一位丈夫埋怨妻子说："家里一团糟，又有客人要来，你怎么只管坐在那儿化妆？"这种话也不会起作用，它只说了一半。到底期望妻子怎样做，一句也没有提。应该这样说："客人要来了，你帮我去买点青菜和水果，然后将客厅里的报纸收拾一下，好吗？"

说明要求人应做的事，其实是指示对方改正的方向，让对方从另一个角度来接受批评的内容。一位车间主任批评一位青年工人说："你最近比较散漫。"青年工人听了手足无措，并不清楚。车间主任该说清楚是指上班迟到，还是没有参加技能培训等。

另外，为提高批评的效率，应该"不说我们不满意的，只说我们赞成的"，这样可以起到积极的作用。

一位刚刚搬到新宿舍区的青年人向居民委员会的主任提意见，抱怨这儿摩托车保管站的服务态度太差劲。这位主任及时地把意见转告了保管站的保管员。几天以后，这位青年人又送摩托车到保管站，保管员笑脸迎接，主动把他的摩托车安放好，还问他还有什么要求，使这位青年大为感动。事后他才知道，居委会主任向保管员说："新来的青年人对你的服务特别满意，还要感谢你。"秘密就是这样。

"真正懂得批评的人着重的是'正'，而不是'误'。"这是英国18世纪著名评论家约瑟·亚迪森的名言。

4.你懂得我的意思吗？

批评人的话语，一定要让受批评者听懂，否则只是对牛弹琴。常常听到夫妻俩之间的埋怨："我们俩总合不到一块儿。"这句最普通的埋怨话，可能被对方误认为是要"离婚"。

如果要求证对方是否听懂你的意思，最简便的方式就是问一问："你懂我的意思吗？"然后听听对方口中说出来的是否是你的本意。可惜大多数人忽略了这一点。问一问对方是否同意你的看法，也是批评别人时可以采取的沟通方式之一。能开口问，起码排除了对方沉默、生闷气的可能，如能坦然地提出异议，解决问题就有希望了。因为能明白对方还有哪些问题未想通，或自己有什么讲得不准确的，可以做更深一层次的探讨。

用一用声东击西法

很多人在批评别人的错误时，不经意触动了他们的"自尊"，从而火上又浇油。倘若能借助不同的表达方式，声东击西，结果就会是另一个样子了。

齐景公好打猎，喜欢养老鹰来捉兔子。一次，烛邹不慎让一只老鹰飞走了，景公下令把烛邹推出斩首。晏子知道了，去拜见景公，说："烛邹有三大罪状，哪能这么轻易杀他？请让我一条一条地数落出来再杀他，可以吗？"

齐景公说："可以。"

晏子指着烛邹的鼻子说："烛邹！你为大王养鸟，却让鸟逃走了，这是第一条罪状；你使得大王为了鸟的缘故又要杀人，这是第二条罪状；把你杀了，天下诸侯都会怪大王重鸟轻士，这是第三条罪状。"

齐景公听后，对晏子说："别说了，我知道你的意思了。"

晏子本意是想救烛邹，但却没有替他说情，反而数落罪状，似乎是给烛邹罪上加罪，然而，事实上却是这三条罪状反而救了烛邹的命。原来，晏子用的是"声东击西"法，表面上是在给烛邹加罪，实则是为其开脱，并批评齐景公重鸟轻士。这样，既避免了说情之嫌，又救了烛邹；既指出了齐景公的错误，又不丢齐景公的面子，可谓"一箭双雕"。

使用声东击西批评法时，"声东"就是制造声势，同时也带有伪装的色彩，其目的是为了后面更好地说服。而声势越大，伪装得越像，就为自己提供了越好的批评环境。"击西"是批评的真实目的，这一步最好在前面"声东"中就能表达进去，即把它融进去而又不被对方发现。因此这是较难的一步，实际操作时，要认真对待。

第十二章　不妨拿自己开涮

——说话自嘲经

口才圣经——

　　自嘲，顾名思义就是自我嘲弄，就是运用嘲讽的语言和语气，自己戏弄自己，自己贬低自己，自己嘲弄自己。适时适度地"自嘲"会收到妙趣横生、意味深长的效果。然而，醉翁之意不在酒，溢于言表的是嘲弄自己，而言语的"潜台词"却另有韵味，具有表里相悖、言此及彼的特点。运用自嘲往往能使自己的缺点和不足由大变小、由重变轻，并在别人会心的一笑中得以淡化。自嘲既是一种构成幽默的方式，也是一种优化自身性格魅力的独特而有效的方法，它在交谈中具有特殊的表达功能和使用价值。

想笑别人，先笑自己

　　幽默一直被人们称为只有聪明人才能驾驭的语言艺术，而自嘲又被称为幽默的最高境界。由此可见，能自嘲的人必须是智者中的智者、高手中的高手。自嘲是缺乏自信者不敢使用的技术，因为它要你自己骂自己，也就是要拿自身的失误、不足甚至生理缺陷来"开涮"，对丑处、羞处不予遮掩、躲避，反而把它放大、夸张、剖析，然后巧妙地引申发挥、自圆其说，博得一笑。没有豁达、乐观、超脱、调侃的心态和胸怀，是无法做到的。可想而知，自以为是、斤斤计较、尖酸刻薄的人难以说好自嘲的话。自嘲谁也不伤害，最为安全。你可用它来活跃谈话气氛，消除紧张；在尴尬中自找台阶，保住面子；在公共场合获得人情味；在特别情形下含沙射影，刺一刺无理取闹的小人。

自嘲是不可多得的灵丹妙药，别的招不灵时，不妨拿自己来开涮，至少自己骂自己是安全的，除非你指桑骂槐，一般不会讨人嫌，老狐狸的金科玉律便是：不论你想笑别人怎样，先笑你自己。

1. 自己胳肢自己笑

在人前蒙羞、处境尴尬时，用自嘲来对付窘境，不仅容易找到台阶，而且多会产生幽默的效果。所以自我解嘲，自己把自己胳肢几下，自己先笑起来，是很高明的一种脱身手段。

有个石学士，一次骑驴不慎摔在地上，一般人一定会不知所措，可这位石学士不慌不忙地站起来说："亏我是石学士，要是瓦的，还不摔成碎片？"一句妙语，说得在场的人哈哈大笑，自然这石学士也在笑声中免去了难堪。以此类推，一位胖子摔倒了，可是他说："如果不是这一身肉托着，还不把骨头摔折了？"换成瘦子，可以说"要不是重量轻，这一摔就成了肉饼了！"一位矮个学者的妻子嘲笑丈夫身材太矮，这位学者笑眯眯地说："我看还是矮点好，我如果不是一米五七，现在能够著作等身吗？如果不是我身短力小，我们的战斗你能场场取得胜利吗？如果不是我矮，你能优越地说我太短吗？"说毕，全场叫绝。

由此可见，自嘲时要对着自己的某个缺点猛烈开火才容易妙趣横生，但就这份气度和勇气，别人也不会让你孤独自笑，而多少会陪你笑上几声的。

2. 公众人物更需要笑自己

身在高位者或明星大腕们，与人打交道让人感到有架子。可能是因为他们过于紧张、有压力，也可能是这些人还没有摸着与普通人相处的窍门。通常而言，开开自己的玩笑，可以缓解压力，还能让一般人觉得有人情味，和普通老百姓一样，从而让人心里会舒坦。

此类例子多得很，一些相声演员、笑星或节目主持人常以此赢得观众的好评。

我国著名电视制作人、著名电视节目主持人杨澜，曾经应邀主持一个晚会的演出。晚会进行到中途时，杨澜不小心在下台阶时摔倒了。出现这种情况确实令人尴尬，但杨澜非常沉着地爬了起来，凭着她特有的主持人的口才和智慧，对台下的观众说："真是人有失足，马有失蹄呀。我刚才的狮子滚绣球节目滚得还不熟练吧？看来这次演出的台阶不是那么好下啊！但台上的节目会很精彩的，不信，大家瞧他们。"

杨澜这段自我解嘲式的即兴演讲非常成功，不但为自己摆脱了尴尬，更显示出了她非凡的口才。以至于她话音刚落，现场就立刻爆发出热烈的掌声。

力求个性化、形象性并学会适当的自嘲，可以使自己说话变得有趣起来。幽默力量能认同幽默的事物。因此老狐狸会笑自己，也鼓励别人和他一起笑。你也能做到！

3. 嘲笑自己也能让他人脸红

凡幽默之人往往不会处处与人为难，时时跟他人过不去，更不会无事生非。他总是遇事退避三舍，即使受到不公平的待遇或遭到令常人难以忍受的冤屈，也不会怨恨得咬牙切齿，愤怒得破口大骂。但是，他也不是窝囊废，他会以他独有的宽容的方式做出反应，也许带一点嘲讽，当然更少不了自嘲。这样，他成了更高层次上的胜利者。

希腊哲学家苏格拉底的妻子是个泼妇，常对他发脾气，而苏格拉底总是对旁人自嘲道："讨这样的老婆好处很多，可以锻炼我的耐力加深我的修养。"一次，老婆又发起脾气来，大吵大闹，很长时间还不肯罢休，苏格拉底只好退避三舍。他刚走出家门，那位怒气难平的夫人突然从楼上倒下一大盆水，把他浇得像只落汤鸡。这时，苏格拉底打了个寒战，不慌不忙地说："我早就知道，响雷过后必有大雨，果然不出我所料。"

显然，苏格拉底有些无可奈何，但他带有自嘲意味的讥讽，使他从窘境中超脱出来，显示了极深的生活修养。

能够"含沙射影"地让对方感到脸红，既解不快，又可起训诫作用，何乐不为。

自嘲能产生七大积极效果

适时适度地自嘲，不失为一种良好的修养，一种充满魅力的交际技巧。自嘲，能制造宽松和谐的交谈气氛，能使自己活得轻松洒脱，使人感到你的可爱和人情味，有时还能更有效地维护面子，建立起新的心理平衡。

自嘲能产生以下七大积极效果。

1. 摆脱窘境

在交谈中，当对方有意无意地触犯了你，把你置于尴尬境地时，借助自嘲摆脱窘境，是一种恰当的选择。

20世纪50年代初，美国总统杜鲁门会见十分傲慢的麦克阿瑟将军。会见中，麦克阿瑟拿出烟斗，装上烟丝，把烟斗叼在嘴里，取下火柴。当他准备划燃火柴后，停下来对杜鲁门说："抽烟，你不会介意吧？"

显然，这不是真心征求意见，在他已经做好抽烟准备的情况下，如果对方说他介意，那就会显得粗鲁和霸道。这种缺少礼貌的傲慢言行使杜鲁门有些难堪。然而，他看了麦克阿瑟一眼，自嘲道："抽吧。将军，别人喷到我脸上的烟雾，要比喷在任何一个美国人脸上的烟雾都多。"

由此可见，当令人难堪的事实已经发生，运用自嘲，能使你的自尊心通过自我排解的方式受到保护，并且，还能体现出你的大度胸怀。

2. 解决难题

广东一家蔬菜公司的副科长到郊区调运鲜菜，卖方想趁机捞一把，索价很高，双方僵持不下。眼看城里市场蔬菜供应严重不足，快要脱销，心急如火的科长却摆出一副泰然自若的样子，充分使用公关艺术中的幽默法来自嘲：“其实，你们把我看高了。我不过是个小科长，还是副的，我手里能有多大的决定权？再说，夏天这么热，我花大价钱买一堆烂菜帮子回去，能担当得起亏损的责任吗？”卖主们听了他的这番话，望望酷暑的太阳，知道蔬菜多积压一天将腐烂不少，不禁大为泄气，动摇了索要高价的决心。并且，卖主对科长的“苦衷”与“难处”还产生某种同情心，开始妥协。最后终于降低了菜价，达成了协议，该科长则顺利地完成了蔬菜调运任务。

3. 宽慰自己

人们在有些时候因某些事不尽如人意而烦恼和苦闷，运用自嘲，既可宽慰自己，又能让人刮目相看，一举两得。

1958年，马寅初的《新人口论》问世不久，便遭到陈伯达之流的点名批判。有人愤愤不平地对马老说：“你的逆耳忠言，竟遭人泼冷水。”马老风趣地回答说：“我最不怕冷水的，近50年来，我洗惯了冷水澡，天天洗，一日洗两次，冬夏不分。因此，冷水对我来说非但无害，反而有益健康。”

4. 融洽气氛

钢琴家波奇是一位幽默家。有一天他到美国密歇根州福林特城演奏，开场前发现上座率很低，不到五成。他虽然很失望，但并没有因此影响自己的情绪。为使场内观众不感到空寂，他便走向舞台的脚灯，笑着对观众说：“福林特这个城市的人们一定很有钱，因为我看到你们每个人都买了两三个座位的票。”立刻，空荡的剧场被笑声充满了，为他的演奏做了情绪铺垫。

5. 消除尴尬

置身于难堪境地时，如果过分掩饰自己的失态，反而会弄巧成拙，使自己越发尴尬。而以漫不经心，自我解嘲的口吻说几句取悦于人的话，却可以活跃气氛、消除尴尬。

作家杰斯塔尔是个大胖子，他却不以胖为耻。他对朋友自嘲说：“我是个比别人亲切三倍的男人，每当我在车上让座给女人时，我的一个座位中可以坐下三个人。”轻松愉快的自嘲，正是杰斯塔尔信心十足的有力表现。

6. 增添情趣

美国文学家欧文年轻时常向人们吹嘘自己是位好猎手，沾沾自喜地谈论自己高明的枪法。一天，他同朋友去打猎，朋友指着河里一只野鸭请他开枪。欧文瞄了一下扣动扳机，但没有打中，野鸭飞走了。朋友感到难为情，他却毫不介意，对朋友说："真怪！我还是第一次看到死鸭子能飞。"这是一句自嘲的话。正是这句话，欧文才给自己解脱了窘境。多么巧妙，多么有趣。

7. 增加人情味

笑自己的长相，或笑自己做得不很漂亮的事情，会使我们变得较有人情味，并给人一种和蔼可亲的感觉。

一次，陈毅到亲戚家过中秋节，进门发现一本好书，便专心读起来，边读边用毛笔批点。主人几次催他去吃饭，见他不去，就把糍粑和糖端来。他边读边吃，竟把糍粑伸到砚台里蘸上墨汁直往嘴里送。亲戚们见了，捧腹大笑。他却说："吃点墨水没关系，我正觉得自己肚子里墨水太少哩！"

人们尊敬陈毅，或许和他的这种豁达、幽默的禀性有关系吧！

用自嘲委婉拒绝

别人有事求你，你想拒绝，但明言拒绝，会让人难堪，而运用自嘲，委婉拒绝，既表达了自己的拒绝意图，又使对方乐于接受。

前法国总统戴高乐1964年4月辞职，尼克松亲自写了一封短笺再次邀请他访问华盛顿。戴高乐当时不能应邀，于当天亲自复信写道："亲爱的总统先生：您惠赐的邀请书及您个人热情洋溢的手札使我深为感动。这不仅由于您担任美国总统的崇高职位，而是由于这些书信是从您——理查德·尼克松那里来的。我很有理由地对您怀有最大最诚挚的敬意、信任和友谊……"戴高乐在无比亲切的语言中流露出不能赴美的遗憾和接到邀请的激动，在委婉的拒绝中表示对对方的赞扬和希望，表现出真诚的愿望。

相传，大戏剧家萧伯纳派人送给首相丘吉尔两张戏票和一封短笺，上面写道："来看我的戏吧，如果你有朋友喜欢也请带上一两个。"丘吉尔由于工作太忙不能接受这个邀请，于是找人传话说："首场演出我没有空去，但我第二天有空，如果你的戏还演第二场的话。"

从交际的角度看，既拒绝了别人的邀请，又没有失去礼仪，这就是技巧。而那种简单的所谓直爽式回避或否定，如不，不行，不知道，做不到等，留给人的是一种冷冰冰、硬邦邦的感觉，有损于和谐的人际关系。

用自嘲揭露自己的短处

人称"补白大师"的郑逸梅先生在《龙门阵》杂志上，发表了一篇《自暴其丑》的文章，尽情"嘲讽"了自己的种种"缺陷"、"缺点"，不愧是"笑谈自己"的集大成。年届耄耋的郑老先生写道：

我今年93岁，两鬓早斑，顶发全白，所谓"皓首匹夫"这个名目，是无可否认的。加之齿牙脱落，没有镶装，深恐镶装了不舒服，未免多此一举，索性任其自然，好在我的食欲并不旺盛，能吃的吃一些，不能吃的也就算了，这岂不是成了"无耻（齿）之徒"吗？老伴周寿梅，逝世已越十多年，鳏居惯了，反觉得不闻勃然交谪之声，一室寂静，悠然自得。但《书经》有那么一句话："独夫，纣"，指无道之君而言。我是无妇之夫，单独生活，那"独夫"之加，也不得不接受。我患有冠心病，时发时愈，所谓"坏良心"，我是自打自招的。且老年人，骨头中减少了钙的成分，当然体重较轻一些，那又属于"轻骨头"了。我每晨早餐，进粥一碗，佐餐的是玫瑰腐乳，所谓"生活腐化"，我是实行的了。又老年人的进食，每以蔬菜为宜，可是我适得其反，午饭喜啖红烧肉，古人说"食肉者鄙"，我又是一个"鄙夫"。我执教鞭一辈子，中学、大学、女学教过数十所，但一方面教书，一方面参加社会的文艺活动，兼为各刊物写稿，一些朋友，和我开玩笑，说我"不务正业"。我除写作外，什么都是低能，家中机械化的新颖用具，我都不解如何施用，必须儿媳为我启闭，因自号"拙鸠"。"拙鸠"也就是"笨伯"的别称。性情带些迂执，大有"迂夫子"之概，复自取一号"大迂居士"。"老而不死是为贼"，我年届耄耋，当然是十足道地的老子，"贼"

的名目又是推卸不掉的。又提倡新文化的，对于民初崇尚辞藻，写那哀感顽艳的小说，经常在字里行间出现"卅六鸳鸯同命鸟，一双蝴蝶可怜虫"的成句，为"鸳鸯蝴蝶派"，甚至"左倾"偏激的，扩大范畴，即使不写这类小说，凡民国初至"五四"运动，在旧报上有所撰述的，一股脑儿斥为"鸳鸯蝴蝶派"，更称之为"文丐"、"文妖"、"文娼"，竭泼妇骂街之能事。那么我在这时已东涂西抹，也就未幸免带进这个圈子，"丐"、"妖"、"娼"多少有些份儿了。……

《自暴其丑》的作者，在文中将自己固有的以及他人强加的所有缺点、缺陷，一股脑儿倒来，使人们从中得到幽默与会心的笑。

凡是能操纵最高级的语言艺术——幽默的人已经是"智力过剩者"，那么能用最高境界的幽默——自嘲作为武器者，便堪称人情操纵场上的"无冕之王"，怎能不令人肃然起敬。

自嘲的最佳说法

自嘲一般可以从以下几个方面来进行。

1. 自嘲自己的长相

这一般用于长相确实不太美观的人。

台湾著名歌星凌峰一向以丑星自称，但他却极为自信，从不忘以独特、幽默的自嘲展示自己的魅力。比如，他说："……中国五千年的沧桑都写在了我的脸上，所以我的脸就长得十分艰难。"在另一次晚会上他说："很高兴见到大家，很不幸大家又见到我……"还有一次他唱完了《小丑》，从观众席中跑出一位姑娘，送给凌峰一束盛开的金丝盘菊。凌峰接过鲜花，一副受宠若惊而又情动于衷的样子："哎呀，我好感动！因为在平常，女观众对我的尊容总是不肯谅解，男观众则统统感觉良好——都感到了自命不凡！……"1996年春节晚会，凌峰表演歌曲《春天里》，歌词大意是：在美好的春天里，一位男子遇见一个漂亮的姑娘。当唱到这里时，凌峰骤然停下，面对前排的妻子和周围的观众说："许多人也许不知，我和太太都是青岛人，是一样的水土，但现在为什么会养出两样的品种？这是属于'红富士'（指妻子），这是属于'莱阳梨'（指自己，观众大笑）！这大概是与'胎教'有关。她的怀胎时是处在社会主义的浩瀚时期，而我的怀胎时正是抗战最后1年，所以长得非常艰难，充满着苦难！"观众在忍俊不禁的笑声和掌声中对这位歌星的自嘲与自信表示了由衷的敬意。

2. 自嘲自己做过的蠢事

每个人都是从小到大、从幼稚走向成熟的，都会有一些令人发笑，甚至傻得透顶的事。以此自嘲，既显出你亲切随和，又显示出你的谦逊可爱。

萧伯纳有一次从前苏联访问归来对朋友们说："我自命不凡，却受到小姑娘的教训。"他自嘲地说："一天我在街上遇见一个苏联小姑娘，很逗人喜欢，便哄她玩了很久。临别时，我说：'你回去告诉你妈妈，今天同你玩的是世界有名的萧伯纳。'可是那位小姑娘竟然学着我的口吻说：'你回去告诉你妈妈，说今天同你玩的就是苏联姑娘玛莎。'"

朋友们听了这段话，不禁哈哈大笑起来。在大笑之余，人们似乎也领悟了一个道理：一个人不论有多大成就，他对任何人都应平等相待，要永远谦逊。

3. 自嘲自己独特的生活遭遇

这种自嘲要求自嘲者的生活遭遇本身有一定的波折、坎坷或者不平凡，如果风平浪静的就没什么意义了。

姜昆在一次演讲中这样嘲讽自己的生活遭遇："青年作家梁晓声也是我们北大荒的'荒友'，他写了《这是一片神奇的土地》和《今夜有暴风雨》两部作品。我们看了高兴极了，把我们这些'倒霉蛋'全写进去了！"（大笑）

"上山下乡的时候，是鼓满了风帆，开足了马力的航船，后来就破衣烂衫地返航了。"（笑）

"转眼我们都成了家，又有了副产品，生了小孩，（笑）在各个工作岗位上找到了归宿。"

在这，"倒霉蛋""破衣烂衫"，把"生小孩"说成是"副产品"，都是诙谐性语词，说者恰到好处地运用它来嘲笑自己的生活遭遇，表达了他对生活的调侃之意，产生了风趣幽默的效果。

4. 自嘲自己的优点

这种自嘲方式一般不太常用。因为人们大都喜欢正面表扬自己的长处，自贬长处的人确实很少。其实，自嘲自己的优点和长处更能使人注意你的优点和长处。

比如，著名乒乓球运动员徐寅生在一次讲话中说："大家常说我打球时是'智多星'，其实我不过是脸上多长几颗痣而已。"

"智多星"本是对优点的称赞，但他巧妙地把它嘲笑成是脸上多长几颗痣，优点当缺点来嘲笑，既体现了自己的谦虚，又产生了幽默感。

5. 自嘲自己的一生经历

这种自嘲一般多用在听众比较随便、集中的场合，而自嘲者往往大都是身份和资历比较高的人。

比如，前文中提到的一位老学者这样嘲讽自己：年93岁，须发全白，是个"皓首匹夫"；齿牙全部脱落，是个地道的"无耻（齿）之徒"；老伴早逝，一人独居，是个"独夫"；身患心脏病，时好时坏，是个"坏良心"；年老体衰，骨头缺钙，属于"软骨头"；每早吃稀粥、腐乳，可谓"生活腐化"；午饭喜吃红烧肉，古人云"食肉者鄙"，照此说来，又是一个"鄙夫"；一辈子执教鞭，又常参加社会活动，兼写文章，是个"不务正业"之徒；家中各种新颖用具一概不懂用法，是个"笨伯"；常言道："老而不死是为贼"，年届耄耋，是个十足道地的"老贼"……

这种系列式自嘲，文雅诙谐，别出心裁，妙趣横生，令人捧腹，创造了浓郁的幽默美感。

在交谈中运用自我嘲讽要注意以下几点：

其一，自嘲时要说得"玄乎一点"，其自嘲的内容最好是半真半假，要有适度的夸张，这样才会产生幽默感。如果说得太实了，容易造成对自己的伤害，破坏了现场效果。

其二，应采用轻松愉快的情调去自嘲，注意表达你对事物的坦荡胸怀和对人生的乐观态度，有了这种愉快的情调，才能引发听众欢乐的笑声。

其三，要审时度势，相机而用。自嘲虽有一定的表达功能，也有明显的局限性，充其量它不过是一种辅助性的交谈手段，不宜到处乱用。比如，对话答辩，座谈讨论，调查访问等，就不宜使用自嘲，而应直抒胸臆，坦率诚恳地吐露思想观点、介绍情况和回答问题。

其四，要避免采取玩世不恭的态度。具有积极意义的自嘲，包含着自嘲者强烈的自尊、自爱和责任。自嘲者的心是热的，自嘲不过是他采取的一种貌似消极、实为积极的促使交谈向好的方向转化的手段。而玩世不恭，则是人们对世事表现出的冷漠、讥讽和不负责任的态度。如果自嘲出于这种态度的话，就会失去任何积极意义，有害于交谈。

其五，运用自嘲要适可而止。自嘲有时具有刺激作用，运用它要格外谨慎，通常是"点到为止"，让人意会即可，不能一味放纵，喋喋不休，如过量的卤水点豆腐，会使豆腐苦涩不堪。过分的自嘲，也会使交谈出现危机。进而言之，如果恣意运用自嘲指桑骂槐、含沙射影、泄私愤、图报复，其后果更糟。这种事情屡见不鲜，当引以为戒。

第十三章　话不在多，达意就灵
——说话简洁经

口才圣经——

　　好的语言并不在多，达意则灵。已故著名艺术家赵丹先生的遗孀黄宗英女士是一位作家，又是一位企业家。有一次，有人问黄宗英是否再嫁，黄宗英回答说："我已经嫁给大海，就不能再嫁给小河了。"这句话非常简洁明快，并且意蕴深刻，耐人寻味。

　　高尔基曾说："简洁的语言中有着最伟大的哲理。"在当今的信息时代，人们的生活节奏大大加快。人们不喜欢那些穿靴戴帽，庞杂冗长、繁文缛节的空话套话。说话要达到简洁、明快，就要千锤百炼，使自己的词汇富足、思路清晰。因为词语贫乏，表达必词不达意、啰唆干瘪；思维模糊，表达必语无伦次，枉费口舌。所以，在说话时应要求自己长话短说，要"筛选"、"过滤"出最精辟的、恰如其分的表情达意的词句，尽可能以省略的语言表达出深刻的内涵。

林肯的演讲词

1863年7月1日，美国南北战争中的一场决定性战役，在华盛顿附近的葛底斯堡打响了。经过3天的鏖战，北方部队大获全胜。战后，宾夕法尼亚等几个州决定合资在葛底斯堡建立国家烈士公墓，公葬在此牺牲的全体将士。

1863年11月19日，公墓举行落成典礼，美国总统林肯应邀到会演讲。这对林肯来说，有很大难度，因为这次仪式的主讲人是艾弗雷特，林肯只是由于总统的身份，才被邀请在艾之后"随便讲几句适当的话"。艾弗雷特不仅是个著名的政治家和教授，而且是当时被公认为美国最有演说能力的人，尤其擅长在纪念仪式上的演讲，在这个典礼上，他那长达两个小时的演讲，确实精彩极了。

在这种情况下，怎样讲才能和观众建立良好的交往关系，并最终赢得他们的掌声呢？林肯决定，以简洁取胜。结果林肯大获成功。尽管他的演讲只有10句话，从上台到下台不过两分钟，可掌声却持续了10分钟。林肯的演讲不仅赢得了在场一万多名听众的热烈欢迎，而且轰动了全国。当时的报纸评论说："这篇短小精悍的演说是无价之宝，感情深厚，思想集中，措辞精练，字字句句都很朴实、优雅。行文完全无疵，完全出乎人们的意料。"就是艾弗雷特本人第2天也写信给林肯道："我用了两个小时总算接触到了你所阐明的那个中心思想，而你只用了两分钟就说得明明白白。"后来，林肯的这篇出色的演讲词被收藏到图书馆，铸成金文存入牛津大学，作为英语演讲的最高典范。

林肯这次演讲获得巨大的成功，给了我们一个启示：简洁明快的语言会使说话更添魅力。

1. 历史上冗长的演讲记录

在人际交往中，要想得到一种较佳的效果，语言必须简洁、明快，要能使听者在较短的时间里获取多而有用的信息。

历史上曾记载了一些冗长的演讲记录，这些演讲绝对是不能称为优秀的。

比如，1933年一位名叫爱尔德尔的美国参议员，为了反对通过"私刑拷打黑人的案件归联邦法院审判"的法案，在参议院高谈阔论了5天时间。一位记者统计：他在演讲台踱步75公里，共做了1万个手势，吃了300个夹肉面包，喝了40公升清凉饮料。

1957年，斯特罗姆·瑟蒙德做阻止"民权法案"通过的演讲，历时24小时18分，但遭失败。

1912年，英美发生战争，一个众议员用马拉松式的演讲来阻止通过对英宣战的决议。直到战火烧到家门，形势迫在眉睫，可这位议员仍在喋喋不休。时至半夜，听众席上鼾声四起，最后，一议员急中生智，将一个痰盂甩到演讲者的头上，才得以终止辩论，通过了宣战决议。

2. 演讲大师都惜语如金

"言不在多，达意则灵。"要语不烦，字字珠玑，简练有力，能使人不减兴味；冗词赘语，絮语唠叨，不得要领，必令人生厌。在中外历史上，不少演讲大师惜语如金，言简意赅，同样留下了许多珍贵的篇章，成为"善辩者寡言"的典型。比如：

最短的总统就职演说，也就是1793年的华盛顿总统的演说，仅用135个字，便举世闻名。

恩格斯在马克思墓前的演说只有1 260个字。

列宁在马克思、恩格斯纪念碑揭幕典礼上的讲话只有552个字。

斯大林在1941年7月3日发表的反对德国法西斯入侵重要广播演说只有3 800个字。

罗斯福的就职演说仅有985个字。

1984年7月17日，37岁的法国新总理洛朗·法比尤斯发表的演说，更是短得出奇，演讲词只有两句："新政府的任务是国家现代化，团结法国人民。为此要求大家保持平静和表现出决心。谢谢大家。"措辞委婉、内容精辟。

上述这些演讲大师驾驭语言的功力都是非凡的。同时，这也就说明了简洁明快在语言交际中起着举足轻重的作用。

不做啰唆先生

简洁明快的语言能增添说话的魅力，是因为如下原因：

第一，简洁明快的语言是认识能力和思维能力高超的表现。话语的简洁常常体现出说话人分析问题的快捷与深刻。

第二，简洁明快的语言是果敢决断的性格表现。自信心强、办事果敢的人都说话干脆果断，不拖泥带水。

第三，现代社会节奏快，时间观念强，说话简洁会给人一种生机勃勃的现代人的感觉，所以，简洁明快的话语还是时代风貌的反映。

第四，简洁的话语既能不占用听者太多的时间，又能使听者觉得说话者很尊重他，所以，说话简洁的人受人欢迎。

我们都会有这种感觉，即那种说话唠唠叨叨、啰啰唆唆、拖泥带水、言语空泛的人，是很令人讨厌的。曾有位"啰唆先生"在写给家人的信中说：

"……吾于下月即将返里。不在初一即在初二，不在初二即在初三，不在初三即在初四，不在初四即在初五，不在初五即在初六，不在初六即在初七，不在初七即在初八，不在初八即在初九……不在二十八即在二十九。其所以不写三十，因月小之故也……"

"啰唆先生"这封可简为"吾下月将返里"的书信，却啰唆了这么长，谁看了也会觉得索然寡味，十分讨厌。虽然这仅是一则笑话，但它也告诉我们一个深刻的道理：说话啰唆就会失去魅力。

许多说话啰唆的人，常常是因为情绪激动而造成思维混乱，且语言表达前后倒置，条理不清。所以，要做到说话简洁明快，我们就要在思维和语言两个方面下工夫，不断练习，掌握技巧，适当发挥。

1. 丘吉尔的演讲词

1948年，牛津大学举办了一个"成功秘诀"讲座，邀请到了当时声誉已登峰造极的伟大的丘吉尔来演讲。3个月前媒体就开始炒作，各界人士引颈等待，翘首以盼。

这一天终于到来了，会场上人山人海，水泄不通。全世界各大新闻机构都到齐了。人们准备洗耳恭听这位大政治家、外交家、文学家（丘吉尔曾获诺贝尔文学奖）的成功秘诀。

丘吉尔用手势止住大家雷动的掌声后，说："我的成功秘诀有三个：第一是，绝不放弃；第二是，绝不、绝不放弃；第三是，绝不、绝不、绝不能放弃！我的讲演结束了。"说完就走下讲台。

会场上沉寂了1分钟后，才爆发出热烈的掌声，经久不息。

2. 琼西·M·得彪的发言

一次，马克·吐温与雄辩家琼西·M·得彪同乘一条船。

船行数日后，两人应邀参加一次晚宴。

席上演讲开始了。马克·吐温第一个滔滔不绝、充满情感地讲了20分钟，赢得了一片热烈的掌声。

然后，轮到得彪演讲，得彪站起来，面有难色地说：

"诸位，实在抱歉，会前马克·吐温先生约我互换演讲稿，所以诸位刚才听到的是我的演讲，衷心感谢诸位认真地倾听及热情地捧场。然而不知何故，我找不到马克·吐温先生的讲稿了，因此我无法替他讲了，所以，请诸位原谅我坐下。"

马克·吐温被他一番话闹得哭笑不得，向得彪投去略带抱怨的目光，然后无可奈何地耸了耸肩。

3. 布莱希特的致词

德国著名诗人和戏剧家贝托尔特·布莱希特讨厌那些冗长单调而又没有多大效果的会议。

一次，有人请他参加一个作家的聚会，并让他致开幕词。布莱希特公务缠身，不想参加，便委婉地拒绝了。哪知，举办人并不罢休，他们想尽一切办法，直至布莱希特无可奈何地答应为止。

开会那天，布莱希特准时到会，悄悄地坐在最后一排。主办人看到后，把他请到了主席台就座。

一开始，主办人讲了一通很长却没有什么实质内容的贺词，向到会者表示欢迎，然后，高声激动地宣布：

"现在，有请布莱希特先生为我们这次大会致开幕词！"

布莱希特站了起来，快步走向演讲的桌子前。

到会的记者们赶紧掏出笔和小本子，照相机也咔嚓咔嚓响个不停。

不过，布莱希特却让某些人失望了，他只讲了一句话：

"我宣布，会议现在开始！"

4. 历史学家的缩写

有一位对历史十分感兴趣的女孩，曾请教当时德国著名的一位历史学家，问他能否将古今的历史缩写成一本简明的小册子。

教授笑着答道："不必。"

接着说，只需用四句谚语，就能概括古今的历史：

（1）当"上帝"要某人灭亡的时候，往往先让其有炙人的权势。

（2）时间就是一个巨大的筛子，最终会淘去一切历史的陈渣。

（3）蜜蜂盗花，但结果反而使那些花开得更盛，妩媚迷人。

（4）暗透了便望得见星光。

5. 前总裁的回答

一个年轻人才28岁便获选为银行总裁。他从没有想到自己会成为总裁，更无法想象自己这么年轻就能担当这个职位。一天，他与股东会议主席，也就是前任总裁谈话。他说："正像您所知道的那样，我刚刚被指定担当总裁的职务，这真是个艰巨的任务。我非常希望您能根据您自己多年的经验给我一点建议。"

年长的前任总裁看着坐在自己面前的新总裁，微微一笑，很快地以六个字作为他的回答："做正确的决定。"

年轻的总裁期望能得到更进一步的建议，他说："您的建议很有帮助，我能得到您的帮助感到很荣幸，也非常地感激。但是能否请您说得详细一点儿呢？我是真的很需要您的帮助以便我做出正确的决定。"

可这个睿智的老人惜言如金，因此他仍然很简单地回答："经验。"

新总裁仍然很困惑，再次问道："没错，那正是我今天出现在这里的原因。我不具备我所需要的经验，我该如何获得这些经验呢？"

老人无声地笑了，但依旧以简短精练的话语总结道："错误的决定。"

措辞简洁应注意的方面

措辞简洁应注意以下几个方面。

1. 尽量简明扼要

说话越简明越好，有些人在叙述一件事情时说了很多话，但还是无法把他的意思表达出来，以致听者花了很多时间和精力，仍然不知道他想说明什么东西。如果你有这种毛病，一定要自己矫正。矫正的最好办法是，在说话之前，先在脑子里做一个初步的计划，然后再把计划要说的东西讲出来。

2. 用语不要过多重叠

在汉语里，有时的确要使用叠句来引起别人的注意，或者加强语气。但是，如果滥用叠句，就会显得累赘。比如，许多人在疑惑不解的时候常常会说："为什么？为什么？"其实，一个"为什么"就足以表达你的疑惑之情，为什么偏要多加一个呢？还有的人答应别人一件事情的时候，常常说"好好好"，一连说上好几个。其实，说一个"好"字就足够了。

3. 同样的词语不可用得太频繁

听者总希望说者的语言丰富多彩。我们虽然不必像某些名人所说的那样，每说一事都要创造一个新词汇，但也应该在许可的范围内尽量使表达多样化，不要把一个名词用得太频繁。即使是一个非常新奇的词，如果你在几分钟之内就把它复述了好几次或十几次，那么人们对它的新奇感会丧失，并对它产生一种厌倦感。

4. 要避免口头禅

有些人在交谈中爱说口头禅，如"岂有此理"、"我以为"、"俨然"、"绝对的"、"没问题"一类的话几乎是脱口而出。不管这些话是否与所说的内容有关联，这类的口头禅说多了，不仅影响说话的效果，而且容易被别人当做笑柄。因此，这类的口头禅应下决心不说。

5. 避免使用粗俗的词

常言道："言语是个人学问品格的衣冠。"一个相貌堂堂、看上去高贵华丽的人，如果一开口就说出粗俗不堪的话，那么别人对他的敬慕之心就会马上烟消云散。其实，这些人中的相当一部分并非学问品格不好，只是在追求语言的新奇和俏皮的过程中染上了这种难以更改的坏习惯。试想一想，在一个陌生人面前，你说了粗俗的话，他会怎么想呢？他不一定会认为这是一个习惯问题，而可能会认为你是一个修养不足、不可交往的人。

6. 不要滥用术语

粗俗的词不可用，太深奥的词（如专用术语）也不可多用。如果不是同一个学者讨论学术问题或不得不用，过多地使用专业术语，即使你使用得很恰当，也会给别人以故弄玄虚的感觉。

上述几点只是老狐狸列举了几个易于为人们觉察到的问题，那些较为隐晦的问题还有赖于你在实践中去揣摩和克服。如果你在说话时能措辞简洁、生动、高雅而又贴切，那么就可能会成为一位交际明星、说话好手。

什么是不必要的

一篇成功的演讲稿，要避免赘词，读者中有没有拉拉杂杂讲了一大堆话，却毫无重点、不知所云的经历呢？

以下是主人面对丰盛的午餐，向所有客人做的礼貌性致辞。读完原稿以后，请考虑如何删除赘语。

各位来宾、女士们、先生们：

首先让我说声大家好，由于平常承蒙各位的照顾，一直希望有报答的机会，聊表我的一点谢意。因此今天特地邀请各位参加这个招待会。各位能在

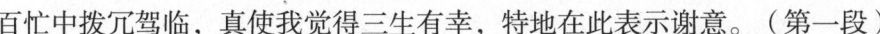

百忙中拨冗驾临，真使我觉得三生有幸，特地在此表示谢意。（第一段）

利用今天的机会讲公事是一件不礼貌的事，但是事不由己，请先接受我的歉意。敝公司数年来苦心研究的新产品已经研制成功，并且在大量生产中，今后开展市场大力推销时，还须赖各位助一臂之力，因此特地摆席设宴，聊表心意。（第二段）

过去已有不少新产品仰赖各位出售，并且接到不少订单。敝公司对于成品的销售能有十成的信心和把握，都是大家的赐予，关于这一点，敝公司非常感激。现在再度重托各位，但愿能再为新产品推广销路。总之，请容我再度向各位拜托。（第三段）

至于新产品，比起同类的产品有两项优点，一点是……另一点是……（第四段）

说句真心话，凭这些优点，新产品能够获得好评是理所当然的事。敝公司为了使消费者能认识这项产品，曾经通过大众传播工具（如电视、广播）大力宣传，不过最彻底的方法，仍须依赖直销，因此请各位尽力帮忙。（第五段）

今天麻烦各位专程来参加宴会，但因准备不周，未能尽心招待，草草备有薄酒粗菜，还请慢慢饮用，并且开怀畅谈。（第六段）

拉拉杂杂讲了一大堆话，非常抱歉，请各位宽恕我的无礼。最后再一次谢谢各位给我们的关怀和照顾。现在谨以拙辞聊表十二万分谢意，并且预祝各位事业如意，精神愉快。（第七段）

你读了这篇讲稿以后，认为应该删除哪些地方呢？第三、第五、第六、第七段的赘词是否需要删除？请大家仔细阅读。依照文句来看，应该说非常详细，那么为什么需要删除呢？请仔细深思。

日俄战争后，日本有名的乃木辉将军应邀演讲时，不是站上讲台而是站在听众的面前说："诸君！我就是杀死诸君兄弟的凶手……"说完这简短的一句话，乃木辉的泪水夺眶而出，无法接下去。然而，此时全场鸦雀无声，大家都受了感动，场面肃然而感人。

我们可以借鉴乃木辉的演讲方法，把不必要的前言或者一般性文句删掉。

仔细听听在使用客套话的文句中，常有如下词句出现：

（1）突然被指名致辞，深感荣幸……

（2）口才非常差，又因不习惯……

（3）在口才比我好的长辈面前，觉得越权……

（4）我的口才极差，委屈大家了……

（5）口吃的我，居然有机会站在台上，深深觉得惭愧……

常听的结束语：

（1）简单几句话来结束我的话……

（2）这些就是我向各位问安的拙辞……

（3）各位能侧耳倾听，真是感激不尽……

（4）浪费大家宝贵的时间非常惶恐抱歉……

（5）拉拉杂杂毫无系统，特此表示歉意……

因发明飞机一跃成名的飞行家莱特兄弟，在庆祝会上，做了非常简短的演说。他说："各位先生，各位女士，鸟类中最善于讲话的鹦鹉是不会飞的，而我则不善于讲话。谢谢各位！"

在家里，多余的话也温暖

人与人的交谈中总带有一定"废话"：陌生人相见有礼节性的客套，客人会面要寒暄一番，实质性的话常常用委婉的说法表达出来……这些看来无关紧要的"多余话"，却是攻心中不可或缺的工具。让我们看一些生活中的情景：

妻子回到家，推开门，丈夫劈头就问："怎么这么晚才回来？"而妻子也许遇上了不顺心的事，已经是急匆匆地赶回家来的，一听这话就火了："我晚回来关你什么事？管头管脚，你样样都要管？"丈夫也火了："我问错了？我问你怎么会这么晚才回来，又有什么不对？"

单单把丈夫的话写出来分析，是没有什么不对，他要了解一下妻子晚回来的原因，其中包含着关心的意思。那么，问题出在哪里了呢？让我们来看看，要是给这些话加上点无关紧要的"废话"，效果会怎么样。

丈夫说："阿玲，你回来了！今天好像晚了点……"其实，你别问下去，妻子就会说明晚归的原因了。同样问询晚归的原因，加了几句多余话，却让人感到亲切和体贴。

同样，如果丈夫那句直率的问话已经出口了，妻子在回答时注意加上一二句无关紧要的"废话"。比如，说："你瞧，我这不是回来了？"或者："真对不起，让你等急了吧？"这样，两个人也不至于吵起来，即使妻子不忙解释原因，丈夫焦急和不耐烦的心情也能缓解了。

对于这种近乎于婆婆妈妈的事，做丈夫的往往很不在意。

比如，丈夫马上要上班了，温柔细心的妻子反复叮咛："中午饭后别忘了吃药"，"下午天要冷的，带件衣服走吧。"丈夫不耐烦地说："你有完没完？年纪还不大就这么唠唠叨叨的。"试问，妻子这时会怎样想？妻子自然会感到伤心和委屈。她还会联想到当初恋爱时，每次分手，"你别饿着"、"过马路要当心"之类的话不知说了多少遍。那时，说的人甜滋滋的，听的人乐陶陶的，同样的话，为什么如今却惹人讨厌了呢？

又如，丈夫回到家里，把该买的买回来了，该做的做了。妻子问什么答什么，一言两语、干净利落。可是，妻子总觉得还缺少点什么，同姐妹们唠家常时，不无埋怨说："我那口子老实得像块木头，三拳头打不出句话来。"原来，妻子内心在期待着丈夫除了讲这些最"实用"的话之外，再加一些温存的"废话"。

人们在恋爱的时候，需要许许多多这类多余的话。你待我好，我心里感到暖和，我对你爱，你更觉得热乎乎的，一言一语，一举一动都充满着只有对方才体会得到的情意。可是，在婚后夫妻交往中，对这种多余度的要求减少了。从个人的感觉来说，既已成夫妻，再说那些"年轻人"的火热的话似乎有点不好意思。夫妻间事务性的"正经话"越来越多，含情脉脉的"没用话"则越来越少。时间一长，对方都会感到失去了什么，逐渐产生"家庭是爱情的坟墓"的感觉。

注意一下人们从恋爱到结婚乃至家庭生活的不同阶段中对语言交往冗余度要求的变化，有助于夫妻间保持亲密和谐的关系。

比如，丈夫不慎丢失了20元钱，回家对妻子说了。妻子既感到可惜，又埋怨丈夫不谨慎，不停地唠叨起来。她从丈夫平时大大咧咧的作风讲起，举了日常生活中许许多多实例，叮嘱丈夫下回要把钱放好……丈夫理亏，感到妻子讲得在理，然而，妻子的这种分析和叮嘱，翻来覆去，没完没了，不由得惹出丈夫的回击："你还有完没完？"妻子说："我说的没有道理吗？"

妻子说的都是对的，句句在理，反复叮嘱也是必要的。但是，冗余度太大了就让人受不了。最后，免不了要吵起来。其实，当夫妻一方有了过失并已认识到了的时候，对方不仅不能有过多的冗余，而且还要比往常更简略一些。设想一下，丈夫丢了钱，妻子听说后，就简简单单说一句："丢了就丢了，不过，你乱放东西的习惯是得改一改。"这句话既把批评的意思讲了，又充满着对丈夫的信赖和体贴，充分尊重了他的自尊心。因为这时丈夫自己也在懊恼和反省，妻子只需点一点，就足够引起他的重视了。

由此可见，适度地说些多余的话，能够体现夫妻之间的尊重和体贴，这对于赢得爱人之心，还是必要和有效的。

第十四章　言多必失，有张有弛

——说话沉默经

口才圣经——

我们常说："言多必失。"意思是说：如果一个人总是滔滔不绝地讲话，说得多了，话里就自然而然地会暴露出许多问题。言多必失，祸从口出。特别是人多的场合，你一不小心，一旦失言，你的话就可能中伤或伤害到某个人，这自然会让你招惹祸端。

由于"言多必失"的教训很多，不少人将"三缄其口"作为处世的座右铭。那些成功的人，说话就会注意方式、把握分寸感，不管在什么场合都是落落大方，说话的时候，说得很充分，不该说的时候，一句话也不说。

有的人口齿伶俐，在交际场合口若悬河，滔滔不绝，这固然是不少人所向往的。但如果在人多的地方，口无遮拦，说错了话，说漏了嘴，也是很难补救的。所以在人多的场合尽量少讲话，并讲究"忌口"。否则，若因言行不慎而让别人下不了台，或把事情搞糟，那是最不划算的事。

沉默是金

人类文明发展几千年，向来对"沉默"这一语言形态所能发挥的力量和意义有诸多赞誉。

哲学家说：沉默是一种成熟。思想家说：沉默是一种美德。教育家说：沉默是一种智慧。艺术家说：沉默是一种魅力。科学家说：沉默是一种发明。

实践证明，在人际交往当中，沉默不是不说话或不想说话、不屑说话，而是一种难得的心理素质和可贵的处世之道。

沉默是一种境界，需要各方面因素的配合，才会发挥其金子般的作用。

具备优势的时候需要沉默。太阳不语自是一种光辉；高山不语，自是一种巍峨；蓝天不语，自是一种高远……人也一样。取得成绩的时候需要沉默。面对成绩和掌声，成功者报以深深的一鞠躬。这是无声的语言，是恰到好处的沉默。

遭受挫折的时候需要沉默。在失败和厄运面前，拭去眼泪，咬紧牙关，默默地总结教训，然后再投入新的战斗，不失为上策。

等待时机需要沉默。造化总是把机会赠送给有充分准备的人。怨天尤人无济于事，不断充实和完善自己才是可靠的。

承担痛苦的时候需要沉默。如果亲友沉浸在不能自拔的悲伤之中，此刻，无论你说什么，他都听不进去，那就默默地陪他度过一段时光，默默地为他做一些事情。

沟通心灵的时候需要沉默。不要随便打断他的话，要善于倾听。在倾听中汲取智慧，弥补纰漏，建立信任，产生满足。

老狐狸曾经遇到过这种情况。松鼠和鬣狗都是它的同伴，但松鼠经常在老狐狸面前说鬣狗的坏话，而鬣狗很少说过松鼠的不好。不管它们说什么，老狐狸从没有向任何人提到过这些琐碎的闲话，因此，它们三个至今相处得很好——可见，沉默得当可架起友谊的桥梁。

总而言之，如果说不沉默需要说话的艺术，那么沉默则更需要说话的艺术。所以，我们应慎重地对待沉默。

适时沉默是一种明智行为

心理学家常常认为我们应该把自己的事情讲出来，告诉别人；老狐狸却逐渐发现，与别人交往中有时更需要忍耐和沉默。

你必须认识到沉默与精心选择的词具有同样的表现力，就好像休止符与音乐符一样重要。沉默会产生更完美的和谐，更强烈的效果。

在商业或私人交际中，无言也许是最好的选择之一。

一个印刷业主得知另一家公司打算购买他的一台旧印刷机，他感到非常高兴。经过仔细核算，他决定以250万美元的价格出售，并想好了理由。

当他坐下来谈判时，内心深处仿佛有个声音在说："沉住气。"终于，买主按捺不住，开始滔滔不绝地对机器进行褒贬。

卖主依然一言不发。这时买主说："我们可以付您350万美元，一个子也不能多给了。"不到一个小时，买卖成交了。

在日常交往中，沉默往往会给你带来益处。在某些场合，沉默不语可以避免失言。许多人在缺乏自信或极力表现得礼貌时，可能会不假思索地说出不恰当的话而给自己带来麻烦。

有时候说话不经思考，即使言者无心，也会产生严重后果。一天深夜，哈罗德回家时误入隔壁邻居家，他非常窘迫，便自我解嘲地说："我好像听见里面在庆贺什么。"房间里顿时出现了一片尴尬的沉默。事后，哈罗德的妻子告诉他，邻居家的主妇刚刚小产。哈罗德说："现在，即使是情况万分紧急，我也要静思慎言。"

适时地保持沉默不仅是一种智慧，而且也有实际的好处。常言道："沉默不会使人后悔。"一位女士的经验证明了这一点，她说：当我们第一个孩子出世时，我丈夫由于工作繁忙，对我和孩子疏远了，这样几周以后，我感到筋疲力尽，并想大发雷霆。

一天我给他写了封充满怒气的信，然而不知为什么我没把信给他。第二天，丈夫提出要给婴儿换尿布，并且说："我想我现在应该学会这些事了。"

"尽管我不知道他为什么会改变想法，但还是非常高兴地把信撕了，并暗自庆幸我给了他时间。一场争吵就这样避免了。此后，他一直对我很好。"

人们往往不善于等待，而等待往往是适用于各种情况的一种策略。有时片刻的沉默会产生奇特的效果。

圣诞节后大甩卖期间，玛丽安去退货。柜台前挤满了顾客。玛丽安要求退钱，售货员正忙得不可开交，告诉她衣服售出概不退换，然后就去为其他顾客服务了。玛丽安一声不响地拿着衣服在柜台前等候。

10分钟后，售货员又走了过来，玛丽安面带微笑，依旧在等待。售货员也只顾在柜台前忙碌，玛丽安还是沉默不语。又是几分钟过去了。这时，售货员什么也没说，拿起衣服走了。大约3分钟后，她回来了，而且，还带着钱！玛丽安的耐心和温文尔雅的微笑得到了回报。如果她大吵大闹的话，也许什么也得不到。

研究谈话节奏的学者们认识到，有张有弛的谈话在人际交往中至为重要。《谈话的艺术》的作者、心理教授格瑞德罗解释说："沉默可以调节说话和听讲的节奏。沉默在谈话中的作用就相当于零在数学中的作用。尽管是'零'，却很关键。没有沉默，一切交流都无法进行。"

言多必失，言多坏事

任何事物，不管是多么复杂的现象，多么深奥的思想，只需抓住它的核心，就相当于找到了一把钥匙，只要抓到它，就能提纲挈领，一通百通，在与人交往过程中，将会收到"画龙点睛"的效果。古语说：兵不在多而在精。说话也应以"精"为好。《墨子闲话》中记下这样一个故事：

子禽有一次问他的老师墨子："多言有好处吗？"

墨子回答说："青蛙日夜都在叫，弄得口干舌倦，却不为人们所爱听。而晨鸡黎明按时啼，天下不都被叫醒了！多言有什么好处？"

事实正是如此。

1. 贺若弼的遭遇

隋朝时贺若弼任大将军，但他常常为自己的官位比他人低而怨声不断，自认为当个宰相也是应该的。不久，还不如他的杨素做了尚书右仆射，而他仍为将军，未被提拔，他气不打一处来，不满的情绪和怨言便时常流露出来。

后来一些话传到了皇帝耳朵里，贺若弼被逮捕下狱。隋文帝杨坚责备他说："你这个人有三太猛：嫉妒心太猛；自以为是，自以为别人不是的心太猛；随口胡说目无长官的心太猛。"因为他有功，不久也就放了。他还不吸取教训，又对其他人夸耀他和皇太子之间的关系，说："皇太子杨勇跟我之间，情谊亲切，连高度的机密，也都对我附耳相告，言无不尽。"

后来杨勇在隋文帝那里失势，杨广取而代之为皇太子，贺若弼的处境可想而知。

隋文帝得知他又在那里大放厥词，就把他召来说："我用高颖、杨素为宰相，你多次在众人面前放肆地说：'这两个人只会吃饭，什么也不会干'，这是什么意思？言外之意是我这个皇帝也是废物不成？"贺若弼回答说："高颖是我的老朋友，杨素是我舅舅的儿子，我了解他们，我也确实说过他们不适合担当宰相的话。"这时因他言语不慎，得罪了不少人，朝中一些公卿大臣们怕受株连，都揭发他过去说的那些对朝廷不满的话，并声称他罪当处死。

隋文帝对贺若弼说："大臣们对你都十分的厌烦，要求严格执行法度，你自己寻思可有活命的道理？"贺若弼辩解说："我曾凭陛下神威，率八千兵马渡长江活捉了陈叔宝，希望能看在过去功劳的分上，给我留条活命吧！"隋文帝说："你将出征陈国时，对高颖说：'陈叔宝被削平，问题是我们这些功臣会不会飞鸟尽，良弓藏？'高颖对你说：'我向你保证，皇上绝对不会这样。'是吧？等到消灭了陈叔宝，你就要求当内史，又要求当仆射。这一切功劳过去我已格外重赏了，何必再提呢？"贺若弼说："我确实蒙受陛下格外的重赏，今天还希望格外的赏我活命。"此时他再也不攻击别人。隋文帝考虑了一些日子，念他劳苦功高，只将他贬职为民。

贺若弼因言多而坏事，所以处世要忍那些不该讲的话，以免招致不必要的祸端。

2. 沉默是金

古代印度有一位国王要考考他的一位大臣是否聪明。他给这位大臣高矮、大小、胖瘦、色泽全同的三个小金人，叫他辨明三"人"的各自特点。这大臣苦思冥想，心无旁骛，也不知所以。叫下边人看，个个搔首语塞。一个年轻人听说了，自告奋勇来辨认。他凝思片刻，要了三根草棍。他将第一根从小人左耳通入，从口中出来；将第二根通入小人右耳，从另一耳出来；将第三根通入小人之耳，草棍伸入肚中。然后他说：第一个"人"的嘴浅，听到什么便说出去，不受人欢迎；第二个"人"心不在焉，听了什么这耳进那耳出，他始终生活平庸；第三个"人"深沉，谨慎，听进什么藏在心中，不轻易表现自己，所以他容易成功。年轻人话音未落，满座为之叫绝。

这"三个小金人"的故事表明为人应该谨慎说话。

祸从口出而使人身败名裂，福自心生而使人添色增光。有时说话的人并无恶意，但对听者而言，却可能是伤及他的恶语。人们说话应谨慎，只说该说的话。

话说得得体，则让人高兴；反之，只会让人伤心。一句话是同一个意思，出自两个人之口，听起来也有区别。你自己信口开河，根本意识不到会伤害人，但别人认为你是有意的，俗话说"口乃心之门"，你明显是故意伤害他。

不爱多说话的人，他内心并不是糊涂得无话可说，而是他明白话说多了鲜有不败事的道理。

当初，释迦牟尼佛在莲花池上，面对诸位得道弟子，突然拈花示众，众人不解其意，而只有迦叶尊者领悟了佛祖的意思，他会心一笑，于是就有了禅宗的起源。孔子观于后稷之庙，有三座金铸的人像，几次闭口不说话，只在它的背上铭刻了几句名言："古之慎言人也，戒之哉！无多言，无多事。多言多败，多事多害。"

释迦牟尼佛无语拈花，孔子铭刻"无多言，无多事"，这两位东方的圣人的行为，寓意深刻。它劝诫人们：为人宁肯保持沉默寡言的态度，不骄不躁，宁可显得笨拙一些，也绝对不可以自作聪明，喜形于色，溢于言表。

有一首诗写道："缄口金人训，兢兢恐惧身。出言刀剑利，积怨鬼神嗔。简默应多福，吹嘘总是蠢。"善于把持自己，让他人觉得你深不可测，从而集中心思与力量来对付你。这便是"沉默是金"的道理。

不到时候不开口

　　范雎是秦国历史上的一位贤相。开始，他并没有那么幸运，而是费了很大周折才得到秦昭王的重用。一次，在大臣王稽的引见下，范雎进宫拜见昭王。昭王早就听说范雎的贤明，便把他引入密室，单独倾谈。凡是一个足智多谋的人，均能把虚与实、张与弛处理得恰到好处。秦昭王越是急切切地请教高见，范雎越是慢腾腾地故弄玄虚。秦昭王毕恭毕敬地问道："先生以何教诲寡人？"范雎却一再"唯唯"连声，避而不答。最后，秦昭王深施大礼，苦苦祈求说："先生难道终不愿赐教吗？"范雎见秦昭王心诚，这才婉言做答，但谈论的都是一些与治政无关的小事。等到昭王拜他为上卿，封之于应地后，范雎才拿出他的"远交近攻"的策略。

　　范雎这样做是有原因的。当时的秦国，内有太后的专横，外有穰侯的跋扈，再加上高陵君、华阳君、泾阳君为虎作伥，以范雎一个卿客的身份是不敢轻举妄动，与昭王畅谈国事的。直到确立了自己的地位，时机成熟时，他才畅所欲言。因此，不是时候，不到时机，有些话是不能说的。说了，反而会惹上麻烦。

　　"话不投机半句多"，要想达到目的，没有机会就更加困难了。韩非子在他的《说难》中谈到了多种劝谏的原则，堪称不朽的著作。而且，韩非子在每一个说话的原则后附加一则史实，用来证明说话之难。

　　韩非子说："大凡游说的要务，在于知道美化所说对象自认为得意的地方而掩盖他羞耻的地方。他有个人的急事，就一定要表示是合乎公理道义的，并且勉励他。他的心中有卑下的意念，然而不能克制，游说者应将之说成是美好的，并嗔怪他为什么不去做。他心中有过高的企求，而实际上达不到，游说者应为他举出这件事的缺陷，揭示它的坏处，称赞他不去做。有的君主想自夸智能，就为他举出同类的其他事情，以增加君主智慧的来源，使他借助于我的进言，而我却假装不知，以帮助他自逞智能。游说者想进献与人相安的话，就必须说些美好言辞，而又暗示这是合乎君主私利的。游说者想陈述有危险的事情，就要强调它会遭到非议，而且暗示他也会给君主个人带来祸患。游说者要赞誉其他与君主有同样行为的人，策划其他与君主考虑的相同的事。有人与君主有同样卑污的行为，就必须大力美化，说它没有什么害处；有人与君主遭遇同样的失败，就必须公开掩饰，说他没有过失。君主自夸有能力时，不要给他出难题，让他难堪；君主自以为勇于决断时，不要以他的过失激怒他；君主自以为计谋高明时，不要用他的失败让他窘迫。游说的内容对君主没有什么不合，言辞又没有什么抵触，然后就可以自由地施展自己的智慧和辩才了。"

虽然韩非子说的是古代辩士游说君王时所采取的策略，今天，我们为了说服朋友和周围的人，也用得上这些理论。只要利用时谨慎行事，没有不心服口服的。

沉默有时比论理更有说服力

在特定的环境中，沉默常常比论理更有说服力。我们说服人时，最头痛的是对方什么也不说。反过来，如果劝者什么也不说，对方的错误意见就找不到市场了。

不同的沉默方式有不同的作用，运用时必须恰到好处。

1. 咄咄逼人的沉默能使人不攻自破

有一个出生在有一定教养家庭的小学生，一天他拿了同学一件玩具，晚饭前回来，装出一副若无其事的样子，同往常一样笑吟吟地说：

"妈，我回来了！"沉默。

"姐，我饿了。"沉默。

"怎么了？"沉默。

"我没做错事啊！"还是沉默。

妈妈眼睛瞪着他，姐姐背对着他，全家都冷冰冰地对待他。他终于不攻自破了："妈、姐，我错了……"

2. 平平淡淡的沉默能发人深省

有些人态度很积极，但发表意见时不免有些偏颇，直截了当地驳回，又易挫伤其积极性，循循诱导又费时，精力也不允许，最好的办法便是平平淡淡地沉默。他说什么，你尽管听，"嗯"、"啊"……什么也不说，等他说够了，告辞了，再用适当的不带任何观点的中性词和他告别："好吧！"或"你再想想。"别的什么也不说。如此，他回去后定然要竭思尽虑："今天谈得对不对？对方为什么不表态？错在哪里？"也许他会向别人请教，或许自己悟出真谛。

3. 转移话题的沉默能使人乐而忘求

对要回答的问题保持沉默，而选准时机谈大家的热门话题并引人入胜，使对方无法插入自己的话题，且从谈话中悟出道理，检讨自己。

4. 义无反顾的沉默能使人就范

某领导有一次交代属下办一件较困难的任务，当然，他能胜任。交代之后，对方讲起了"价钱"。于是该领导义无反顾地保持沉默，连哼也不哼。困难如何大，条件如何差，时间如何紧……说着说着他就不说了，最后说了一句："好，我一定完成。"

沉默是金，有时沉默不语能够出奇制胜，如果滔滔不绝，反而有理说不清。

林肯是一位勤勉好学的人，他通过自学，领得了律师营业执照。他在法庭诉讼中的能言善辩、机智灵活，赢得了人们普遍的赞誉。有一次，他竟一言不发而击破了原告律师，在诉讼中获胜。

在法庭上，原告律师滔滔不绝，把一两个简单的论据反反复复地讲了两个小时，法官和听众都显得十分不耐烦，一片议论声。有的人竟打起瞌睡来。最后，原告律师终于说完了，林肯作为被告律师登上讲台，但他却一言不发。台下一片肃静，人们都感到很奇怪。

过了一会儿，林肯把外衣脱下，放在桌上，然后拿起水杯喝口水，再把水放下，重新穿上外衣。然后又脱外衣又喝水。如此重复了五六次，法官和听众被林肯的哑剧逗得哈哈大笑，而林肯却始终未发一言，在笑声中走下讲台，他的对手最终被"笑"输了。

沉默是制胜的武器

沉默不语是一种武器。在谈判中，如果对方提出不合理的要求，或你对他所说的东西感到厌烦，最好是坐在那里，一言不发。

我们有时会看到这样的现象：一位谈判者在对别人的谈话感到乏味时，会拿起桌上的报纸或其他什么，随便翻阅起来。这是暗示对方，报纸虽然很乏味，也比他的话有意思。这种做法，无疑是让对方终止谈话。

谈判中，恰到好处的沉默也是一种艺术，所谓"此时无声胜有声"。

有一次，一位领导主持记者招待会，一位外国记者问："中国有没有妓女？"回答："有！"然后停了下来。此时全场哗然。几秒钟之后，那位领导接着说："在中国的旧社会。"

这一恰到好处的沉默，使后续的话语产生了惊人的效果。

英国作家赖白斯在一次演讲中，突然停顿，取出了表，站在讲台上一声不响地看着观众，时间长达72秒之久。正当听众迷惑不解之时，他说："诸位刚才所感觉到的、局促不安的72秒长的时间，就是普通工人垒一块砖所用的时间。"

赖白斯以默语（即话语中短暂的间隙，又称停顿）的方式来表现演讲内容，实属高超，这是吸引听众注意力的一种方法。

谈判中默语所表达的意义是丰富多彩的。它既可以是无言的赞许，也可以是无声的抗议；既可以是欣然默认，也可以是保留己见；既可以是威严的震慑，也可以是心虚的流露；既可以是毫无主见、附和众议的表示，也可以是决心坚定、不达目的绝不罢休的标志。

默语不仅可以增强语言的效果，也可以用来对付谈判对手。比如，你提出一个诚恳的建议，而对方却给了你一个不完全的回答。这时，你应该等下去。

沉默，会使人感到不自在，会给对方造成一种僵持的感觉，使其觉得非得回答你的问题或提出新建议的方式来打破僵局不可。要注意的是，你提出问题并沉默后，不要继续提出其他问题或发表评论，以防把对方从僵持中解脱出来。否则，你的这一计策就无法奏效。

用沉默来对付饶舌的对手，当然还有一个礼貌的问题。如果对方在热情地讲述着，你却表现得极不耐烦，或无动于衷，那都是不礼貌的。但如果你随声附和一两句话时，对方会误认为是对他的赞同，他说起来就会更起劲。

你不妨采取这种方式的沉默：不时地端起茶来劝饮，或者不时地看看表。这样，多数人见到这种姿态就会终止谈话。

当然，也有少部分人故意视而不见，非得讲完不可。这时，你可以做一些明显动作，如动一动身体，或故意上一趟厕所，或借故干点别的什么事。

如果担心这些动作还是有不礼貌之嫌，你可以眼睛故意不看对方，而看身旁的某处。

从道理上讲，听别人讲话时应当看对方眼睛才算有礼貌，通过双目交流，达到感情的互相沟通。但当你避开对方视线时，这种沟通就会受影响，而减弱对方的讲话兴致。

第十五章　到什么山唱什么歌
——说话场合经

口才圣经——

　　场合对说话的影响，与场合对交际者的心态和情绪的折射作用分不开。场合不同，氛围不同，人们的心情心绪也不同。他们对一些问题的感受和理解的程度也不大一样。同样一句话，在此场合会被认为合理，有见解，在彼场合则会引起人家的厌恶和反感。因此，在不同的场合就要说符合场景气氛的话，说话要特别注意分寸，否则，不看场合说不合情景的话就必然要碰壁。

说话要注意场合

　　鲁迅先生有一篇散文《立论》中，非常生动地揭示了说话应注意场合的特点：

　　一家人家生了一个男孩子，合家高兴透顶了。满月的时候，抱出来给客人看——大概自然是想讨点好兆头。一个人说："这孩子将来要发财的。"

他于是得到一番感谢。一个人说:"这孩子将来要做官的。"他于是收回几句恭维。一个人说:"这孩子将来是要死的。"他于是得到一顿大家合力的痛打。

这篇散文里,孩子满月是喜事,主人这时愿意听赞美之词,尽管是信口之言;而说孩子将来必死确是有据之言,却使主人反感。因为在轻松的场合言语也要轻松,在热烈的场合言语也要热烈,在清冷的场合言语也要清冷,在喜庆的场合言语也要喜庆,在悲哀的场合语言也要悲哀。所以说话要看场合,到什么时候唱什么歌。

一位早年毕业于某高等院校中文系、勤勤恳恳工作了几十年的老教师退休了,为此,学校为他和另一位曾多次荣获过"先进"的退休老同志一并举行了一个欢送会。领导对他们的工作和为人进行了热情洋溢而又非常得体的肯定和赞扬,相比之下,对那位曾多次荣获过"先进"的老同志的美誉则尤多。当轮到两位受欢迎的退休老同志致答辞的时候,他们对大家的欢送做了深情的感谢。一时间,会场里充满了一种令人动情的温馨气氛。作为答谢,话本该说到这里为止;然而,那位老教师却并未就此打住,而由人们对另一位"先进"的赞扬中引起了感触,并做了颇为欠当的联想和发挥:"说到先进,很遗憾,我从来也没有得过一次……"

话犹未尽,坐在他对面的、平日与他相处得不很融洽的一位青年教师突然抢了话头:"不,那是我们不好,不是你不配当先进,是怪我们没有提你的名。"话语带着不肯饶人而又让人难堪的"刺",冷不防,老教师的眼角眉梢被"刺"出了一股感伤的表情,一时间会场中出现了令人难堪的尴尬气氛。

领导见势不对,马上接过话茬,想把气氛缓和一下。照理说,这时,他应避开"先进"这个敏感的话题,转而谈论其他。然而,他却反反复复劝慰那位退休老教师,叫他对"先进"的问题不要在意,说没有评过先进,并不等于不够先进,先进不仅在名义,更要看事实。如此等一席话,等于是把本应避而不谈的话题做了重复和引申,使本已尴尬的局面显得更为尴尬。

这是一个发生在我们身边的真实故事,我们不妨把它叫做一个"不会说话的故事"。从这个故事中,我们能引出几点发人深思的教训来:

一是那位退休老教师的教训:不该做无谓的比照。比照,是谈话中常用的一种手法。用得好,可以使谈话产生某种积极的效果。这里,"积极的效果"是应该特别注意的。在退休欢送会这样的场合，人家所说的都是一些富有情感而又不失真意的十分得体的人情话和好话。对于这种充满人情味的好话，听话者要善于倾听，善于应答，大可不必拿别人的长处来衡量自己的短处，从而引起不快。

二是那位青年教师的教训：不要在别人失意之火燃烧时加油。一位勤勤恳恳工作了一辈子的老前辈即将退休时，虽然可能因为老先生平时在某些方面不善为人处世而与自己伤了和气，然而在欢送会这种场合，我们却不能乘别人一时失言，抓住不放，图一时之痛快而说出那些不合人情的刻薄话，在这种场合，无论如何，还是要在"欢"字上多考虑一些，"欢送欢送"，"欢"而"送"之，要尽可能多留一点美好给人家。

三是那位领导人的教训：应注意避开敏感话题。领导者的能力固然表现在原则性上，在会场一时出现了某种始料不及的尴尬局面时，他没有直接去批评那位言之有失的青年教师，而是竭力肯定那位教师的贡献，具有这种应急应变的意识并立即着手应变，这些都是无可厚非的。然而，从具体的应变能力和说话方式的一面看，却又显得很不够。照理说，在这种场合，他应竭力避开"先进"这个敏感的话题，"顾左右而言他"，巧妙地把话题岔开，使欢送会的气氛由暂时的不欢而重新转向欢快，并顺势掀起新的高潮，而不是如他所做的那样，在敏感的话题上唠叨不休。能否机敏地避开某些不宜多说的话题，对领导者的领导能力也是一种很好的检验。

以上三个方面的教训，合为一点，就是：说话要注意场合。不看场合，随心所欲，信口开河，想到什么说什么，这是愚者的表现。人，总是在一定的时间、一定的地点、一定的条件下生活，在不同的场合，面对着不同的人，不同的事，从不同的目的出发，就应该说不同的话，用不同的方式说话，这样才能收到理想的效果。

严肃场合不能开玩笑

老狐狸爱开玩笑，但在某些场合，它绝对对玩笑说"不"！

前美国总统里根一次在国会开会前，为了试试麦克风是否好使，张口便说："先生们请注意，5分钟之后，我将对苏联进行轰炸。"一语既出众皆哗然。

里根在错误的场合、错误的时间里，开了一个错误的玩笑。为此，苏联政府提出了强烈抗议。这个例子说明在严肃场合不能开玩笑。

还是美国总统，卡特有一次也因为在严肃场合说了不该说的话而使自己陷入窘境。

那时卡特出访盐湖城，参加摩门教信徒颁发"本年度家庭男人"的仪式活动。他的参谋为他写了一份讲稿，特别注明"幽默"，于是助手给了他三四个笑话。他在发表讲话时全用上了。卡特和他的助手们当然没有意识到，摩门教徒一贯教育他们的孩子不要轻率地看待世事，自然在这样的场合也就不能乱说幽默的话。当时，教堂里有两千多人，卡特讲笑话时，这么多人只是瞪着他，呆若木鸡。

喜庆场合妙语解围

《演讲与口才》杂志曾登载了这样一篇演讲词：

各位来宾，各位亲友，今天，我们大家来参加许立群、冯莉同志的婚礼，可以说是人人心情激动，个个笑逐颜开。（笑）我们觉得许立群同志能找到冯莉同志这样的妻子是我们天山深处大兵的骄傲，（鼓掌）冯莉同志能得到许立群同志这样的丈夫可以说是……边疆遇知己，慧眼识英才。（大笑，鼓掌）他们是郎才女貌，相般相配，今天的婚礼真是珠联璧合。（大笑）在此，请许立群、冯莉同志接受我最真挚、最衷心、最良好的祝愿：祝你们新婚快乐、生活幸福！祝你们琴瑟永谐，白头偕老！祝你们为边疆建设再立新功！（热烈鼓掌）

这位司仪是一位会说话的人。他清楚地知道，在喜庆场合说的话不是传递信息，也不是说服听众，而是在喜庆的场面里再加笑料，在欢乐的气氛中喜上添喜，讲者喜气洋洋，听者笑声不断。他的目的达到了。

在喜庆的婚礼、宴会之类的欢乐场合，有时会突然出现一点意外事故使在座的人感到扫兴。这时，如果说一句得体的话便可妙语解围。

在一次婚礼上，正当大家高高兴兴地向新郎、新娘祝福时，一位客人忽然打碎了一只精致的茶杯。一时间，掉杯子的客人尴尬，新郎、新娘难堪，众人兴头也受挫，气氛顿时有些变凉。这时，一位思维敏捷的人灵机一动，马上喊道："这是吉兆啊，'岁岁平安'嘛！"这句话立即引得大家群起响应，哄堂大笑，婚礼气氛又热烈起来。

危机场合一语自救

游说家苏秦靠着三寸不烂之舌周游列国，游说诸侯，合纵抗秦，深受燕王器重。有一次，苏秦奉命出使齐国。有人乘机在燕王面前诋毁苏秦，说："苏秦是个左右摇摆，叛卖国家，反复无常的人，现在，他快要作乱了。"果然，燕王听信了谗言，等到苏秦完成外交使命返回燕国后，燕王便将他免职了。

苏秦知道有人在燕王面前说了自己的坏话，于是要求会见燕王，对燕王说："假如现在有这么三个人：一个孝顺像曾参，一个廉洁像伯夷，一个忠信像居生，并且，能够找到这么三个人来侍奉您，您以为怎么样？"燕王说："足够了。"苏秦说："像曾参一样孝顺，坚守礼仪，连离开他的父母在外面住宿一夜也不肯，您又怎么能够让他步行千里，而替弱小燕国处在危困中的君主效劳呢？像伯夷一样廉洁，坚守信义，不愿做孤竹君的继承人，也不肯做武王的臣子而饿死在首阳山上，廉洁到这种地步，您又怎么能指望他到齐国去干一番有所进取的事业呢？像居生一样坚守信义，和女子约好在桥下相会，由于女子不来，哪怕洪水来了也不肯离开，终于抱着柱子让水淹死，守信到这种程度，您又怎么能让他去用假话说退齐国的强兵呢？我正是因为没有像他们那样死板，所以才得罪了大王。"燕王听后，终于明白了其中的道理，马上给苏秦官复原职，重新予以重用。

苏秦用他的口才保护了自己。

社交场合说好第一句话

在我们的日常生活中，最令人关心的，莫过于"如何与别人交往"这件事；而在人际交往中，最令人花费心思的，又莫过于"如何与人交谈"这件事。

社会交往是人生活动中的主要内容，与人初次见面的第一句话是留给对方的第一印象，这第一句话说好说坏，关系重大。说好第一句话的关键是：亲热、贴心、消除陌生感。常见的有以下三种方式。

1. 攀认式

赤壁之战中，鲁肃见诸葛亮的第一句话是："我，子瑜友也。"子瑜，就是诸葛亮的哥哥诸葛瑾。他是鲁肃的同事挚友。

短短的一句话就定下了鲁肃跟诸葛亮之间的交情。其实，任何两个人，只要彼此留意，就不难发现双方有着这样或那样的"亲"、"友"关系。比如：

"你是复旦大学毕业生，我曾在复旦进修过两年。说起来，我们还是校友呢！"

"您是体育界老前辈了，我爱人可是个体育迷；您我真是'近亲'啊。"

"您来自苏州，我出生在无锡，两地近在咫尺。今天得遇同乡，令人欣慰！"

2. 敬慕式

对初次见面者表示敬重、仰慕，这是热情有礼的表现。用这种方式必须注意：要掌握分寸，恰到好处，不能乱吹捧，不说"久闻大名，如雷贯耳"一类的过头话。表示敬慕的内容应因时因地而异。比如：

"您的大作我读过多遍，得益匪浅。想不到今天竟能在这里一睹作者风采！"

"今天是教师节，在这光辉的节日里，我能见到您这位颇有名望的教师，不胜荣幸。"

"桂林山水甲天下，我很高兴能在这里见到您——尊敬的山水画家！"

3. 问候式

"您好"是向对方问候致意的常用语。如能因对象、时间的不同而使用不同的问候语，效果则更好。

对德高望重的长者，宜说"您老人家好"，以示敬意；对年龄跟自己相仿者，称"老×（姓），您好"，显示亲切；对方是医生、教师，说"李医师，您好"、"王老师，您好"，有尊重意味。节日期间，说"节日好"、"新年好"，给人以祝贺节日之感；早晨说："您早"、"早上好"则比"您好"更得体。

说好第一句话，仅仅是良好的开始。要谈得有味，谈得投机，谈得融融乐乐，有两点还要引起注意：

（1）双方必须确立共同感兴趣的话题。有人以为，素昧平生，初次见面，何来共同感兴趣的话题？其实不然。生活在同一时代、同一国土，只要善于寻找，何愁没有共同语言？

一位小学教师和一名泥水匠，似乎两者是话不投机的。但是，如果这个泥水匠是一位小学生的家长，那么，两者就如何教育孩子各抒己见，交流看法，如果这个小学教师正在盖房或修房，那么，两者可就如何购买建筑材料，选择修造方案沟通信息，切磋探讨。

只要双方留意、试探，就不难发现彼此有对某一问题的相同观点，某一方面共同的兴趣爱好，某一类大家关心的事情。有些人在初识者面前感到拘谨难堪，只是没有发掘共同感兴趣的话题而已。

（2）注意了解对方的现状。要使对方对你产生好感，留下不可磨灭的深刻印象，还必须通过察言观色，了解对方近期内最关心的问题，掌握其心理。

比如，知道对方的子女今年高考落榜，因而举家不欢，你就应劝慰、开导对方，说说"榜上无名，脚下有路"的道理，举些自学成才的实例。如果对方子女决定明年再考，而你又有自学、高考的经验，则可现身说法，谈谈高考复习需注意的地方，还可表示能提供一些较有价值的参考书。在这种场合，切忌大谈榜上有名的光荣。即使你的子女考入名牌大学，也不宜宣扬，不能津津乐道，喜形于色，以免对方感到脸上无光。

公关场合不忘"客套"与"敦促"

作为一名公关人员，说话是最主要的交往手段。会不会"说话"，是公关人员合格与否的一项重要指标。

从公关心理学角度分析，"客套"与"敦促"都是能打动对方心理的妙方，关键看运用的人是否能够运用得好。人人都有自尊心，适当赞美对方可赢得好感。人人都有责任心，适当敦促对方可得到承诺，所以，交替使用这两种方法会带来预期效果。

海南一家公司与一个工厂签订购物合同，定于一个月内交货。可两个星期后，该工厂见物价暴涨，就想撕毁合同，将货物高价转卖。于是，海南这家公司的营销人员马上前往谈判，力争对方履行合同。

该工厂早就准备舌战一场，然而，海南代表的一席话，使他们改变了想法。

海南这家公司的代表说："这次和贵厂打交道，我们都感到你们做生意确实非常精明，特别是领导经营有术，更令人钦佩，值得我们学习。这次我公司向贵工厂订购的货物，是同另一家大公司合作经营的。若我们不能按期交货给那公司，就可能闹出麻烦，也许到时要请贵工厂出面解释一番。我们的困难，想必你们是可以理解的。另外，我们是老主顾了，此次虽出了些矛盾，但将来还要打交道。若贵工厂无意间让我公司蒙受损失，不仅中断了我们的生意交往，也会使想同贵厂做生意的新客户退而三思。再说，目前贵厂客户众多，业务兴旺，倘若他们知道贵厂单方面撕毁这项合同，就会觉得你们不守信用，不可信赖，难以合作。极可能减少或中断业务，那样，贵工厂就得不偿失了……"

这个实例中，海南方面的公司代表交替运用"客套"与"敦促"，自然而不庸俗，巧妙而不诡辩，深得公关艺术之真谛，使对方为之惊动，愿意合作。这就启发我们：许多传统的经验和方法经过变脸和革新，与公关理论知识相结合，就会产生新奇的效果。

不同场合下的不同用语

　　紧眨眼，慢张口。不同场合有不同的说话尺度。沉痛、悲哀、忧戚、肃穆性的语言，只能出现在奔丧、吊唁、追悼会等场合；庄重、严肃性的语言，只能出现在会议等场合；愉悦、欢快、祝贺、颂扬性的语言，只能出现在剪彩、乔迁、结婚、庆功等场合；轻松、随和、自由性的语言，只能出现在私人交谈等场合；宽慰、祝愿、企望、仰慕性的语言，只能出现在探病、拜望、问安等场合。

　　应邀参加某种娱乐时：

　　"如果还有空额，我希望有加入的荣幸机会。"

　　好友重逢时：

　　"××先生，很高兴又见面了。"

　　如何表示歉意：

　　拨错电话时："对不起，打错了。"

　　疾走时撞了他人："对不起，我不是有意的。"

　　如何接受赞美：

　　对方说："你早上所提的建议真好。"、"你今天早上看起来特别靓丽清爽。"

　　回答："谢谢，你真客气。"

　　何时说"请"：

　　对你的另一半说："周日我要请老板吃饭，请帮我一起接待他。"

　　对出租司机说："请送我到国际机场。"

　　对饭店出纳员说："请给我301房的账单。"

　　对秘书说："请把这份材料传真给建筑材料公司张经理，另一份给××市的红光贸易公司。"

　　对餐厅的服务员说："请给我菜单。"

　　对公司副经理说："请注意代表们对我们的计划第二段所提的批评，相当重要哟。"

表示对朋友的关心：

"马丽，你的病好些了吗？"

"安东，我听说你们公司已经打入美国市场了，好好干吧。"

"霍克，早上的会议多亏你提了个好建议，真是不胜感激。"

礼貌逐客时：

"我的天，都快11点了，我必须赶着去开会了。"

"很抱歉，我还有另一个会议，几分钟前就开始了。"

"真对不起，我现在必须赶到飞机场。"

"这次见面获益匪浅，希望再次见到你。"

"谢谢您的光临，一旦有结果，我会马上告诉您。"

"真抱歉，我必须结束这次面谈，因为上班要迟到了。但我希望能有机会完成这次面谈，现在我必须马上赶到办公室去。"

想求得他人帮助时：

"我刚才发言的声音是不是有些不自然？"

"我的手握起来是不是湿湿的？"

"早上汇报时，我是不是说了不少废话，是不是应该更简练些？"

"明天我要去定做一套西服，您能不能跟我一起去，当场给我参谋点意见？"

需要下属加班时：

"××，我实在很不愿意让你留下来加班完成这项工作，不过你是我唯一能够信任的人，所以请你务必帮忙。但我保证，对于今晚所造成的不便，我日后一定会有所补偿。"

或者："请完成这份工作。这样要求你实在很抱歉，非常谢谢你的帮忙。"

第十六章　尴尬境地，妙语化解

——说话圆场经

 **口才圣经——**

"人有失足，马有漏蹄"。同样，在人们的日常交往中，无论普通人还是名人，都免不了随时可能发生言语失误。虽然各种原因不同，但它造成的后果却是相似的，或贻笑大方或纠纷四起，有时甚至不堪收拾。因此采取一定的补救措施是十分必要的。

圆场的话怎样说

当一个人需要说圆场的话时，一般是处于场"不圆"的状况下，或尴尬难堪，或剑拔弩张，或对方心神不宁、格外担忧的时候，这时只有具备了高超的说话技巧，才能化解这种紧张的气氛。

同时，在这种场合下如何说话，才显得你既不是在插科打诨，又不是在违心讨好，其中的度如何把握，就要看这个人的口才水平如何了。

1. 化分歧为两面，让双方都满意

清末的陈树屏口才极好，善于调解纷争。他在江夏当知县时，张之洞在湖北任督抚，谭继询任抚军，张谭两人素来不和。一天，陈树屏宴请张之洞、谭继询等人。当座中谈到长江江面宽窄时，谭继询说江面宽是五里三分，张之洞却说江面宽是七里三分，双方争得面红耳赤，本来轻松的宴会一下子变得异常尴尬。

陈树屏知道两位上司是借题发挥，故意争闹。为了不使宴会大煞风景，更为了不得罪两位上司，他灵机一动，说道：

"江面水涨就宽到七里三分，而落潮时就是五里三分。张督抚是指涨潮而言，而谭抚军是指落潮而言，两位大人都说得对。"

陈树屏巧妙地将江面宽窄分成两种情况，一宽一窄，让张谭两人的观点在各自的方面都显得正确。张谭两人听了下属这么高明的圆场话，也不好意思再争下去了。

有时候，争执双方的观点明显不一致，而且也不能"和稀泥"，这时，如果你能把双方的分歧点分解为事物的两个方面，让分歧在各自的方面都显得正确，这必定是一个上乘的好办法。

2. 自嘲，以摆脱尴尬

在一次盛大的宴会上，服务员在倒酒时，不慎将酒洒到了坐在边上的一位宾客那光亮的秃头上，服务员当即吓得不知所措，在场的人也目瞪口呆，不知道下一步会发生什么。而那位宾客却微笑着说：

"老弟，你以为这种治疗方法会有效吗？"

在场的人闻声大笑，尴尬场面立刻被打破了。借助自嘲，这位宾客不但解脱了服务员的尴尬，更重要的是维护了自我的尊严，而且还展示了自己的大度和机智。

在很多社交场合中，当你陷入尴尬境地时，借助自嘲往往能使你从中体面地脱身。自嘲，就是自己嘲讽自己的。虽然说每个人都喜欢被人赞美而不喜欢被人嘲讽，但如果懂得自嘲的话，往往会收到妙趣横生、意味深长的效果，使人感到你的可爱和人情味，从而由衷地赞美你。

3. 善意谎言，营造轻松氛围

一次大学同学聚会，大家都好多年没有见面了，所以聚在一起有说有笑，气氛十分热烈。这时有个男士突然对一位女士说："当年可是你主动追求我的，还记得不？"这虽然不是一句非常得体的话，可在这样的场合下开开玩笑，也无伤大雅。谁知，这位女士心情不好，很是生气地回敬了他："神经病！谁会追你这样的人哪？也不看看自己是谁！"大家愣住了，场面顿时冷了下来，沉默让人难堪。

这时，小李站起来，搂着这位女士的肩膀，说："小妹，怎么还跟大学时的脾气一样啊？喜欢谁说谁是神经病，越喜欢还骂得越起劲儿！对了，你不记得了，那时……"大家一阵嬉笑，又开始聊起大学时的往事，气氛重新活跃起来。至于当时这位女士是不是真的喜欢谁就说谁是神经病，也没有人去较真了。

在交际中，有些人不合时宜地开玩笑，撞到别人的枪口上，免不了会引起尴尬。为了缓解这种局面，就可以善意地撒点小谎，为对方的玩笑话添加特定的背景资料，从而将玩笑从有利于气氛缓和的角度去解释，最好加上一点幽默的调料或者结合当时的场景说话，为大家营造出轻松的氛围，从而将话题引开。

4. 旁逸斜出，顺着对方的心意

有一个调皮的孩子，大年初一那天，一大早就出门找伙伴玩去了。玩到中午时分，才发现自己头上的那顶新帽子不知什么时候丢了。于是胆战心惊地跑回家去，向母亲汇报了一下大体情况。要是在平时发生这种情况，母亲一定会大声斥责他，可当天是大年初一，不能骂孩子，于是就强忍着没有爆发。

这时隔壁的李叔来她家串门，感觉到了这位母亲的火气和孩子的害怕搅和在一起的异样的气氛。一打听，才知道事情的原委。于是笑着说："孩子的帽子丢了，这是好事啊，不正意味着孩子要'出头'了吗？今年你一定走好运，有好日子过了。"一席话，说得孩子的母亲转怒为喜，并附和着说："对，对，孩子从此出头了。"于是大家一阵哈哈大笑，家里又恢复了祥和喜庆的气氛。

当双方因为其中一个做错了事，而情绪紧张时，把事情往好的方向解释，顺着对方的心意，往往就能化解紧张的气氛。

言语失误时要积极弥补

在人们的交际过程中，无论凡人名人，都免不了随时可能发生言语失误。虽然个中原因有别，但它造成的后果却是相似的：或贻笑大方，或纠纷四起，有时甚至不堪收拾。

那么，能不能采取一定的补救措施或者矫正之术，去避免言语失误带来的难堪局面呢？回答是肯定的。

1. 及时改口

历史上和现实中许多能说会道的名人，在失言时仍死守自己的城堡，因而惨败的情形不乏其例。

1976年10月6日，在美国福特总统和卡特共同参加的、为总统竞选而举办的第二次辩论会上，福特对《纽约日报》的记者马克斯·佛朗肯关于波兰问题的采访，做了"波兰并未受苏联控制"的回答，并说"苏联强权控制东欧的事实并不存在"。这一发言在辩论会上属明显的失误，当场遭到记者的反驳。但反驳之初佛朗肯的语气比较委婉，希望给福特以修正的机会。他说："问这一件事我还觉得不好意思，但是您的意思难道在肯定苏联没有把东欧化为其附庸国？"

福特如果当时明智，就应该承认自己失言并偃旗息鼓，然而他觉得身为一国总统，面对着全国的电视观众认输，绝非善策，于是继续坚持，结果一错再错，为那次即将到手的选举付出了沉重的代价。刊登这次电视辩论会的所有专栏、社论都纷纷对福特的失策做了报道。

就连竞争对手卡特也乘机把这个问题再三提出，闹得天翻地覆。一句失言给福特造成了不可弥补的损失。

高明的辩论家在被对方击中要害时绝不强词夺理，他们或点头微笑，或轻轻鼓掌。如此一来，观众或听众弄不清他葫芦里藏的什么药。有的从某方面理解，认为这是他们服从真理的良好风范；有的从另一方面理解，又以为这是他们不屑辩解的豁达胸怀。而究竟他们认输与否尚是个未知的谜。这样的辩论家即使要说也能说得很巧，他们会向对方笑道："你讲得好极了！"

在实践中，遇到这种情况时，有三个补救办法可供参考：

（1）移植法。就是把错误移植到他人头上。比如，说"这是某些人的观点，我认为正确的说法应该是……"这就把自己已出口的某句错误纠正过来了。对方虽有某种感觉，但是无法认定是你说错了。

（2）引申法。迅速将错误引开，避免在错中纠缠。就是接着那句话之后说"然而正确说法应该是……"或者说"我刚才那句话还应做如下补充……"这样就可以将错话抹掉。

（3）改义法。当意识到自己讲了错话时，干脆重复肯定，将错就错，然后巧妙地改变错话的含义，将明显的错误变成正确的说法。

2. 顾左右而言它

某校某班在一次高考中，数学和外语成绩突出，名列前茅。校长在总结会上这样说："数学考得好，是老师教得好；外语考得好，是学生基础好。"

在座老师听罢沸沸扬扬，都认为校长的说法显得有失公正。一位老师起身反驳："同一个班，师生条件基本相同。相同的条件产生了相同的结果，原是很自然的事，不公平地对待，实在令人费解。原有的基础与之后的提高，有相互联系，不能设想某学生某一学科基础差反而能提高得快，也不能设想学生某一学科基础好而不需要良好的教学就能提高。校长对待老师的劳动不一视同仁，将不利于团结，不能调动广大老师的积极性。"

会场有人轻轻鼓掌，然后一阵沉默。而沉默似乎比掌声对校长更有压力和挑战意味。校长没有发怒，反而笑了起来，他说：

"大家都看到了吧，X老师能言善辩，真是好口才。很好，很好！言者无罪，言者无罪。"

尽管别人都猜不透校长说这话的真实意思，然而却不得不佩服他的应变能力：他为自己铺了台阶，而且下得又快又好。听了上述回答后，无人再就此问题对校长跟踪追击。

既要撤退，就不宜做任何辩解，辩解无异于作茧自缚，结果无法摆脱。

3. 借题发挥

司马昭与阮籍有一次同上早朝，忽然有侍者跑来报告：

"有人杀死了你母亲！"

放荡不羁的阮籍不假思索便说：

"杀父亲也就罢了，怎么能杀母亲呢？"

此言一出，满朝文武大哗，认为他"有悖孝道"。阮籍也意识到自己言语的失误，忙解释说："我的意思是说，禽兽才知其母而不知其父。杀父就如同禽兽一般，杀母呢？就连禽兽也不如了。"

一席话，竟使众人无可反驳，阮籍也避免了杀身之祸。其实，阮籍在失口之后，只是使用了一个比喻，就暗中更换了题旨，然后借题发挥一番，巧妙地平息了众怒。

在现实生活中，借题发挥也大有用武之地。

某中专学校在一次智力竞赛中，主持人问："三纲五常中的'三纲'指的是什么？"一名女生抢答道："臣为君纲，子为父纲，妻为夫纲。"恰好颠倒了三者的关系，引起哄堂大笑。当这名女生意识到答错后，她索性将错就错，立刻大声说道："笑什么，解放这么多年了，封建的旧'三纲'早已不存在，我说的是新'三纲'。"主持人问："什么叫做新'三纲'？"她说："现在我国是人民当家做主，上级要为下级服务，领导者是人民的公仆，岂不是臣为君纲？当前独生子女是父母的小皇帝，家里大小事都依着他，岂不是子为父纲？在许多家庭中，妻子的权力远远超过了丈夫，'妻管严'比比皆是，岂不是妻为夫纲吗？"她的话音一落，场上掌声四起。大家为她的言论创新叫绝，为她的应变能力叫好。

幽默应变，应对困境

20世纪初期，丘吉尔当时的身份是海军大臣，有一段日子他突然心血来潮，要学开飞机，军官们不敢违抗命令，只得照他说得办。

刚开始的时候他学得很卖力，只要一有空闲就要教练教他，大有不学好开飞机誓不罢休的架式。

有一次他驾着飞机上了天，谁知天气突然变坏了，一段仅只几英里的航程他却在天上绕了三个小时才到达目的地。

着陆后，他刚从机舱里跳出来，那架飞机就忽地腾空而起旋即一头撞进大海之中。

原来，丘吉尔忘记了驾驶飞机的操作规定，当飞机着陆的时候，他竟在忙乱之中又把飞机引擎发动起来了。

一般人遇到这种情况时，肯定是惊吓加尴尬地弄得手足无措，然而，丘吉尔却好像自己并没有做错什么似的自我解嘲道："这架飞机真不够意思，刚离开我它又擅自私奔，和大海约会去了。"

当令人发窘的事情已经发生时，丘吉尔巧妙地运用自嘲，使自己的自尊心通过自我排解的方式受到保护，同时体现出他那机智幽默的一面。

丘吉尔有一个每天洗澡的习惯，不管多繁忙，不管到了什么地方，也不管是什么时候，工作一停下来他必须在浴缸里泡个澡，泡完澡后，他便会光着身子在浴室内悠闲地走走，使全身的每个部位都得到放松。

有一次，为了抗击德国法西斯的侵略，他率代表团出访美国，以期达到与前美国总统罗斯福在观点和行动上的一致。

当时，代表团就下榻在白宫。

有一天，当他正按照自己的老习惯，洗完澡后在白宫的浴室里光着身子踱步时，门被外面的人敲响了。

"进来吧，进来吧。"他和平时一样喊道。

谁知，他打开房门一看，门口赫然是美国总统罗斯福。

见他一丝不挂，罗斯福尴尬地转身要走。可是丘吉尔却像无事一样地笑道："进来吧，总统先生，"边说他又伸出双臂，"大不列颠的首相是没有什么东西需要对美国的总统隐瞒的。"

说完，两个世界显赫人物哈哈大笑起来，于是，一切的尴尬便烟消云散了。

还有一次，丘吉尔遇见他的政治对手阿斯特里夫人，夫人对他说："如果你是我丈夫，我会把毒药放进你的咖啡杯里。"

听了这话，丘吉尔非但没有动怒，反而面带微笑地说："夫人，如果我是你丈夫，我就会把那杯咖啡喝下去。"

阿斯特夫人无言以对。

不止丘吉尔，世界上不少的知名人物都有这种随机应变的口才。他们的机智幽默常常使他们把自己从尴尬或是不利的情境中解脱出来，使原本不利的情形向着好的方向发展。

在唇枪舌剑、危机四伏、惊心动魄的竞选场上，应对自如的幽默也会帮助竞选者摆脱困境，赢得选民。

1800年，约翰·亚当斯竞选美国总统。共和党人指控约翰·亚当斯，说他曾派其竞选伙伴平克尼将军到英国去挑选四个美女做情妇，两个归平克尼，两个留给自己。约翰·亚当斯听后哈哈大笑，说道："假若这是真的，那平克尼将军肯定是瞒过了我，全都独吞了！"约翰·亚当斯用幽默的语言既嘲弄了诽谤者，又使自己得以清白，让选民弄清了真相，终于当选为美国历史上第二任总统。

马雅柯夫斯基的诗歌深受苏联人民的欢迎，但也引起了一些浅薄无聊的文人对他的嫉妒与攻击。在一次会上，有人不怀好意地指责他道："你的诗里为什么都是'我'字当头？我要怎么样，我要怎么样！可见你是个极端的个人主义者！"

马雅柯夫斯基觉得可气又可笑，他笑答："为什么诗中不能用第一人称——'我'呢？当你向心爱的姑娘求爱时，你到底是说'我爱你'，还是说'我们爱你'？"这话机敏幽默，回击有力，使挑衅者瞠目结舌，无言以对。

可见，幽默除了能助你摆脱困境以外，还能出奇制胜，但这手绝招也并非是名人的"专利"，任何人只要有心，都可以用巧妙有趣的话语和方式缓解矛盾，回击挑衅。

在一辆行进中的公共汽车上，由于车子突然紧急刹车，车厢里有个人猝不及防，撞到一个姑娘身上。姑娘责怪他说："德性！"那个立刻解释道："对不起，这和'德性'无关，这是'惯性'。"这话引起乘客们一阵笑声。

"德性"是骂人缺德，这个意思那个人当然知道，但在这种场合下一本正经地对姑娘解释，或是回敬她一句不好听的话，很可能引起争吵，陷入更加窘迫的境地。而一句"惯性"既是对自己没有稳的科学解释，又是对姑娘骂人话的最好纠正与回敬，具有无可争辩的准确性和说服力。

在社会交往中，幽默是一份上好的礼品，能弹去不快，增添人们的欢乐，还能巧妙地摆脱自己或他人面临的窘境。

一次，某君陪女友到商场买衣服。当挑选到第四件时，营业员已面色不悦。某君心平气和地说："不是说'百问不烦，百拿不厌'吗？我们才拿了四次，离一百次还差九十六次，远没达到规定的标准。"营业员说："你要挑一百次，我们还做不做生意？"某君笑道："哪能呢？挑一百次我们自已先就累死了。哎，建议你们把服务公约改为十次，我们顾客没有精力完成一百次。"营业员忍俊不禁，终于露出了笑容，从而避免了一场争吵。

总之，幽默常常能使你化干戈为玉帛，处尴尬而轻松，为你融洽气氛、协调气氛起到意想不到的作用。

应对困境的幽默方法很多，下面介绍几种主要的方式。

1. 调侃法

调侃法就是以一种轻松调侃的态度，随心所欲地对一个问题进行自由自在的解释，硬将两个毫不沾边的东西捏在一起，造成一种不和谐、不合情理、出人意料的效果，在这种因果关系的错位和情感与逻辑的矛盾中，产生幽默的效果。

在一次中外记者招待会上，一次西方新闻记者问陈毅："请问，中国最近是用什么武器打下美制U-2型高空侦察机的？是导弹吗？"

对于这个涉及国家军事机密的问题，完全可以用"无可奉告"来回答，但陈毅并没有这样说，而是幽默风趣地举起双手在空中做了一个动作，然后带着几分俏皮说："记者先生，我们是用竹竿把它捅下来的呀！"一句话引得大家哄堂大笑。

用"竹竿捅下飞机"是绝对的天方夜谭，是荒谬的，但在当时特定的环境下却不失为一种精彩的回答，从而产生了强烈的幽默感。

在一次宴会上，有人问鲁迅："先生，你的鼻子为什么是塌的？"

鲁迅笑着回答："碰壁碰的。"

这个回答，既有对社会现实的不满，又有对自己生活坎坷经历的嘲讽，并与这样一个具有丑的因素的自然生理结合在一起，便产生了幽默感。

2. 有意歪曲法

有意歪曲幽默术就是真假并用、褒贬并用、正反并用，以曲折的、间接的、而且带有很大的假定性，把你的意见小做歪曲，使之变成耐人寻味的样子，通过歪曲形式来使对方领悟你真正意思的一种幽默方法。这种手法往往能够收到"山重水复疑无路，柳暗花明又一村"的效果。

迂回法的幽默技巧，要害在于迷惑对方，然后给对方一个完全相反的解释。而这个解释要事先埋伏在迷惑他的语言中，而这种埋伏的语言必须是有可能做正面和反而两种解释的。

争执僵局，巧妙化解

在社会交际活动中，由于交际双方彼此缺乏了解以及种种突发事件的存在，往往会导致冲突、争执或僵持场面，这个时候如果没有人站出来打打圆场，那么就很可能轻则陷入尴尬，引起一方或双方的不快，干扰双方沟通交往的正常推进；重则甚至影响到彼此的关系和友情，把本要合作解决的事情搞砸。化解这样的局面，就需要有一定的口才专长。

由此可见，在交际中把握对方的心理，审时度势，然后凭借恰到好处的交际口才来化解争执与僵局，这确实是一项值得重视的能力。

1. 缓和僵局，妙语脱困

对引起尴尬的事件进行机智的解说，使严肃的话题诙谐化，可以缓和尴尬的局面。

在现实生活中，过于严肃和枯燥的东西往往不易为人们所接受，所以人们会想方设法把它变得灵活些、有趣些。比如，一本严肃的科技类图书，人们可以通过插图的设计和版式的调整来把它变得活泼可爱一些，从而读者乐于阅读。在交际场合中也是一样，如果某个较为严肃、敏感的问题搞得交际的双方都很尴尬，甚至于阻碍了正常交际的顺利进行时，同样可以暂时让它"委屈"一下，通过幽默的解说将其诙谐化，利用它把原来被它搞僵的场面激活，使交际活动得以顺利进行。

2. 寻找借口，摆脱窘境

换一个角度或找一个借口，证明对方有悖常理的行动在某情境下的合理性，可以摆脱窘境。

人们之所以在交际活动中陷入窘境，常常是因为他们在特定的场合中作出了不合时宜、不合情理或有失身份的举动，而旁人又往往不便于直接指出这种举动的不合理性，于是进一步导致了整个局面的尴尬或僵持。在这种情形下，最行之有效的打圆场方法莫过于找一个角度或借口，以合情合理的依据来证明对方的举动在此时此刻是正当的、无可厚非的。这样一来，个人的尴尬解除了，正常的局面也得以继续下去了。

3. 求同存异，免除争执

不做孰优孰劣的比较，只强调差异性，对各方的价值都给以肯定，并拿出各方都能接受的方案，可以打破僵局。

当交际的各方因彼此都不能满足对方的条件而争执不休的时候，作为调解者应理解争执各方当时的心理和心情，不要轻率地厚此薄彼，以免加深各方的不满情绪。正确的做法是只强调各方的差异（而非优劣），并对各自的优势和价值予以肯定，以此在一定程度上满足他们的自我实现心理。在这个基础上，再拿出适合各方的建设性意见就容易被各方所接受了。

一次，著名相声演员侯跃文主持中央电视台《综艺大观》节目的《请您参加》栏目。主要内容是由三个自告奋勇的家庭上台，根据所选的道具自行编排和表演节目，然后让观众评分。表演一结束，没等主持人发问，观众席上已是七嘴八舌，评哪组的都有，评比顿时陷入困境。侯跃文灵机一动，对观众说："到底哪组能得第一，还是让我问问他们本人吧。"随后逐个询问了三个家庭对登台演出节目的感受，并根据他们的回答宣布：第一组"谦虚第一"；第二组"勇敢第一"；第三组"团结第一"。最终三个组都得了第一，满足了大家的心意。

在主持《请您参加》节目时，侯跃文清楚这一节目本身的目的其实并不在于真正分出高下，重要的是激发观众参与节目的热情。基于此种考虑，在节目出现僵持的局面时，他并没有和观众一起争论孰优孰劣，而是强调了各个小组的不同特点和优势，对各组的表现都予以肯定。最后，侯跃文提出了解决争执的建议："三个组同获第一"，结果很容易被大家接受了。

当人们因固执己见而争执不休时，造成僵持局面难以缓和的原因往往已不是双方的观点本身，而是彼此的争强好胜的情绪和较劲心理。事实上，对某一问题的看法本身常常并不是一成不变的，随着环境的变化、角度的转移，不同乃至对立的观点都可能是正确的。因此，在打圆场时可以抓住这一点，帮助争执双方灵活地分析问题，使他们认识到彼此观点的相对性和兼容性，进而停止无谓的争执。

4. 善意曲解，避免尴尬

故意不理解引发尴尬的事件的真实含义，而对该事件加以善意的曲解，引导其朝有利的方向转化，不失为避免尴尬的妙招。

在交际活动中，交际的双方或局外人由于彼此不甚了解，常常会做出一些让对方迷惑不解的举动，导致尴尬、紧张场面的出现。为了缓解此种局面，可以采用故意曲解的策略，假装不明白尴尬举动的真实含义，而给出有利于局势好转的理解，进而一步步将局面朝有利的方向引导。

巧借自嘲，化解尴尬

人们常说的"自嘲"，顾名思义就是自己嘲笑自己。谁都喜欢被人赞美，不喜欢被嘲笑。但有时候自嘲也能体现出一种潇洒的风度和人生的智慧。它能营造出宽松和谐的交谈气氛，使人感到你的可爱和人情味。在现实生活中，适时适度的"自嘲"往往能收到妙趣横生、意味深长的效果。

尴尬场合，运用自嘲可以平添许多风采。当然，自嘲要避免采取玩世不恭的态度。具有积极因素的自嘲包含着自嘲者强烈的自尊、自爱。自嘲实质上是当事人采取的一种貌似消极，实为积极的促使交谈向好的方向转化的手段而已。

醉翁之意不在酒，表面上是嘲弄自己，却另有深蕴，所以，自嘲在许多场合具有特殊的表达功能和使用价值。

当一个人认为自己可能会被指责时，不妨用先发制人的方法数落自己一番。因为人心是很奇特的，当对方发现你已承认自己的错误时，便不好再予以责备，这就叫"巴掌不打自嘲人"。

比如，言谈中你无意中讲了污言秽语，对方脸色一沉，你便可以自嘲道："哎，我真是个粗陋的人，肚子里的脏话总消灭不了，总是自己蹦出来，还请你多多原谅。"一句话，就可以使对方不再介意。又如，争论时你有点儿激动，措辞生硬，声音太大，对方已显不悦。你要赶紧刹住话匣子："对不起，我这个人容易激动，刚才真成一只斗鸡了。"对方一定会付之一笑，忘掉刚才的不快。

如果谈话中刺伤了别人的自尊心，揭到对方的隐匿伤口，那可是危险的。对方修养好的，必会缄口离开；修养差的，可能就要反过来对你进行人身攻击。这时，你一定得求助于自嘲的办法了，但你要努力说得幽默点儿、真诚点儿，使对方感到舒服一些。

比如，你在一个残疾人面前大谈健康人的优势，还提到他所无法从事的工作，他定会产生极大不满。你可以这样救场："哎，话说回来，健全人未必就强。张海迪半身不遂，却能学得一身本领，名扬天下。我这个人，四肢发达，头脑简单，说话顾前不顾后，妈妈常骂我是一个二愣子，一辈子也成不了大事……"

这样，在错话出口之后，借助自嘲将话题转向自己，通过对自己的善意攻击来消除对方的怒气，转移对方关注的焦点，既不露痕迹地照顾到对方的自尊心，同时又巧妙地缓和了由于自己的失误变得紧张的气氛。

自嘲是缺乏自信者不敢使用的技术，因为它要你自己骂自己。也就是要拿自身的失误、不足甚至生理缺陷来"开涮"，对丑处、羞处不予遮掩、躲避，反而要把它放大、夸张、剖析，然后巧妙地借题发挥，自圆其说，博得一笑。没有豁达、乐观、超脱、调侃的心态和胸怀，是无法做到的。自以为是、斤斤计较、尖酸刻薄的人是更难以做到的。

著名的喜剧演员葛优（秃顶）就曾经说过："热闹的马路不长草，聪明的脑袋不长毛！"被全国观众所喜爱的小品演员潘长江个子十分矮小，他却自豪地说："浓缩的都是精华！"

不光喜剧演员和笑星们善于运用自嘲来赢得观众的好评，生活中也有许多这样的例子。

有一位大学数学老师，虽只有40多岁，却像葛优一样头发大半秃了，露出一片"不毛之地"。以前常有学生在背后叫他秃顶老师，后来他在课堂上向同学们讲明了因生病而脱发的原因，最后，还加上这样一句自嘲："头发掉光了也有好处，至少以后我上课进教室里的光线可以明亮多了。"同学们发出一片友好的笑声，此后，再也没有人叫他秃顶老师了。

嘲笑自己的缺点是一个人人生态度的最高境界，是一种良好的修养，是一种充满魅力的交际技巧，使自己活得轻松洒脱，使别人感到你的可爱和人情味，有时还能更有效地维护面子，建立起新的心理平衡。

明话暗说解窘境

在人们交际的过程中，会与各种各样的人打交道。比如，文化层次的不同，有人是目不识丁的文盲，有人是博学多才的教授。知识水平不同的人，表达同样的意思，说出的话则大不相同。同样，他们理解同样一句话的意思的能力也不大相同。我们常常听到"三句话不离本行"这样的话，如果能针对各种人的知识水平和知识结构而采取相应的应变方式与他们对话，势必能取得良好的效果。古往今来，以口齿伶俐、铁嘴钢牙化险为夷的例子非常多。针锋相对需要敏捷的口才，如果处理得当，可以抓住机会，"以其人之道，还治其人之身"。不但保持了自己的人格尊严，还能使对方狼狈不堪而再也不能轻辱于你。

生活中，总是出现一些令人意想不到的事情。因为交际双方是一种积极的参与，而非刻板、机械的迎合，所以交际情景也会不断地发生变化。面对变化着的情景，尤其是仓促而至的窘境，需要我们调动一切可以调动的语言表达手段，以达到自己想要达到的交际目的，明话暗说就是很有效的一种。

1. 自嘲式的明话暗说

在交际中，有时会碰上因为自身的缺点或其他原因而出现的尴尬事，要是你懂得"自嘲"，巧妙地"揭自己的短"，反而能使自己败中求胜，树立良好的交际形象。

麦克阿瑟一贯以傲慢著称。有一次，杜鲁门会见他时，他不慌不忙地取出烟斗，装好烟丝，在取出火柴准备点燃的时候，才问杜鲁门："我抽烟你不介意吗？"

麦克阿瑟显然并不是真心征求杜鲁门的意见，这使杜鲁门十分难堪。因为如果现在表示很介意，会显得有点霸道。

此时，杜鲁门看了看麦克阿瑟，说："抽吧！将军，别人喷到我脸上的烟雾，要比喷在任何美国人脸上的烟雾都多。"

杜鲁门的这番自嘲，不但自尊心得到了保护，而且还向美国人显示了他的大度与宽容。还有，他把自己摆在"受害者"的地位上，可博得美国大众的同情与支持。

2. 借物说事式的明话暗说

在交际中，常可以利用身边的实物来说明某种道理或者摆脱困境，或以某件能与话题搭上关系的物品来进行对比，达到一种形象化的效果。

在生活与工作中，你也可以借身旁之物摆脱困境，让左右为难的自己找到台阶下。

如果某人在你的办公桌前滔滔不绝地讲话，而你却不能耽搁太多的时间。如果喋喋不休的人是下属或是朋友那还好办，可他偏偏又是你得罪不起的人物，此时你该怎么办呢？

你可以写个纸条给同事："到隔壁的办公室打个电话给我。"

用不了几分钟，电话响了。你可以大声说："什么，马上去！这儿有位很重要的客人，什么？不去不行？那……好吧。"

一般来说，那牢骚不已的来客会示意你，赶快去。如果他没这么说，你也可以直接表示歉意，送走来客且不会伤他的自尊。

在这个片断里，电话则是最理想的道具。这么做，既不损人又利己，实为最佳的解决办法。

作为女性，经常有男士的邀请，如果想拒绝又不伤对方的心，办法有许多种，借物脱困无疑是其中的妙招之一。

比如，有位男士走到你面前，说了一句："欢迎你参加！"然后就把一张入场券递给你。这时你想拒绝他，又要让他下得了台阶。你可从皮包里拿出笔记本，打开一看，不论看到什么，都可说："哎呀！我和小王小张约好今天去购物，你只有和别人同去了，不过还是很谢谢你。"

使用笔记本，给人以错觉地认为上面记着自己的时间安排，婉言拒绝了对方，达到了自己的交际目的。

困境下说话以快补圆

生活中不可能全部是完美、和谐、符合逻辑的人际关系。现实中，每个人都会经常遇到一些无法料到的困境，如失言、恶意谣言、被冒犯等。这时，不知所措当然不行，试图一五一十地把问题解释清楚也不是一个好办法。这时最好若无其事，同时迅速做出反应，以简单而又能避其锋芒的语言化解。

当你拿起一件精美的装饰品，问主人关于它的来历，他回答说："这是我曾祖母的遗物。"这时，你却不小心把它掉落在地上，打得粉碎；当你应邀参加一个家庭宴会时穿着西装革履，而其他人却是简单的便服时；当你在台上发表高论，人们却在窃窃私语时……

这些情况显然令你面子上非常难堪，你不能够视若无睹，而应该及时补救，以摆脱尴尬的困境。

第一种情况，你应向主人道歉，相信他会体谅你内心的难过。第二天你就到商店寻购礼物，直到找到合意的为止，把礼物送给他，并附上一封短笺说明你知道这不能弥补你损坏之物，但你希望他能喜欢这个礼物。

第二种情况，为了更好地融洽当时的环境气氛，你脱去外套，并说明你必须参加另外一个约会，又必须及时到达，这样可以免去更衣的时间。

至于第三种情况，明智的做法就是不加理睬，继续你的发言。就是发言之后，也不要辩解，因为你越是在公开场合为自己辩解，人们就会越相信那些谣言，进而越抹越黑。有许多很有才气的人，都是被恶意的指控所陷害，又拼命去解释，结果是跳进黄河也洗不清。因为只要你一开口解释，马上会丧失别人对你的同情和支持。

面对无礼的冲撞，要掌握这样的应变技巧：

（1）探求出口伤人背后的原因。出言不逊的人，内心往往有许多痛苦要发泄。如果你猜不出他有什么真正的烦恼，不妨问问。记住，对方说的尖酸话不一定都是冲着你来的，因此，不妨退一步，想想他这样做是否有其他原因。

（2）分析说话本身是否真的含有恶意，抑或是自己神经过敏。

（3）勇敢面对口出恶言者，不要回避。

（4）一笑了之，开个玩笑对付侮辱你的话。

（5）通过某一举动来警告对方，令他自动停止恶言。

（6）不予理会，人家说什么，你不要马上动怒，可以顺着他的意思说下去，令他的话落空。

（7）不屑一顾。人最怕别人认为他无聊讨厌，你可以冷处理，对此不屑一顾。

（8）你不可能完全避免受到尖酸话的攻击，试着把一些伤人的话看作是人们失意时的正常发泄，而失意是每个人都会有的。我们大多数人都不会去侮辱人，不过偶尔也会犯错。

失言，是容易被人谅解的，因为有很多是出于无意的。正所谓"马有失蹄，人有失言"。在日常交谈中，难免说走了嘴，出现了纰漏而使自己陷入窘境。

或许是人们的好奇心在作怪，他们有时会问一些根本就不适合问的事情，也许他们是无意的，但你却可以不答。比如，一些很私人化的问题，一些涉及某方面的机密问题等。

但不管是有意的还是无意的，假如你伤害了别人，应立即承认并向别人道歉，同时做自我批评，希望得到宽容，然后闭口不语，不要在其余时间再去谈论这件事。

劝架的说话艺术

人们在生活、工作中难免会发生各种各样的矛盾。夫妻之间、亲朋好友之间、左邻右舍之间等都可能发生矛盾。有时甚至因矛盾激化而吵架。这时就很需要旁人及时劝架。面对情绪冲动的吵架者，怎样劝得恰当有效，需要讲究点说话艺术。

有一次，在某市一条车水马龙的大街边上，围了一大群人。原来是一对年轻夫妻在吵架。男的30来岁，戴副眼镜，模样像知识分子；女的面容憔悴，哭得十分伤心，吵着要撞汽车寻死。那男的大声责骂妻子"没知识，跑到大马路当众出丑"，一连串粗话，越骂越凶；妻子则越哭越凶，旁人劝几句也根本不管用。

这时有位老人上前认真听了一会，镇定自若地拍拍那男的肩膀说："你戴了副眼镜，像位教授。你有知识，就不要闷在肚子里，要拿出来用——"老人把"用"字的字音拖长，讲得很响，那男的听了一愣，竟不骂了，定神听老人说话。

老人略顿一下，接着又说："你要用你的知识来说服你妻子嘛！如果你只会跺脚，只会骂，不也变得没知识了吗？还是找个地方，冷静下来，好好劝劝她吧！"

众人哄笑起来了。那男的顿时像泄了气的皮球，变得不那么凶了。老人又去劝那女的："有话好说嘛！找组织，找亲友，都可以讲嘛！心里有什么委屈都讲出来，不要闷头哭！汽车不能撞，大卡车可是个大力士，你瘦瘦一个人怎么撞得过它呢？"众人又大笑起来。那女的被大家笑得不好意思，倒也不哭了。

这番劝架的话确实立竿见影，那对夫妻不吵了，慢慢地走到公共汽车站，上车走了。

从这个例子中，可以看出劝架的说话技巧有五项要求。

1. 要了解情况

盲目劝架，讲不到点子上，非但无效，还会引起当事人的反感："不了解情况，瞎说什么？"劝架前应先仔细听，弄清原委再讲话，效果较好。对邻居、同事中原因复杂的争吵，更要从正面、侧面尽可能详尽地把情况摸清，力求把话讲到当事人的心坎上。解绳结要看清绳结的形状，解除心上的疙瘩，更要把疙瘩看透。否则，非但起不到劝解的作用，反而会让矛盾更加复杂化。

"没有调查就没有发言权。"要劝架，首先要调查好争吵的起因、经过、现状和趋向，然后了解争吵双方各自的观点、理由、要求和动向。调查分析其是无原则的争吵、还是原则性冲突，是认识上的分歧，还是利益上的对立。经过分析，抓住其实质，有针对性地加以劝阻。

2. 要分清主次

矛盾有主次之分。吵架的双方也有主次之分，劝架不能平均使用力量。对措辞激烈、吵得过分的一方要重点做工作，就比较容易平息纠纷。看准哪个吵得过分，就集中力量先劝哪个，这是上策。

3. 要婉转批评

劝架时语气要和缓，措辞要恰当，说得婉转，使对方容易接受。

人在吵架时心中有火气，都在气头上。嘴上没说话，耳中却听不进劝告，因此，劝架时不要纠缠于吵架人的某些过激言辞，要多用委婉语，注意不触及当事人的忌讳，一般情况尽量不用激烈尖锐的语句，避免火上添油，而要用好言好语"降温"。当然，在某些特殊情况下，如吵架的双方矛盾白热化，甚至拿刀使棍动起武来时，就要高声断喝，使当事人清醒，防止他下手，如大喊："不准打人！有话好讲！""不能这样蛮干！把棍子放下！""谁敢动刀，我就报警"等。

4. 要风趣幽默

吵架时，双方都脸红脖子粗，气氛紧张。这时，用一两句风趣幽默的话，就像清凉油、润滑剂，可以"降温"，使双方"放松"。

劝架时，说一些风趣幽默的话语，用于缓和紧张气氛，吵架人就是想发火也发不起来。

5. 要客观公正

劝架要分清是非，客观公正，分析要中肯，批评要合理，劝说要适当。具体来说，有以下几点：

不能无原则地"和稀泥"，以为"一只碗不响，两只碗叮当"，笼统地对双方都做批评，不分是非各打50大板。这不能使人心服；

劝架要实事求是，恰如其分，既要弄清是非，又要讲究团结，端平一碗水，劝架不偏心，吵架者自然会服气。

轻轻松松消除误会

人是社会矛盾的产物，一方面，人类要生存发展，就要彼此联系，相互交流；另一方面，人又具有很强的独立性。因而在相处时难免发生误会。误会会给人带来痛苦，甚至会产生悲剧，所以，陷入误会的圈子后，必须调整自己，采取有效的方式予以解除。老狐狸教你几种消除误会的妙方。

1. 当面解释清楚

当面解释清楚是解决误会最简便、最实用的方法。因此，误会产生后，要亲自向对方做说明，当面表明心迹，绝不能缺乏勇气、不敢面对错误使问题变得更为复杂。

2. 占据主动

有人被误会搅得头昏脑胀，总感到心中窝火，却又碍于情面难以启齿，结果随着时间的流逝，误会不但没有解除，反而越积越深。所以，有了误会，要主动解释清楚。

3. 搞清楚误解的来源

产生误会后，双方要保持冷静，下一番工夫调查，弄清产生误会的根源，才好对症下药，一味地怨恨和猜忌只会加深矛盾。

4. 请他人帮忙

有时候，双方误会较深，个人解决可能会受到限制，请他人调解，不失为聪明之举。

5. 借助于书信

你虽然鼓起了主动消除误会的勇气，但却因话题难以启齿而不知所措，这个时候书信的作用就不可估量了。你可以把你的意思在书信上诚恳、亲切地表达出来，表达自己愿意消除误会、重新和好的急切心情，以及对对方的信赖和尊敬。

6. 面对面地交谈

有时候在误会不大的前提下，可以邀请对方故地重游，或聚会畅谈。在和谐、友好的气氛中拉近彼此心理上的距离。

7. 抓住时机

消除误会要选择时机。不妨选择参加婚宴等喜庆日子，此时对方心情愉快、神经放松，胸怀也就较为宽广，这个时机往往能得到对方的谅解。

8. 用行动解释

有的误会用语言解释不清楚，那么就需要采取一些相应的行动去证实。比如，在今后的工作中，虚心向其求教，注意肯定对方的长处，在他被人攻击诽谤时站出来讲几句公道话，相信你的真诚、带有善意的行为也会博得对方的理解和尊重。

第十七章 说"不"的力量

——说话拒绝经

口才圣经——

拒绝别人是件不容易的事。有一位教授说："求人办事固然是一件难事，而当别人求你办事，你又不得不拒绝的时候，也是叫人头痛万分的。因为每一个人都希望得到别人的重视，同时我们也不希望给别人带来不愉快，所以也就很难说出拒绝别人的话。"

简单生硬地说"不"，不叫拒绝，拒绝是要讲究技巧的：既要拒绝对方的不适当的要求，又不能伤害对方的自尊，同时又不能损害彼此的正常关系，因此说，拒绝别人并不是容易的事。

怎样才能既拒绝别人又不得罪他，不恶化相互关系呢？这需要一定的技巧。

在生活中学会拒绝

在生活中，处处需要说"不"。比如，双休日你正在家休息，推销员不期而至，说什么"给您送礼来了"，软磨硬缠推不出门；电话铃忽然响了，是某家电器公司的推销人员，向你介绍一种最新产品，是如何的物美价廉；你本来经济就有点紧张，却有朋友告诉您"××要结婚了，我们是否祝贺一下"，"××刚生了个小孩，我们去看看吗"；当你正在办公室聚精会神地工作，来了一位工作刚告一段落的同事对你说："休息一下，别那么累。"刚送走这位先生，又来一位聊天的同事，如果你对他们都热情地奉陪到底，这半天就泡汤了，什么事都做不成了。对付"聊天客"，你可以说："真抱歉，今天是我近来最忙的一天，再累都不敢休息。"稍微知趣者，会立即退出办公室。所以说，在生活中善于说"不"，是摆脱一切干扰的艺术。

"不"字是一个情绪强烈的负面词，当我们对上司、对朋友使用它时，一定要面带微笑，语气亲切。即使是对素不相识的营销人员，也要讲究点方式方法。

在生活中，对来自亲戚朋友的请求更要学会一些拒绝的技巧。假如我们担心老朋友埋怨我们不近人情，怕人们说我们不愿帮助人，怕伤害别人的自尊心或怕给人带来不愉快和麻烦，便轻易答应别人一些事情，结果反而使自己陷于无穷的烦恼和纠缠中不能自拔，这样不只浪费了自己的时间，还浪费了自己的精力，伤害了自己与朋友的感情。

1. 首先为说"不"字而表示歉意

当你要拒绝朋友的求助时，首先态度要温和，尽管说"不"是自己的权利，仍需先说"非常抱歉"或者说"实在对不起"，然后再详细陈述自己不能"帮忙"的各种理由。这样，朋友在感情上就能接受，从而避免一些负面影响。

让朋友在感情上体会到，你拒绝的是这件"事"，而不是"人"。使朋友感觉这件"事情"虽然被拒绝了，而他和你还是要好的朋友。你可以如此说："这件事我非常乐意干，只是不巧，我现在手头正做一个急件，下次您再有这样的美差，我一定干。"你还可以这样说："这几天我实在脱不开身，您是否请老张来帮忙，他在这方面业务比我精通，您若是不便于找他，我可以代您向他求助。"

2. 委婉地拒绝朋友

不要生硬地拒绝朋友的求助，应该让朋友意识到你是为了他的"利益"而拒绝的。你可以这样说："我非常同情您，也非常想帮助您，但对这件事我并不在行，一旦干坏了，既耽误了工作，又浪费了财物，影响也不好。您不如找一个更稳妥的人办。"或者说："您的事限定的时间太短了，我若轻易接下来，在这么短的时间内，肯定干不好。您可以先找别人，实在不行了咱俩再商量。"这位朋友即使转了一圈回来再求你，你已有言在先，这时你就可以提出一些诸如推迟完成日期之类的条件。如果这位朋友认为不行，他自己就会另请高明去了。

如果朋友请求帮助的事的确思考不周，你可以耐心地实事求是地给朋友分析这件事办与不办的利弊。让朋友自己得出"暂时不办此事"的结论。

3. 在工作中学会拒绝

工作中每个人都有自己的任务，虽然帮助同事是种好的品质，但若妨碍了自己的工作则应该学会拒绝。

当然，拒绝他人不是件容易的事，需要一些技巧。比如，拒绝接受不善体谅他人而又十分苛刻的上司的要求，通常都被视为不可能的事。但是，有些老练的时间管理者却深谙回绝的方法，经常将来自上司的原已过多的工作，按轻重缓急编排办事优先次序表，当上司提出额外的工作要求时，即展示该优先次序表，让上司决定最新的工作要求在该优先次序表中的恰当位置。这种做法具有三个好处：第一，让上司做主裁决，表示对上司的尊重；第二，行事优先次序表既已排满，任何额外的工作要求都可能令原有的一部分工作无法按原定计划完成，因此除非新的工作要求具有高度重要性，否则上司将不得不撤销它或找他人代理，就算新的工作要求具有高度重要性，上司也不得不撤销或延缓一部分原已指派的工作，以使新的工作要求能被办理；第三，部属若采取这种拒绝方式，可避免上司误会他在推卸责任。因此，这是一种极为有效的拒绝方式。

不要不好意思说"不"

很多人在想要拒绝对方的时候，会产生一种"不好意思"的心理。这种心理阻碍了人们把拒绝的话说出口。由于这种矛盾的心情，态度上就不那么热心，说话吞吞吐吐，欲言又止欲藏又露。在这种心理的制约下，最终往往是依照对方的意图行事。即使拒绝了对方，其态度也容易使对方产生误解，认为你成心拿架子，不够朋友。因此，要想使自己在工作和社会交往中，不致惹出许多麻烦，首先要克服这种"不好意思"的心理障碍。

国外研究拒绝艺术的专家强调，要建立这样一种意识："你有权利说'不'，你不必因为对人拒绝了一件事而感到不好意思。"这样，你在拒绝时就会心情坦然、举止大方、态度明朗，避免被误解和猜疑。即使对方开始会对你的拒绝产生一点失望和遗憾，但由于你的态度表情向对方表明你是坦诚的，使对方受到感染，容易弱化对方心中的不快。如果你自己都觉得拒绝不应该，心里发虚，那么你的态度表情就会迟疑不决，对方也会觉得你拒绝的理由是不可信的。

在服装店，你在挑选一件衬衣，样式和做工都令人满意，但在价钱上你却觉得不够理想，但看到售货员的热情服务，使你不好意思不买它。售货员就是利用你的这种心理，越是看到你在犹豫，就服务得越热情越周到，帮你量好尺寸、试大小，甚至动手包装好，放进你的购物袋里，造成既成事实。

初次交女朋友，你也许会感到左右为难，因为她的长相实在让人爱不起来，但是，由于是你的上司介绍的，或者是上司的女儿，使你在拒绝上产生了犹豫，虽然每次会面都使你感到不舒服、不愉快，恨不得马上逃得远远的，但你一想到姑娘的身份，上司的威严，你就不得不仔细斟酌。姑娘却对你一见倾心，脉脉温情，你的上司也觉得好事可成。随着时间的推移，你一再丧失拒绝的机会，勉强从事，这样的婚姻是不会幸福的。

不知生活中有多少人因为不好意思说出那个"不"字，而买了不称心的衬衫，娶了自己不喜欢的姑娘，答应了自己办不到的事情，耽误了自己不应该耽误的约会。

拒绝，但不使人难堪

在你日常的工作和生活中，很可能也会遇到下列的情形：一个素行不良的熟人来缠住你，非要向你借钱不可，但你知道，如果借给他便是肉包子打狗一去不回头；你的顶头上司在增减人员上向你提出一些建议，但是这些建议又不符合公司现实情况。

诸如此类的事你必定要加以拒绝，可是拒绝之后，就要伤和气，引人恶感，被人误会，甚至积怨。

要避免这种情形发生，唯一的方法便是要运用些聪颖的智慧。请看下面的例子：

在德国某电子公司的一次会议上，公司经理拿出一个他设计的商标征求大家意见。

经理说："这个商标的主题是旭日。这个旭日很像日本的国徽，日本人民见了一定乐于购买我们的产品。"

营业部主任和广告部主任都极力恭维经理的构想，但年轻的销售部主任说："我不同意这个商标。"经理听了感到很吃惊，全室的人都瞪大眼睛盯住他。

年轻的销售部主任没有同经理争论那个带红圈圈的设计是否雅观，而是说："我恐怕它太好了。"

经理感到纳闷，脸上却带着笑说："你的话叫我难理解，解释来听听。"

"这个设计与日本国徽很相似，日本人喜欢，然而，我们另一个重要市场中国的人民，也会想到这是日本国徽，他们就不会引起好感，就不会买我们的产品，这不同本公司要扩展对华贸易营业计划相抵触吗？这显然是顾此失彼了。"

"天哪！你的话高明极了！"经理叫了起来。

向有权威的人士表示反对或拒绝，你一定要有充分的理由，还要注意技巧。年轻主任用一句"我恐怕它太好了"先抚平了经理的不快，使他不失体面。后来他用更充分的理由，提出反对经理的意见，经理也就不会感到下不了台。

拒绝用语

拒绝是难免的，遭到拒绝又是不愉快的。但是，老狐狸说，诚恳的态度，得体的用语可以把这种不快减少到最低度，并得到对方的谅解和认可。

1. 诱导法

甲向乙打听机密，乙神秘地问："你能保密吗？"甲说："能。"乙接着说："你能，我也能。"

2. 推托法

"前几天经理刚宣布过，不准任何顾客进仓库，我怎能带你去呢？"

"这个问题涉及好几个人，我个人决定不了。我把你的要求带上去，让人事部讨论一下，过几天答复你，好吗？"

"这件事我做不了主，我把你的要求向领导反映一下，好吗？"

3. 委婉法

"这个设想不错，只是目前条件不成熟。"

"这倒是个好办法，但我的上司恐怕接受不了。"

"主意不错，可惜我那天正好出差在外。"

4. 隐晦法

"小伙子，我真难以想象公司少了你怎么样，不过我从下星期一开始想试试看。"

"贵公司地理环境不太好，我看××公司可能更适合举办这次活动。"

5. 虚实法

问："中国能拿几块金牌？"答："到时候就知道了。"

问："××认为贵公司不可能按时交货。"答："他们有充分的言论自由，他想怎么说，就怎么说吧。"

拒绝的七大妙招

怎样才能既拒绝别人又不得罪他，不恶化相互关系呢？老狐狸教你七种既恰到好处，又不失礼节的拒绝妙招：

1. 幽默诙谐式

著名导演希区柯克在执导一部影片时，有位女明星老是向他提出摄影角度问题，她左一次右一次地告诉希区柯克，一定要从她最好的一侧来拍摄。"很抱歉，我做不到！"希区柯克回答："我们拍不到你最好的一侧，因为你把它放在椅子上了。"他的话，引得在场的人都笑弯了腰。

招式妙诀：通常，幽默的语言可以调节气氛，并且能让对方在笑过之后得到深刻的启示，如果以幽默的方式来拒绝，气氛会马上松弛下来，彼此都感觉不到有压力。

2. 热情友好式

一位青年作家想同某大学的一位教授交朋友，以期今后在文艺创作和理论研究方面携手共进。作家热情地说："今晚6点，我想请你在海天楼餐厅共进晚餐，我们好好聚一聚，你愿意吗？"事情真凑巧，这位教授正在忙于准备下星期学术报告会的讲稿，实在抽不出时间。于是，他亲热地笑了笑，又带着歉意说："对你的邀请，我感到非常荣幸，可是我正忙于准备讲稿，实在无法脱身，十分抱歉！"他的拒绝是有礼貌而且愉快的，但又是那么干脆。

招式妙诀：如果你想对别人的意见表示不同意，请注意把你对"意见"的态度和对人的态度区分开来，对意见要坚决拒绝，对人则要热情友好。

3. 相互矛盾式

春秋战国时，鲁国相国公仪休喜欢吃鱼，因此全国各地很多人送鱼给他，但他都一一婉言谢绝了。他的学生劝他说："先生，你这么喜欢吃鱼，别人把鱼送上门来，为何不要了呢？"公仪休回答说："正因为我爱吃鱼，才不能随便收下别人所送的鱼。如果我经常收受别人送的鱼，就会背上徇私受贿之罪，说不定哪一天会免去我相国的职务，到那时，我这个喜欢吃鱼的人就不能常常有鱼吃了。现在我廉洁奉公，不接受别人的贿赂，鲁君就不会随随便便免掉我相国的职务，只要不免掉我的职务，就能常常有鱼吃了。"听了先生这番话，学生若有所悟地点了点头。

招式妙诀：当别人向你提出使你感到为难的要求时，你不妨先承认他的要求可以理解，你同时也希望满足他的要求，但接着说出不容置疑的客观原因，从而拒绝他的要求。

4. 相反建议式

有这样一则对话：

小李："小张，王经理让我把这些资料整理好，但我怕做不好，你能帮我完成吗？"

小张："我很愿意帮你的忙，不凑巧得很，我自己的那份工作还没干完。其实以你的能力和素质是完全可以做好那件事的。你不妨先干着，也许我能帮你干点别的什么。"

小李："那好吧！谢谢你啊！"

招式妙诀：小张的这一番话说得非常妙，如此既有拒绝，又有相反的建议，建议他先干着，对方还有什么话好说呢？相反，如果小张本能地回答："你的事我可不在行"。这是很不好的拒绝方法，很容易伤了同事之间的和气。

5. 岔开话题式

林肯曾经有一次巧妙的拒绝：一个秃头的来访者对林肯纠缠不休，浪费了他不少时间。为了摆脱他的再次打扰和纠缠，林肯想出一个妙方。在那人第二次来访时，他故意打断对方的话，匆忙拿出一瓶生发药水送给对方："人们都说这种药水可以使脑袋长出头发来。现在你把它拿走吧，过几个月再来看我，告诉我效果如何。"那人有点尴尬，但看林肯诚心诚意的样子，只得拿起药水走了。林肯的这一招确实高明，不仅一下子把对方打发走了，还使对方不好意思在短期内再来打扰他。

招式妙诀：当别人向你提出某种要求时，他们往往通过迂回婉转的方式，绕个大弯子再说出原意，如果你在他谈到一半时就知道了他的意图，并清楚自己不能满足他的愿望时，你不妨把话题岔开，说些别的。让他知道这样做只会使你为难，他也就会知难而退了。

6. 反弹式

在《帕尔斯警长》这部电视剧中，帕尔斯警长的妻子出于对帕尔斯的前程和人身安全考虑，企图说服帕尔斯中止调查一位大人物虐杀自己妻子的案子。最后她说："帕尔斯，请听我这个做妻子的一次吧。"他却回答说："是的，这话很有道理，尤其是我的妻子这样劝我，我更应该慎重考虑。可是你不要忘记了这个坏蛋亲手杀死了他的妻子！"

招式妙诀：别人以什么样的理由向你提出要求，你就用什么样的理由进行拒绝，让对方无话可说。

7. 寻找出路式

例1：

甲：您就帮我把这件事办了吧！

乙：这件事我实在没有时间帮你去办了，你不妨去找××试试。

例2：

甲：这份资料，我能借用几天吗？

乙：对不起，这份资料我这几天还要用，不过图书馆里还有一份没有借出去，你赶快去还可以借到。

招式妙诀：当对方确有为难之事求助于你，你又无法承担或不想插手时，你可以用为对方另找其他出路的方法，来弱化可能产生的不愉快。对方有了其他"出路"，就会对你的拒绝不在意了。

说"不"的禁忌

说"不"不是想说就能说的，说"不"也有许多禁忌。

1. 忌拖延说"不"的时机

有些人觉得不便说"不"，便随便找些不值一驳的理由来暂时搪塞对方，以求得一时的解脱。这个方法并不好，因为对方仍可以找理由跟你纠缠下去，直到你答应为止。比如：

你不想答应帮他做事，推说："今天没有时间。"

他就会说："没有关系，你明天再帮我做好了，事情就拜托你了。"

又如：

你不想要对方想转让给你的一件衣服，你推说："钱不够。"

那么对方会说："钱以后再说。"就把你轻易应付过去了。

或者你不愿意跟对方跳舞，推说："我跳不好。"

那么他一定会说："没关系，我慢慢带着你跳。"

2. 忌与对方套近乎

给人以"敬而远之"的态度，比较容易把"不"说出来并说得较好，或者说，对方试图与你套近乎，你要保持头脑清醒，以免做了感情俘虏，给对方可乘之机。一般来说，见一次面就能记住别人名字的人，常容易与人接近，故此，在交谈中不断称呼别人名字，并冠之以"兄"、"先生"等词语，这易产生亲近感。那么，反过来你想说"不"时，便应杜绝这种亲密的表示，即对方的名字一概不提，这样加大与对方的心理距离，容易说"不"。还有，谈话时尽量距离对方远些，使其不容易行使拍、拉等触动性的亲密动作。据心理学家研究，"触动"是很容易产生共同感受的，所以想说"不"时应注意避免。另外，最好也不要触摸对方递出来的东西。东西也和人一样，一经"触摸"也会产生"亲密感"，想要拒绝就不容易了。

因为这些都是小小的谎言，一经反驳，你定有所慌乱，"不"的意志便很难贯彻了。所以对付这种情况，你倒不如直截了当地用较单纯的理由明确地告诉对方：

"你托办的这件事办不到，请原谅。"

"这件衣服的颜色我不喜欢，很抱歉。"

"我已经另约了舞伴，不能跟你跳，对不起"等。

这样虽说显得生硬些，但理由单纯明快，不给对方可乘之机，倒可以免除后患。

3. 忌优柔寡断

拒绝别人时，要坦诚明朗，不要优柔寡断。当然，这并不是主张在任何情况下，对任何人都直来直去地说出这个"不"字。对于那些自尊心较强、反应敏感或是"脸皮薄"的人来说，只婉转地表述拒绝的理由，而不说出拒绝的话会更好一些。因为对方会从你的话音中体察到你拒绝的意图，做出相应的反应来。这种拒而不言绝、诿而不言推的方式，可以避免使对方感到下不来台、丢面子，避免破坏交往的好气氛。比如，当朋友在你正要出门时来访，你在表示欢迎的同时可以说一句："你来的真巧，稍晚一会儿定会扑空！"这等于暗示对方，你马上要出门办事。如果对方是知趣的人，便会简短地说明来意后很快告辞，或者另约时间再访。这比由你发出明确的"逐客令"要好得多。需要注意的是，你的暗示必须含义清楚，使对方易于觉察。

说"不"能赢得尊重

老狐狸说过，一味顺从别人的人，注定要毁在大多数心有恶念的人手中。

在人际交往时，大家怎样对你，都取决于你自己。想要别人对你尊重，那就得学习一些说"不"的表达方式。

1. 斩钉截铁地表示你的态度

即使在可能会有些无奈的场所，也将需要态度明确地对某些服务员、售货员、陌生人说话，对蛮横无理的人要以牙还牙。你必须在一段时间内克服自己的胆怯和习惯，坚持一下，你就会发现，事情本该如此！你只要从此中获得一次成功，就一定会鼓起你的勇气。注意，这时你该大声点！当然"君子动口不动手"，你只不过为了维护自己的利益，跟他们没仇。

2. 不再说那些引诱别人来欺负你的话

"我是无所谓的"、"你们决定好了"、"我没有这个本事"，这类"谦恭"的推托之辞就像为其他人利用你的弱点开绿灯。当卖菜人让你看秤时，如果你告诉他你对这事一窍不通，那你就等于告诉他"多扣点秤"，这种事情随时随地都可以发生——如果你不介意的话！

3. 敢于说"不"

干脆地表明自己的否定态度，会使人立刻对你刮目相看。事实上，与那种遮遮掩掩、隐瞒自己真实感受和想法的态度相比，人们更尊重那种毫不含糊的回绝。同时，你也会从这种爽快的回答中，感到自信又回到了自己心中。欲言又止、支支吾吾的态度，只会给人造成"误解"。

4. 对盛气凌人者毫不退让

当碰到随意插嘴、强词夺理、爱吹毛求疵、令人厌烦、多管闲事的人使你难堪时，要勇敢地指明他们的行为之不合理处，并严肃地对他们说："你刚刚打断了我的话"、"你的歪理是根本行不通的"、"以你的逻辑推敲，地球就不是圆的了"等。这种策略非常有效。它告诉别人，你对不合情理的行为感到厌恶。你表现得越平静，对那些试探你的人越是直言不讳，你处于软弱可欺地位上的时间就越少。

5. 告诉人们，你有人身自由

不要去听从那些并非命令的命令，休息之余你自己想做什么就做什么，出差办事也大可不必抱住别人的大件行李，而让他悠然自得地在前头漫步。违背自己意愿的事不要去做。自己想做的事，只要不违法违纪，尽管去做，不要怕别人的冷嘲热讽。

生活把你改造成为一个"软弱可欺"的弱者，但是经过你的努力，你一定能够变为强者。

谈判中的拒绝术

在谈判过程中，当你不同意对方观点的时候，一般不应直接用"不"这个具有强烈的对抗色彩的字眼，更不能威胁和辱骂对方，应尽量把否定性的陈述以肯定的形式表示出来。

比如，当对方在某件事情上情绪不好，措辞激烈的时候，你应该怎么办呢？一个老练的谈判者在这时候会说一句对方完全料想不到的话："我完全理解你的感情。"这句话巧妙之处在于，婉转地表达了一个信息：不赞成这么做，但使对方听了心悦诚服，并产生好感。

喜剧大师卓别林曾经说过："学会说'不'吧，那样你的生活将会好得多。"

作为谈判者，尤其要学会拒绝，才能赢得真正的交流、理解和尊敬。

1. 尽量说"我""我们"

拒绝的技巧有很多，但目的则是一个，就是既要说出"不"字，又使人觉得可以理解，尽可能减少对方因被拒绝而引起的不快。

对于谈判，马基雅维利有一句名言："以我所见，一个老谋深算的人应该对任何人都不说威胁之词或辱骂之言。因为两者都不能削弱敌手的力量。威胁不会使他们更加谨慎，辱骂则会使他们更加恨你，并使他们更加耿耿于怀地设法伤害你。"

因此，谈判出现僵局，需要表明自己的立场时，也不要指责对方。你可以说："在目前的情况下，我们最多只能做到这一步了。"

如果这时你可以就某点做出妥协，你可以这样说："我认为，如果我们能妥善解决那个问题，那么，这个问题就不会有多大的麻烦。"既维护了自己的立场，又暗示变通的可能。在这里用的词都是"我"、"我们"，而少用"你"、"你们"。

2. 寻找一些托词

谈判中，遇到你必须拒绝的事情，而你又不愿伤害对方的感情，这时你可以寻找一些托词。

比如，"对不起，我实在决定不了，我必须与其他人商量一下。""待我向领导汇报后再答复你吧。""让我们暂且把这个问题放一放，先讨论其他问题吧。"

这种办法，虽然可以摆脱窘境，既可不伤害对方的感情，又可使对方知道你有难处。但是，这种办法总有点不干脆。

因为，这样虽一时能敷衍过去，但对方以后还可能再来纠缠你。总有一天，当他发觉这就是你的拒绝，明白你以前所有的话都是托词，于是他就会对你产生很坏的印象。所以，有时不如干脆一点，坦白一点，毫不含糊地讲"不"。

比如，有一个训练有素的推销员，打从开门的那一瞬间起，就会使出各种说服的技巧来。这些说服的技巧，大致都是由几句话连贯起来，想把听者的心理导向对自己有利的方向。

所以，你只要在这个诱导效果尚未发挥出来之前，分析其文句的连贯，把每一句话逐句否定下去就可以了。

有一天，一位推销员推开老王家的门，说："能不能给我10分钟的时间，我是来做民间调查的。"

对方是十分认真的，所以，老王如果有时间，陪陪他是无所谓的。不巧，夫人不在家，而且，他正在写期限已到的稿子。

老王正感到为难时，对方很快发现了门边的羽毛球拍。

于是他开口说："你好像对羽毛球……"

老王不得不打断他的话："不，那是我内人偶尔……"

"哦，夫人会打，那真好……"

"不好，老不在家……"

"那么请借用5分钟……"

"呀，已经超过了吧？"

这样一来一去，那位推销员只好知难而退了。

从推销者而言，他当然想要和对方挂起一条心的输送带。如果在"你好像对羽毛球……"之后答一句"嗯，马马虎虎"，那么，"心带"就算已被挂住。然后，接下去的是"是不是从小就喜欢？是否参加过什么比赛"之类的问话，一直引导到他要推销的产品上。

为避免这样的结果，在对方的输送带尚未挂上之前，就将其割断，那对方就无计可施了。

3. 使用一些敬语

在谈判中使用一些敬语，也可以表达你拒绝的愿望，传递你拒绝的信息。

有位长年从事房地产交易的人说，生意能否谈成，可以从客人看过房屋后打来的电话里得知一个大概。

大部分客人在看过房屋之后，会留下一句"我会用电话和你联系"，然后回去。不多久，他们就打来电话了。从电话的语气中，可以明了客人的心意。

若是有希望的回答，那语气一定是亲密感，然而一开始就想拒绝的客人，则多半会使用敬语，说得彬彬有礼。根据多年的经验，这位房地产经营老手一下子就会判断出事情有没有希望。

据说在法院的离婚判决席上出现的夫妻，很多都会连连发出敬语，好像彼此都很陌生似的。这也是想用敬语来设置彼此间的心理距离，互相在拒绝着对方的表现。

所以，当你想拒绝对方时，可以连连发出敬语，使对方产生"可能被拒绝"的预感，形成对方对于"不"的心理准备。

4. 讲究策略

谈判中拒绝对方，一定要讲究策略。婉转地拒绝，对方会心服口服；如果生硬地拒绝，对方则会产生不满，甚至怨恨、仇视你。所以，一定要记住，拒绝对方，尽量不要伤害对方的自尊心。要让对方明白，你的拒绝是出于不得已，并且感到很抱歉，很遗憾。尽量使你的拒绝温柔而缓和。

美国的消费者团体为了避免被迫买下不愿意买的东西，发行了《如何与推销员打交道》之类的手册。里面介绍了如何拒绝来访的推销员的各种办法。

据说，其中以"是的，但是……"法最为有效。

比如，对方说："你闻闻看，很香吧？"你可以说："是的，但是……"

先承认对方的说法，然后，则以"但是"的托词敷衍过去。

倘若开始就断然说一句"不"，推销员一定不会甘心，千方百计要和你磨蹭。可是，"是的，但是……"的话，则是"和布帘掰腕子"，没有什么搞头了。对方再精明，也无可奈何，只好放弃说服你的企图。

谈判也是如此，说"是"总比断然说"不"能给对方以安心感。也就是说，这时的"是"，发挥了把两个人的心联结起来的"心桥"功能。一旦两人之间架上了心桥，即使再听到"不"也不容易起反感。

所以，你想拒绝对方时，应先用"唔，不错"的话来肯定对方。或说："是的，您说得一点也不错。不过，请您耐心听听我的理由好吗？……"这样婉转地叙述反对意见，对方较容易接受。

对谈判对方的要求，给予笼统的答复，这也是拒绝对方的方法之一。

有一位广告公司的负责人曾介绍经验说，对那些携带自己的画来应征的年轻人，如果他不满意他们的画，他就会用如下笼统的语言打发他们走：

"唔——我不太看得懂你的画，请画一些我能看得懂的画来吧……"

"我今天很累，也许是昨夜工作得太迟的关系……"

这种拒绝是很笼统的。

"我不太看得懂你的画"，那么"我能看得懂的画"又是什么？对方不清楚他的意图，怎么画？

这样，对方失去了进攻的目标，只好悻悻退下。

这种方法，可以不让人感觉到拒绝，却巧妙地达到了拒绝的效果。

5. 你该怎么办

有时在购买东西时，往往要受到卖者的纠缠。许多人不知如何拒绝。

一位太太是这样拒绝卖者的："不知道这种颜色合不合我先生的意。"还有一位少妇是这样拒绝的："要是我母亲，我选我喜欢的就行了，但这是送给婆婆的呀，送她这个不知道会不会满意？"

显然，这些拒绝本身都是非常笼统的。用这种笼统的方法拒绝对方，当然要比直接说出对对方货物的不满要好得多。

总之，谈判中，会说"不"字和不会说"不"字，效果是大相径庭的。

你在说"不"字时，必须记住下面几点：

（1）拒绝的态度要诚恳。

（2）拒绝的内容要明确。

（3）尽可能提出建议来代替拒绝。

（4）讲明处境，说明拒绝是毫无办法的。

（5）从对方的角度谈判拒绝的利害关系。

（6）措辞要委婉含蓄。

掌握好这些方法，你就是一个高明的谈判者了。

第十八章　好口才三分天生七分培养

——说话修炼经

口才圣经——

　　讲话要让人接受，首先要做到发音清楚，吐字清晰。清楚的发音可以依赖平时的练习，倾听别人的谈话、朗读书报、多听收音机广播，这些均对正确的发音有迅速的帮助。说话的时候，每一句子要明白易懂，避免用艰涩词汇。别以为说话时用语艰深，就是自己有学问、有魄力的表现；其实，这样说话不但会使人听不懂，而且弄巧成拙，还会引起别人怀疑，以为是在故弄玄虚。当然，成功的当众讲话还需要丰富的词汇、多变的句型，使讲话扣人心弦，让听众欲罢不能。

留意自己说话的声音

　　你和对方的谈话已经开始，那么在言语交换中，最好分出一部分精神来，留心你的声音。"我说话是不是太快了？"说话的目的在于使人全部明了，如果话说得太快，别人听不清楚，听不懂，就是白费口舌。

再问一句："我说话的声音是不是太响了？"试想在宁静的黄昏，树下谈心，或在温暖的炉边，围炉叙旧，高声谈话是如何煞风景啊！在客厅里，过高的声音会使主人嫌恶；在公共地方，更会令你的同伴感到难堪。你说话时要记着，对方并不是聋子。

除了不能太快和太响，谈话中每句话的声调还应有高有低，有快有慢。抑扬顿挫，这是获得听众的唯一秘诀。在乐曲里，有极快、快、略快、慢、略慢、最慢等快慢符号；也有极强、强、渐弱、弱、极弱等强弱符号。若想使你的话如同音乐一般动听，不可忘记应快时要快，应高时要高，应慢时要慢，应低沉时要低沉。毫无抑扬顿挫地说话，是最易使听者疲倦的。

因此，说话不妨常常留心那些使人听了会忘记疲倦的说话方法，也不妨常常留心那些舞台上的名角念词的方法，这是最好的参考，你必须细细揣摩。

练声也就是个人声音的训练。在生活中，我们都喜欢听那些饱满圆润、悦耳动听的声音，干瘪沙哑的声音往往让人生厌。所以锻炼出一副好嗓子，练就一腔悦耳动听的声音，是高超的当众讲话水平的必备条件。

练声的方法是：第一步，练气。俗话说练声先练气，气息是人体发声的动力，就像汽车上的发动机一样，它是发声的基础。气息的大小对发声有着直接的关系。气不足，声音无力；用力过猛，又有损声带。所以我们练声，首先要学会用气。

吸气：吸气要深，小腹收缩，整个胸部要撑开，尽量把更多的气吸进去。我们可以体会一下，你闻到一股香味时的吸气法。注意吸气时不要提肩。

呼气：呼气时要慢慢地进行。要让气慢慢地呼出。因为我们在演讲、朗诵、论辩时，有时需要较长的气息，那么只有呼气慢而长，才能达到这个目的。呼气时可以把两齿基本合上。留一条小缝让气息慢慢地通过。

学习了吸气与呼气的基本方法后，你可以每天到室外、到公园去做这种练习，做深呼吸，天长日久定会见效。

第二步，练声。人类语言的声源是在声带上，也就是我们的声音是通过气流振动声带而发出来的。

　　准备工作：先放松声带，用一些轻缓的气流振动它，让声带有点准备，发一些轻慢的声音，千万不要张口就大喊大叫，那只能对声带起破坏作用。这就像我们在做激烈运动之前，要做些准备动作一样，否则就容易使肌肉拉伤。

　　声带活动开了，我们还要在口腔上做一些准备活动。我们知道口腔是人的一个重要的共鸣器，声音的洪亮、圆润与否和口腔有着直接的联系，所以不要小看了口腔的作用。

　　口腔活动可以按以下方法进行：

　　进行张闭口的练习，活动嚼肌，也就是面皮。这样等到练声时嚼肌运动起来就轻松自如了。

　　挺软腭。这个方法可以用学鸭子叫"嘎嘎"声来体会。

　　人体还有一个重要的共鸣器，就是鼻腔。有人在发音时，只会在喉咙上使劲，根本就没用上胸腔、鼻腔这两个共鸣器、所以声音单薄，音色较差。练习用鼻腔的共鸣方法是，学习牛叫。但我们一定要注意，在平日说话时，如果只用鼻腔共鸣，那么也可能造成音量太重的结果。

　　我们还要注意，练声时，千万不要在早晨刚睡醒时就到室外去练习，那样会使声带受到损害。特别是室外与室内温差较大时，更不要张口就喊，那样，冷空气进入口腔后，会刺激声带。

　　练习吐字。吐字似乎离发声远了些，其实两者是息息相关的。只有发音准确无误，清晰、圆润，吐字才能"字正腔圆"。

　　我们在小学时，都学习过拼音，都知道每个字都是由一个音节组成的，而一个音节我们又可以把它分成字头、字腹、字尾三部分，这三部分从语音结构来分，大体上字头就是我们说的声母，字腹就是我们说的韵母，字尾就是韵尾。

　　吐字发声时一定要咬住字头。有一句话叫"咬字千斤重，听者自动容"说的就是这个意思。所以我们在发音时，一定要紧紧咬住字头，这时嘴唇一定要有力，把发音的力量放在字头上，利用字头带响字腹与字尾。

　　字腹的发音一定要饱满、充实，口形要正确。发出的声音应该是立着的，而不是横着的，应该是圆的，而不是扁的。但是，如果处理得不好，就容易使发出的声音扁、塌、不圆润。

字尾，主要是归音。归音一定要到家，要完整，也就是不要念"半截子"字，要把音发完整。当然字尾也要能收住，不能把音拖得过长。

如果我们能按照以上的练习要求去做，那么你的吐字一定圆润、响亮，你的声音也就会变得悦耳动听了。

这里应多做一些这样的练习：

深吸一口气。数数，看能数多少。

跑20米左右，然后朗读一段课文，尽量避免喘气声。

按字正腔圆的要求读下列成语：

英雄好汉，兵强马壮，争先恐后，光明磊落，深谋远虑；

果实累累，五彩缤纷，心明眼亮，海市蜃楼，优柔寡断；

源远流长，山清水秀。

读练口令：

八面标兵奔北坡，炮兵并排北坡炮；炮兵怕把标兵碰，标兵怕碰炮兵炮。

哥挎瓜筐过宽沟，赶快过沟看怪狗；光看怪狗瓜筐扣，瓜滚筐空怪看狗。

洪小波和白小果，拿着箩筐收萝卜。洪小波收了一筐白萝卜，白小果收了一筐红萝卜，不知是洪小波收的白萝卜多，还是白小果收的红萝卜多。

进行语速训练

讲话要让人接受，首先要做到发音清楚，吐字清晰。清楚的发音可以依赖平时的练习，倾听别人的谈话、朗读书报、多听收音机广播，这些均对正确的发音有迅速的帮助。说话的时候，每一句子要明白易懂，避免用艰涩词汇。别以为说话时用语艰深，就是自己有学问、有魄力的表现；其实，这样说话不但会使人听不懂，而且弄巧成拙，还会引起别人怀疑，以为是在故弄玄虚。当然成功的当众讲话还需要丰富的词汇、多变的句型，使讲话扣人心弦，让听众欲罢不能。

下面介绍几种简单、易行、有效的口才训练方法。

这里的"读"指的是朗读，而非默读，顾名思义，"速读"也就是快速的朗读。

　　这种训练方法的目的，是在于锻炼人口齿伶俐，语音准确，吐字清晰。

　　方法：找来一篇演讲辞或一篇文辞优美的散文。先拿来字典、词典把文章中不认识或弄不懂的字、词查出来，搞清楚，弄明白，然后开始朗读。一般开始朗读的时候速度较慢，逐次加快，一次比一次读得快，最后达到你所能达到的最快速度。

　　要求：读的过程中不要有停顿，发音要准确，吐字要清晰，要尽量达到发声完整。因为如果你不把每个字音都完整地发出来，那么，如果速度加快以后，就会让人听不清楚你在说些什么，快也就失去了快的意义。我们的快必须建立在吐字清楚、发音干净利落的基础上。我们都听过体育节目的解说专家宋世雄的解说，他的解说就很有"快"的工夫。宋世雄解说的"快"，是快而不乱，每个字、每个音都发得十分清楚、准确，没有含混不清的地方。我们希望达到的快也就是他的那种快，吐字清晰，发音准确，而不是为了快而快。

　　这种训练的优点是不受时间、地点的约束，无论在何时、何地，只要手头有一篇文章就可以练习。而且还不受人员的限制，不需要别人的配合，一个人就可以独立完成。当然你也可以找一位同学听听你的速读练习，让他帮助挑出你速读中出现的毛病。比如，哪个字发音不够准确，哪个地方吐字还不清晰等，这样就更有利于你有目的地进行纠正、学习。你还可以用录音机把你的速读录下来，然后自己听一听，从中找出不足，进行改进。如果有老师指导就更好了。

　　但需要注意的是速读法并非仅为锻炼讲话的速度，说话的速度是不宜太快，亦不宜太慢，说话太快使听的人不易应付，而且自己也容易疲倦，有些人以为说话快些，可以节省时间，其实说话的目的，在使对方领会你的意思。此外，不管是讲话的人，或者是听话的人，都必须运用思想，否则，不能确切把握说话内容。当然说话太慢，也是不对的，一方面浪费时间，另一方面会使听的人感觉不耐烦。说话是一种艺术，也是一种技巧，我们必须认清这种巧妙的方法，然后才能获得成功。当众讲话时要顾及听众的反应，话要说到点子上，千万别像懒婆娘的裹脚布——又臭又长，更不可以自己为中心，当众讲话是为传递信息，交流思想，所以要清晰、明示、坦白直率。信口开河、放连珠炮，都不是受人欢迎的当众讲话方式，信口开河并不表示你很会说话，相反的，证明你说话缺乏热诚，不负责任。至于说话像放连珠炮，那只有使人厌烦，因为你一开口，别人就疲于应付，没有机会发音，最后自然是双方不欢而散。

提高语言表达能力

每一种谈话，无论怎样琐碎，总要保持中心点，这也是所谓谈话目的，其目的就是能够促进你和对方的关系。你必须使人觉察你是一个有思想观点的人，绝非是个糊涂虫。单单无聊空谈，是绝不能使对方对你有一点良好印象的，更不能显出你说话的水平。

当你们谈话正用闲语来进行时，你必须要不失为"虚心"者，不可自傲。

如果具有丰富的一般知识，你可以拿出来随时应付。一个人既然是社会的人，每天在生活当中，须与他人频繁发生接触，所以对于世界上的形形色色，自己应当努力去获得各方面的知识。

怎样可以得到这些知识，以便在你谈话之时有所帮助呢？唯一的最好方法，便是每天阅读报纸。还有一个方法，是随时留意你周围所发生的事，虽然只是极琐碎的事也不要轻易放过它。另外还有个方法便是时常和人谈话。你和别人闲着无事时聊聊天，次数愈多，不单脑子里可以贮藏起许多知识，可当成下次谈话的资料，而且也可以使你对谈话有兴趣，甚至谈话的技术因而会更加熟练起来。

世界著名的谈话艺术专家切司脱·费尔特先生，曾经教人谈话时注意下列一些问题。他说道：

"你应该时常说话，但不必说得太长。少叙述故事，除了真正贴切而简短之外，总以绝对不讲为妙。"

"和人谈话，同时也要注意到态度。切不要拉住别人的衣袖，手脚乱画地讲话，应当和顺一些，切忌妄自尊大，平常的话要避免争论。谈话最好要一般化，勿做自我的宣传，把自己捧上天去。外表应该坦白而率直，内心应该谨慎而仔细。"

"谈话的时候，姿态可以表现你的诚意，所以要正面向着人家，不要随随便便，不要刻意模仿他人。"

"和人家开口赌咒，闭口发毒誓，是既坏又蠢而且粗鄙拙劣的事。高声的哄笑，是文化素养不高的表现，真实的机智和健全的理性，绝不会引人哄笑的。此外，没有再比咬人耳朵，像蚊虫叫似的谈话态度，更叫人难受的了！"

这位谈话艺术专家以上列的各条警戒人的谈话艺术，除开"禁止大家哄笑"这一条外，大多都是可以同意的。因为粗声喧闹固然有失常态，但是出自情感挑动的大笑，是不会妨害到任何人的。

在任何谈话之中，必须记住，切不可以说到会触怒他人的话题上去。因为凡是在你面前听你谈话的人，一定会从你谈话上窥测你的个性，同时也在留意你日后是否会说他本人的许多坏话。

说话基本技巧

说话的基本技巧有如下几种。

1. 轻松自然

约翰·莫菲说："我们不要硬是从头脑中榨出一些名言警句。当我们放松下来的时候，很多妙语就会自然而然地产生出来……"甚至在最具刺激性的谈话中，也有50％的内容是没什么意义的。只有经过一段加热过程，思想的车轮才能转动起来。

2. 循循善诱

成为一位出色的交谈家并不在于你有多聪明，或者有多少传奇性的经历，而在于启发、诱导别人讲话。值得一提的是，"你"在谈话中是一个前进的信号，而"我"则是一个停止的信号。要设法把谈话引向对方的兴趣点，多用"为什么"、"哪里"、"怎么样"等。当他说"我在纽约有一家店"时，你不要匆忙抢着说："啊，我在巴黎也有两家店铺。"而应该问："在纽约的什么地方？"

3. 长于忍耐

在与人交谈中，千万不要期望对方一开始就热情高涨，善言者总是等到对方变得热心以后，才试图从他们那里引导出一些有趣的想法，因此，在谈话中一定要长于忍耐。比如，他们会先问："请问您尊姓大名？您是哪里人？您的丈夫干什么？您准备在这儿待多久？乘飞机来我市的吧？"等，以激起对方的谈话兴趣。谁关心这些？你也许会这样问。诚然，这些问题似乎没有任何风采和智慧可言，但它们的确能使交谈启动起来。

4. 注意谈话重心

无可否认，人们总是对自己的工作、家庭、故乡、理想表现出浓厚的兴趣。其实，即使像"你从哪里来"这样一个简单的问题也说明你对别人感兴趣，结果会使别人也对你产生兴趣。但你千万别像一位年轻的剧作家那样，跟他的女朋友谈论了自己的剧本两个小时后，接着说："有关我已经谈得够多了，现在来谈谈你吧。你认为我的剧作怎么样？"

5. 多说赞同的话

如果他说："我喜欢吃冰激凌。"恰好你也有同样的爱好，一定要想办法告诉他。如果他说他出生在一个小镇上，碰巧你过去也喜欢在那里度暑假，那你也一定要告诉他……

6. 适当谈谈自己

当有人要求你讲自己的时候，不要守口如瓶地拒绝。稍微告诉对方一点你的情况，他会感到十分荣幸。因为你是用非常友好的姿态与他交谈的。

7. 尊重对方

交谈双方应相互尊重，即使已经熟悉，也不可胡乱开玩笑，逗弄和取笑会触痛别人的自尊，而威胁他人自尊的任何事情都是危险的，即使在玩笑中也是如此。民意测验的结果表明，人们不喜欢被取笑，即使是他们的亲朋密友。只有在非常亲密的朋友之间，才可以开一些充满善意的玩笑，因为他们是不会追究那些无关紧要的小事的。如果别人非常了解你，非常喜欢你，你也可以与他开个玩笑，但千万别开得过了头。

几种思维模式训练

口语表达是思维的外在表现，可以说没有思维就没有语言。语言表达过程，实际上就是把思维的结果表述出来的过程，是内部言语向外部言语的转化。人要确定说什么是一种思维活动，在说什么与怎么说之间又进行着快速转换：思想→句子类型→词汇→语音。这个过程是完整的，任何一个环节出了差错，都会影响表达的顺利进行。因此，从思维到语言的转化过程十分重要，进行这方面的基础训练有利于提高个人的表达水平。

1. 定向思维训练

定向思维是指按常规模式进行的思维。定向思维的训练可培养我们对问题做深入思考的能力，有助于我们养成深入分析问题，透过现象看本质的良好思维习惯。

你可以拟订一些比较容易的叙述、说明、介绍方面的题目进行训练。为了使思维有条理，可在表达中插入一些常用的语言链，如关联词"因为"、"所以"、"于是"、"之所以……是因为……"、"首先……其次……再次……"还可以按时间的先后和位置的移动进行表达，采取先总后分、先分后总等方式进行练习。

2. 逆向思维训练

逆向思维即反向思维，变肯定为否定，或变否定为肯定；变正面为反面，或变反面为正面。比如，世人一般把"这山望着那山高"喻为"贪心不足"而赋予其贬义；如果你化贬为褒地想一下，将其用于对人类勇于向新的科学高峰攀登的赞颂，岂不是赋予其褒义了？用运动员一次次刷新纪录等事例说明人就是要有"这山望着那山高"的进取精神，批评那种"无为而顺其自然"的"知足常乐"的消极态度。进行逆向思维训练能培养全面思考问题的能力、独立发表见解的能力。

3. 发散思维训练

发散思维是使信息朝各种可能的方向扩散并引出更多的新的信息，从而达到创新的一种思维方式。发散思维是帮助人通过即兴讲话走向成功的最佳的思维方式。这里介绍三种训练方法：

（1）连接法：承接上一位表达者的话往下说的训练方法。

戴尔·卡内基在训练学员即兴演讲时就常用此法。比如，卡内基叫一学员以绝妙的词语开始叙说一个故事，这位学员说："前几天我正驾着直升机，突然注意到一大群飞碟正朝我靠近，于是我开始下降，可最靠近的飞碟里却有个小人开始向我开火，我……"说到这里，卡内基要求他停下，然后要另一位学员接着说。

（2）连点法：将头脑中闪现出的人、事、物等散点按照一定的顺序和结构连缀成篇。比如，散点：①花儿；②气息；③跑。它可以以下文的形式连缀起来。

"置身各位青年朋友之中，我似乎感觉到春天的气息扑面而来。大家都很年轻，都有花儿样的青春、花儿样的年龄、花儿样的生活。愿大家做航船，乘风破浪，挺进大海；愿大家做骏马，飞奔未来，跑向光辉灿烂的明天！"

（3）联想法：联想法是由一事物想到另一事物的训练方法。其特点是闻一知十，触类旁通，使说话具有流畅性与变通性。你可以运用如下题目进行训练。①出示一根玻璃棒，要求训练者通过联想，迅速说出它像什么。②出示一个红色的球，要求训练者通过联想，讲述我们的生活充满阳光。

牢记自己的对话角色

一个人可能在与朋友交谈时很健谈，但却不知道该如何和生活中其他对象谈话。其实，只要我们牢记交谈中自己所处的位置，不"越界"，就可以避免交谈失败。那么如何摆正自己的位置呢？

第一，与领导或上司交谈时，要牢记自己是他的下级。交谈中要保持谦虚谨慎的态度，对他的意见和决定要表示尊重。如果与上司意见不一致，尽可能用委婉的方式陈述出来，不能狂妄自大；否则，会招致上司的反感，使自己的观点不能被采纳。

第二，与资历和经验比自己深的前辈交谈，应该谦虚和小心，不要不懂

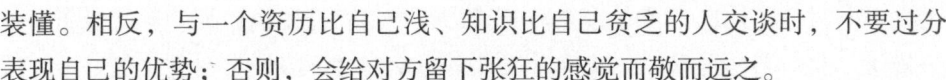

装懂。相反，与一个资历比自己浅、知识比自己贫乏的人交谈时，不要过分表现自己的优势；否则，会给对方留下张狂的感觉而敬而远之。

第三，与老人交谈时，要表现出对长辈的尊敬，不能由于他们年老体衰而轻视他们，也不能因为他们可能无法自理自己的生活，而觉得他们是别人的负担。

第四，与普通异性朋友交谈时，切不可过分热情。

第五，与一个爱讲是非的人交谈时，如果话题涉及其他人，那你说的话应该是像站在那个人面前当面说一样。这样，即便你的话传到了当事人耳中，也不会给你带来太大的影响。

总之，交谈时尊重对方的人格是很重要的。

训练自己说话通俗

一个经过合格语言训练的人懂得何话说得，何话说不得，同样一个意思，如何说来才会让人会心一笑，意味犹长。在古今中外的语言实践中，语言技巧可谓是英华璀璨，博大精深，在此只能举其荦荦大者，以供读者欣赏，希望从中可使您找到当众讲话的灵感与技巧。

说话的通俗性，是指说出的话不但要生动、巧妙，而且还要明白、易懂，使人乐于接受。语言表达要大众化。它包括两个方面的意义：一是用语通俗，一听就懂；二是意义通俗，深入浅出。违背这两点，不仅会让人觉得不知所云，甚至还会造成各种误解。

毛泽东说话非常注意语言技巧。他说话的鲜明特点是：简明通俗，深入浅出，四两拨千斤，用"大白话"将深奥复杂的道理讲得明白透彻。

1934年年底，湘江惨败后红军在贵州黎平召开了紧急干部会议，毛泽东同志应邀参加，当他发言时，就将极为复杂的形势做了通俗形象的分析：

"根据地丢了，反革命打了革命的屁股，把我们的屁股打青、打肿、打得个稀巴烂。人没有屁股，怎么坐得住啊！只好走，从江西走到湖南，还要走，一直走到我们屁股好了为止。到湘西去，固然好，贺龙同志早就搬好凳子等我们去坐了，可是我们屁股没有好，有凳子也坐不稳。况且，据邓发截收的蒋军无线电电报可以判定：蒋介石已经派了25万牛头马面各执生死牌，等着打我们的板子。我们旧伤没有好，又等着挨打，哪个有铁屁股，哪个去挨打好了，我毛泽东是要先找个地方养养伤，等坐得稳了再去找反革命算账，到时候，你看我来打日本鬼子同老蒋的屁股吧！我要打得他在中国坐不住！"

通过这番通俗晓明的讲话，与会者自然做出了与毛泽东观点相同的决定。

多使用群众口头中常用的大众化语言，也可以使表述更为通俗易懂，增加语言的特殊表现力。大众语言来自于人民大众，是人民群众发明创造的。它包括俗语、谚语、歇后语等。在说话中巧妙地运用，能够增强说话的感染力。

俗语是通俗而广泛流行的定型语句，简练形象。恰当地引用俗语，可以增强说话或演讲中的幽默感和说服力。

谚语是劳动人民在长期的生产和生活实践中总结出来的语言，经历了千百年长期传诵，千锤百炼，凝结着劳动人民丰富的思想感情和智慧。谚语具有寓意深长、语言精炼、朗朗上口、便于记忆的特点。谚语和俗语一样，也可以为语言增色。

1985年5月，美国总统里根到前苏联访问，两国领导人举行会谈。在欢迎仪式上，前苏联领导戈尔巴乔夫说："总统先生，你很喜欢谚语，我想为你收集的谚语再补充一条，这就是'百闻不如一见'。"

戈尔巴乔夫之意，当然是宣称他们在削减战略武器上有行动了。

里根也不示弱，彬彬有礼地回敬道："是足月分娩，不是匆忙催生。"

里根的谚语形象地说明了里根政府不急于和前苏联达成削减战略武器等大宗交易的既定政策。

两国领导人经过紧张磋商，在某些问题上缩小了分歧，都表示要继续对话。戈尔巴乔夫担心美国言而无信，于是在说话中用谚语提醒："言必信，行必果。"里根也送给戈尔巴乔夫一句谚语："三圣齐努力，森林就茂密。"

两国领导人都是说话高手，巧妙地运用谚语进行磋商，收到了其他语言所难以达到的效果。

歇后语也是为广大人民群众所喜闻乐见的语言，在群众中广为流传。歇后语一般由前后两截组成，前半截是形象的比喻，像谜面，后半截解说，像谜底。在谈话中恰当运用歇后语，可以增强谈话的趣味性，增加语言的表现力。

比如，为说明某人工作开展缓慢，可说："他呀，大象屁股——推不动。"为了说明自己没有能力办这件事，可说："我是丫鬟带钥匙——当家不做主。"为了说明办了一件出力不讨好的事，可说："我办的这事真是'公公背儿媳'——费力不讨好"等。

以上技巧通常是说，在语言运用上，要擅于运用已有语言文化宝库中的珍贵宝藏，使我们讲话通俗易懂，为大众所接受。

另一方面，如果作为一个领导更要注意语言的深入浅出，通俗明晓，这就要求讲话者首先要放下自己的架子，把自己摆在与广大听众平等位置上，只有先平易近人，才可至真至纯！

李瑞环在任天津市长期间，有一次到天津大学和大学生对话座谈。针对北京、西安等地一些大学生因国际问题上街游行影响社会治安的问题，为防止天津发生类似的事情，李瑞环同志决定放下架子，平等对话，他开门见山地说："我今天来，一是听听你们的意见；二是和你们共同探讨一些你们关心的问题。我希望你们有什么说什么，我也有什么说什么。"几句话，打破了领导与大学生之间的界限。这里没有市长和大学生的区别，大家权力平等、地位一样，共同探讨问题。有人提出"怎样看待大学生的价值问题"，李瑞环同志是这样发言的："人们怎么看你们，这不重要。重要的是你们自己怎么看自己。你们看没看到未来是属于你们的？……大学生自己认识没认识到自己的地位？认识没认识到将来肩负的历史重任？要叫别人看重自己，首先自己看重自己。大学生要把自己摆在未来主人的位置上来要求，要有使命感。""上大学是很不容易的，想挤进天津大学的有多少人？家里对你们寄予多大的希望？你们要珍惜时间，集中精力，认真读书学习，为将来建设国家、管理国家打下雄厚的基础。"

在这两段话中，李瑞环同志的第一段话着重谈大学生应该怎样认识自己的价值，说的是十分浅显的"大学生是未来主人"的客观规律，虽有政策色彩，但语言平朴恳切，寓深刻的人生哲理于平凡的语言中，没有任何说教的气氛。第二段话简直是在唠家常，学生听来十分亲切。这些平易的话，李瑞环同志说来通俗，大学生也听得明白，切情入理，自然达到了座谈目的。

做一个相信自己的人

通常失败感和沮丧感是由于受到打击或害怕承担风险所导致。而人性中普遍存在着冒险的"动力"本能，在正确发挥作用时，它能驱使我们信赖自己，并利于我们发挥自己的创造潜力。在我们有信心有勇气地行动时它才有机会发挥出来。因此，那些拒绝创造性的生活，拒绝勇敢的行动，而使这种自然本能遭受挫折的人，过去无一不是那些整天无所事事的人。有的人不能坦率地面对自己的弱点，所以，不愿意亲自试一试的人只好拿别人的东西当赌注；不愿意勇敢地行动的人则往往靠酒杯来壮胆。此时要唤醒你那内心的信心和勇气是人的自然本能。记住，当你认同自己的专业能力、聪明智慧时，别人也会以同样的态度对待你、相信你。

1. 语气坚定

大部分女性都有说话过于急促、细声细气的毛病。说话的诀窍在于音量适当、语调平稳，速度不缓不急，此举显示你对说话的内容信心十足，利用呼吸换气时断句，可以避免许多不必要的"嗯"、"啊"等语病，内容显得流畅有条理。切忌用疑问句结束陈述事实的语句，以免影响语气的坚定。

2. 仿效学习

学习你所仰慕的人具有的美好特质，可以是影星，也可以是某著名政治家或外交家，只要他具备你所希望拥有的特质，均可模仿和学习，但要保持自己的风格。

3. 大胆练习

把自信心视为肌肉，需要定时持之以恒地锻炼，如果稍有懈怠，它很快会松弛。和不期而遇的人进行一对一交谈，是很好的开始。

4. 想象完美

这是许多名模、影星在表演之前惯用的技巧，同样适用于工作场合。面对大客户或提案，先静坐，从心中默想曾有的愉悦感觉，如曾经聆听的悠扬乐章，越具体效果越好。

5. 想象拥有

走路的姿态常不自觉地泄露你的秘密，昂首阔步，抬头挺胸，仿佛一切都在你的掌握中，想象你拥有这个空间，当你举步时，回想过去曾有自信满足的感觉。

6. 塑造印象

选择适合你气质的服装、发型、化妆，甚至香味，展现完美精确的专业形象。特别在颜色上多注意，不同的色彩有不同的语言，可以善加运用。深色系代表权威信赖；亮色系则引人注目；暖色系则传达温柔且易于亲近的讯息。如果你想增加自信与亲和力不妨选择深色服装，搭配浅色丝巾或围巾等。

7. 克服焦虑

掌握害怕的根源。害怕时会有生理反应，如冒冷汗或呼吸急促等。当你知道所有可能会有的征兆，就可以透过一些放松的小技巧克服它。

8. 接受恭维

大部分人有自我贬抑倾向，总是习惯性地将别人的赞美向外推拒，如此一来，很容易将自己由主动参与者转换成被动接受者，这是很不明智的。下次当有人恭维时，记得以"谢谢"来代替"你太客气了"或"那其实很简单"这类的客套语，太谦虚会有损你的自信。

9. 鼓足勇气

不要等到出现重大危机时再去勇往直前，日常生活也需要勇气——在小事情上锻炼勇气，才能培养出在更重大的场合勇敢地行动的力量和才能。

10. 激发潜能

你每天都必须有勇气承担犯错误的风险、失败的风险和受屈辱的风险。

走错一步总比在一生中"原地不动"要好一些。你一向前走就可以矫正前进的方向；大部分人不知道他们实际上有多勇敢。事实上，很多潜在的男女英雄一生都是在对自我的不信任中度过的。如果他们知道自己潜在的能量，那将有助于他们产生解决问题甚至克服巨大危机的自信心。记住你有这种能量，但若不付诸行动，不给它们释放出来为你服务的机会，你永远不会发现这些能量。